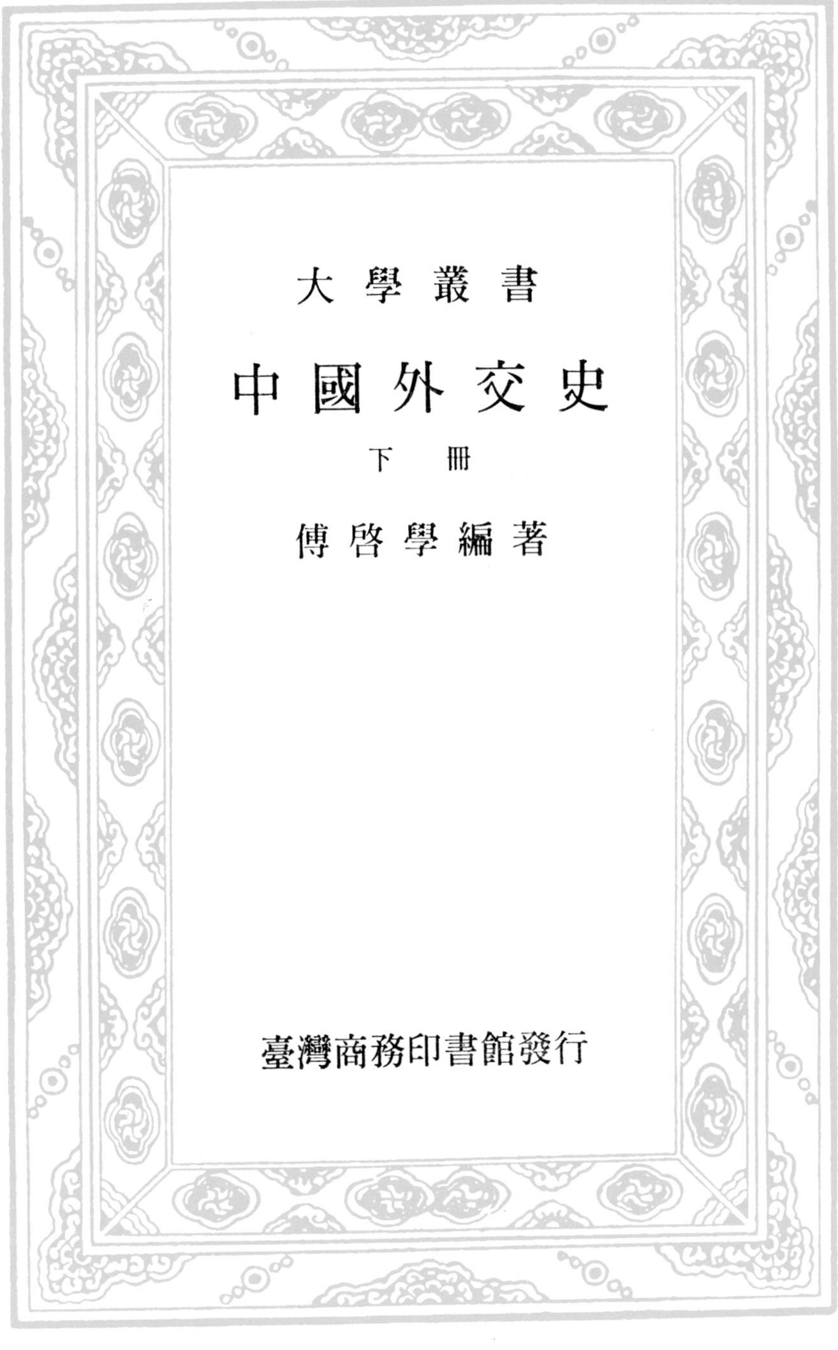

大學叢書

中國外交史

下冊

傅啓學編著

臺灣商務印書館發行

第八章　國民政府與廢除不平等條約

第一節　國民政府的外交政策

一、國民黨的外交政策

在巴黎和會時，中國代表已提出廢除不平等條約的提案。在華盛頓會議時，中國代表又提出廢除領事裁判權，廢止協定關稅，取消外國在華郵局，撤消在華外國駐軍、護路軍隊、警察、與電信設備，取消外國在華租借地等問題。參加華盛頓會議各國對中國要求，在原則上不能不承認，事實上則採取拖延政策。民國十一年以後，中國各界人士已進行廢除不平等條約運動。民國十三年一月中國國民黨第一次全國代表大會宣言，其中規定的對外政策，卽在實現不平等條約的廢除。原文如次：

（一）一切不平等條約，如外人租界地，領事裁判權，外人管理關稅權，以及外人在中國境內行使一切政治的權利，侵害中國主權者，皆當取消，重訂雙方平等互尊主權之條約。

（二）凡自願放棄一切特權之國家，及願廢止破壞中國主權之條約者，中國皆將認爲最惠國。

（三）中國與列强所訂其他條約有損中國之利益者，須重新審定，務以不害雙方主權爲原則。

（四）中國所借外債，當在使中國政治下實業上不受損失之範圍內，保證並償還之。

（五）庚子賠款當完全劃作教育經費。

（六）中國不負責任之政府，如賄選僭竊之北京政府，其所借外債，非以增進人民之幸福，乃爲維持軍閥之地位，俾得行使賄買，侵呑盜用，此等債款，中國人民不負償還之責任。

（七）召集各省職業團體（銀行界商會等）社會團體（教育機關等），組織會議，籌備償還外債之方法，以求脫離因困頓於債務，而陷於國際的半殖民地之地位。

民國十三年九月十八日。孫大元帥北伐宣言，說明中國反革命勢力之存在，實由於帝國主義者之扶植；中國欲造成自由獨立之國家，須推倒國內軍閥所賴以生存之帝國主義。原文節錄於次：

「反革命之惡勢力所以存在，實由帝國主義卵翼之使然。證之民國二年之際，袁世凱將欲摧殘革命黨，以遂其帝制自爲之欲，則有五國銀行團大借款於此時成立，以二萬萬五千萬元供其戰費。自是厥後，歷馮國璋徐世昌諸人，凡一度用兵於國內，以摧殘異已，則必有一度之大借款，資其揮霍。……

由此種種，可知十三年之戰禍，直接受自軍閥，間接受自帝國主義，明明白白，無可疑者。……

此戰之目的，不僅在覆滅曹吳，尤在曹吳覆滅之後，永無同樣繼起之人，以繼續反革命之惡勢力。換言之，此戰之目的，不僅在推倒軍閥，尤在推倒軍閥賴以生存之帝國主義。蓋必如是，然後反革命之根據乃得永絕，中國乃能脫離次殖民地之地位，以造成自由獨立之國家也。」

民國十四年三月十二日孫中山先生逝世，但廢除不平等條約之國民革命運動，日益高漲。五卅慘案以後，全國反抗帝國主義運動，更風行全國。北京段祺瑞政府迫於全國民意，於十四年六月廿五日致北京外交團通牒，以修正條約為請。中國國民黨中央執行委員會特發表廢除不平等條約宣言，原文節錄於次：

「自帝國主義侵入中國以來，以種種不平等條約束縛中國，使失其平等獨立自由。本黨不忍中國之淪於次殖民地，故倡導國民革命，以與帝國主義者奮鬪。而廢除不平等條約，卽為奮鬪之第一目標。本黨總理孫先生畢生努力於此，去歲北上，卽以廢除不平等條約為與北京臨時執政合作條件。……頃見北京臨時執政，於二十五日致北京外交團之通牒，以修正條約為請。自表面言之，北京臨時執政，似已知廢除不平等條約，為國民革命運動大勢所趨，不能復抗。故不得不降心相從。而按之實際，則大謬不然。蓋我國之請求各國同意於修改條約屢矣，民國八年在巴黎和會，曾一度提出，遭和會之拒絕。民國十年在華盛頓會議，又為一度提出，遭會議之延宕。不特於不平等條約之根本廢除，毫無效果，卽枝節問題之關稅增加會議，亦延宕至今。前事具在，所謂請求修改，結果如何，不難逆睹。……北京臨時執政之出此，正與從前滿洲政府，欲為僞立憲抵制革命，同一心勞日拙而已。本黨茲再鄭重宣言，對於不平等條約，應宣布廢除，不應以修改為搪塞之具。……」

二、國民政府的外交政策

民國十三年一月中國國民黨召開第一次全國代表大會時，已通過「組織國民政府案」，擬改大元帥府為國民政府。時孫先生為討伐賄選的曹錕政府，與段祺瑞張作霖合作，因此暫緩實行。曹吳傾覆，孫先生為謀全國和平統一，特北上與段祺瑞等會商，擬召開國民會議，廢除不平等條約。但因段祺瑞之不合作，孫先生又逝世於北京，國民政府不能在孫先生生前組織。

孫先生逝世後，段祺瑞更一意孤行，中國國民黨爲統一革命力量計，於十四年六月十五日發佈改組國民政府宣言。七月一日國民政府正式成立，採委員制，以胡漢民、汪精衞、于右任，許崇智、伍朝樞、林森、徐謙、戴傳賢、張人傑，程潛，廖仲愷、古應芬、朱培德、張繼、譚延闓、孫科等十六人爲委員，主持政務，並推定汪精衞爲主席委員，許崇智爲軍事部長，胡漢民爲外交部長，廖仲愷爲財政部長。同日，發表國民政府成立宣言。茲節錄宣言於次：

「國民政府於成立之始，敢敬謹昭告於同志暨吾國民：國民政府之唯一職責，即在履行先大元帥之遺囑。凡遺囑所叮囑告語者，卽國民政所悉力以赴，而期其實施者。國民革命之最大目的，在致中國於獨立平等自由，故其最先着手，卽在廢除不平等條約。先大元帥以畢生心力，盡瘁於此，無論所遇若何困難，曾不少撓其志。而凡倚賴帝國主義以齮齕國民革命者，雖暫得跳梁於一時，終必爲國民革命之勢力所摧鋤以去。民國以來，自袁世凱以至曹錕，其失敗之跡，如出一轍。

先大元帥去歲北上之際，欲自此以後，永無倚賴帝國主義以齮齕國民革命之人，故主張以廢除不平等條約爲統一之條件。……先大元帥雖齎志以後，而其所主張則無時不顯其效力。凡違背此主張者，終必爲國民所唾棄。自五月三十日以來，上海漢口等處反抗帝國主義之運動，日以劇烈。帝國主義雖欲以暴力壓抑國民革命方新之氣，而自保殘喘，曾不知適足以自暴其罪惡，促其滅亡。六月廿三日沙面慘殺事件，尤足使此等徵象，更爲明顯。故中國國民黨六月二十二日及二十八日，關於立卽廢除不平等條約宣言，實爲仰體先大元帥之遺志，而激勵國民革命之進行。國民政府之對外方針，必受命於此而不少變。（註一）

第二節　五卅運動與國民革命運動的高漲

一、五卅慘案

中日甲午戰爭締結馬關條約，准許日本在中國各口岸設立工廠，利用中國之原料與廉價勞工，以施行經濟侵略。各國以利益均沾的規定，都可在中國各口岸設立工廠，但以日本設立的工廠最多。在上海一地日人所經營之紗廠，即有二十二家，佔上海紗廠總數三分之二。日本紗廠常有虐待工人之情事，工人每日工作在十二小時以上，工資每日僅有一角五分。日本廠主為長期奴役工人，更規定一種工人儲金章程，將工人工資抽取百分之五，存於廠中，必至工作滿十年始能發還，中途輟工者儲蓄金沒收。

十四年二月，日人所經營之內外棉紗廠第八廠推紗間，發現一童工屍體，胸部受重傷十餘處，係紗廠日管理員用鐵棍毆斃，因之大動公憤，全體工人罷工。後經上海總商會出任調停，日廠主允不打罵工人，與每兩週發工資一次，工人即恢復工作。五月間，日本各紗廠以男工屢起風潮，將男工盡行開除，易以女工，遂引起二十二家工廠之大罷工。後由上海各團體調停，以改良工人待遇，發還儲金為條件，工人再恢復工作。事後日人內外棉紗廠第八廠開除工人數十名，僅將儲金十由九年發還改五年。工人不服，推舉代表顧正紅等八人與廠主交涉，在交涉中發生爭執，日人突發手槍，將顧正紅擊斃，其餘七人均受傷。受傷工人向公共租界工部局請求援助，工部局不僅不予處理，反科以擾亂治安之罪。

五月二十二日，上海各團體開會追悼顧正紅，上海各大學生甚多前往參加，路經公共租界時，有四人被捕。事後上海學生會開會，決議組織演講隊，出發租界宣傳。三十日午後，學生結隊遊行，沿街演講，激發國民情緒，反對帝國主義的壓迫。過南京路時，巡捕干涉，並拘捕學生數名，因而激怒羣衆，紛集老閘捕房附近，要求釋放被捕學生。乃英捕頭愛伏生竟下令向學生羣衆開槍，當場擊死學生六名，重傷二十餘人，遂演成中國民族鬪爭史上之流血慘案。

二、北京學生奮起響應

上海五卅慘案發生，北京學生於次日卽奮起響應，北京各大專學校學生先後罷課，作滬案的後援。因北京學生的響應，影響及於全國，各大都市學生先後罷課，廢除不平等條約，打倒英國帝國主義的運動，遂普遍於全國。民國十五年國民革命軍北伐，能得各地熱烈的援助，五卅運動實有相當的影響。

五卅慘案的原因，是日本紗廠槍殺工人顧正紅，而下令開槍屠殺學生的，是英國的捕頭愛伏生。五卅運動的對象，似乎是英日兩國。當時共黨學生的主張，是同時打擊英日兩國。但國民黨籍的學生，認爲英日兩國在英日同盟解體之後，英日兩國在遠東市場已有激烈的衝突。同時打擊英日兩國，是迫使英日合作，以壓迫中國的國民革命運動。且當時日本對北京政府的壓力甚大，日本可利用北京政府的力量，以摧殘新興的國民革命運動。若暫時放鬆日本，集中對付英國，日本必取旁觀態度，坐視英人的被打擊。北京大學學生全體大會開會時，通過打倒英國帝國主義的決議，影響所及，五卅運動成爲廢除不平等條約，打倒英國帝國主義的運動。爲紀念發動五卅運動的巫啓聖先生，作者會著「五卅運動的領導人」一文，敍述北京學生響應的經過說：

十四年五月七日北京高等師範學生號召的反對章士釗（時任北京政府教育部長）運動，北大學生並未參加。當遊行隊伍約三百餘人遊行至沙灘北大第一院時，北大學生照常上課，遊行隊伍在大樓前停了幾分鐘，大罵北大學生不愛國，讀死書；但北大同學毫無反應，若無其事。巫啓聖先生同我聽見叫罵聲，出來看看，巫先生說：「這與國家民族無干，小題大作，不必理他。」

十四年五月卅一日上午七時半，巫先生和我準備上課，出了北大西齋大門，買了一份北京晨報，頭條新聞是「上海英國捕房打死學生六人」。巫先生邊走邊看，到了第二院門口，他說：「我們今天課不必上，先要討論一個重大問題。」我接了他手中的報紙，同他走入二院，到了噴水池邊坐下，我看報紙，他仰頭思索。我看完報後，問他有甚麼主張？他說：「三星期前高師學生罵我們不動，現在動的機會來了。」他分析中山先生喚起民衆的遺囑，認爲必須有具體的刺激的事實，才可以喚起民衆。他又說明孫先生「中國存亡問題」一文，是攻擊英國帝國主義的。英國在上海的暴行，我們必須反抗，我們北大要首先罷課響應。討論了一點鐘，我完全贊同他的意見。

其次研究進行步驟。巫先生主張第一要認淸目標，專一反對英國帝國主義，暫時不要反對日本。因爲日本影響北京政府的力量大，若果反對日本，日英聯合，運動必受阻力；專一反對英國，日本必取旁觀態度。第二，今天要召開北大全體學生大會，議決罷課，才可以號召。我們要聯合演說會同學共同建議。第三，大會要由北大學生會代表主席，我們只要發動民族革命運動，不必爭執個人地位。巫充生平日討論哲學問題政治問題時，都是長篇大論；今天的說話却簡單扼要，條理分明，我除贊同之外，對他的意見不能增加減。……

下午三時在北大第三院大禮堂開會，到會同學一千六百餘人，情況熱烈。公推學生會代表會集熙（按會先生現在自由中國任教）主席，經熱烈討論後，一致決議罷課，抵制英貨，展開對英不合作運動，打倒英國帝國主義。在討論時有共黨的學生提議，將打倒英國帝國主義的口號，改爲打倒英日帝國主義，經同學駁斥後，仍照原案順利通過。北大罷課消息傳出後，六月一二兩日各大中學校均決議罷課。六月三日北京全體學生四萬餘人，舉行反英示威遊行。全國各地學生均先後罷課響應，民族主義的怒潮遂普遍於全中國。（註二）

三、沙基慘案與省港大罷工

自五卅慘案發生後，舉國同憤。但英國帝國主義者以過去對我壓迫政策之得利，仍援用武力壓迫政策。六月十一日有漢口慘案之發生，六月十三日有九江之衝突。六月廿三日有沙基慘案之發生，七月二日有重慶慘案之發生，七月卅一日有南京慘案之發生。其中最嚴重之衝突，爲廣州發生之沙基慘案。

自五卅慘案漢口慘案相繼發生後，廣州革命政府及民衆熱烈聲援。六月廿一日香港與廣州沙面之華工同時總罷工，香港重要事業多呈停頓狀態。香港及沙面之英人遂作軍事之準備，以圖壓制。六月廿三日廣州各界七萬餘人，爲滬漢死難烈士開追悼會，當場提出廢除不平等條約，爲解決慘案之根本辦法。會後舉行大遊行，工商各界在先，學生及黃浦軍校學生隨後，於下午三時行抵沙基對岸。時英兵方嚴陣以待，遽發槍向我羣衆射擊，同時停泊白鵝灘之英兵艦，亦發炮助威，當場死傷軍民二百餘人，慘禍之烈，過於滬漢。

慘案發生後，廣州革命政府立向沙面英法葡駐粵領事提出嚴重抗議，港粵商民工人組織「省港罷工委員會」，決定對英人實行經濟絕交。英法葡三國領事則推卸慘案責任，並稱係我遊行羣衆先行開槍。革命政府因外交上不能解決，乃於八月間發佈命令，宣佈對英經濟絕交，規定各國商船不得通過香港停泊，始能來往廣東各埠，於是香港廣州間交通完全斷絕。香港工人大部退回廣東，生活費由國民政府供給。自十四年七月至十五年十二月，在省港罷工期間，香港居民減少百分之四十，地價減少百分之七十，商店倒閉四百餘家，繁盛之區幾變爲荒島，實予英人以嚴重之打擊。

從五卅慘案沙基慘案相繼發生，中國反英空氣極爲濃厚，省港間長期大罷工，使英人深感我民衆力量之不可侮。民國十五年七月九日國民革命軍北伐，節節勝利。英國始認識我國民革命意義的重大，有重新考慮對華政策之必要。十五年十二月以後，英國改變對華之武力壓迫，省港罷工事件始趨於和緩。

四、五卅慘案的交涉

五卅慘案發生，北京學生響應，已擴大爲全國廢除不平等條約的運動。北京政府在全國民意監督之下，至六月一日至十一日，由外交總長沈瑞麟向公使團連提抗議三次，公使團連答三次復交，均推卸責任，最後表示願在上海談判。北京政府乃派蔡廷幹等南下交涉，英日等國亦派委員六人至滬。六月十六日雙方代表開始集會，蔡廷幹根據上海各界意見，向六委員提出解決辦法十三條：（1）撤消非常戒備。（2）釋放被捕學生，並恢復被封學校。（3）兇手先行停職，聽候查辦。（4）賠償傷亡及各界所受損失。（

5）道歉。（6）收回會審公廨。（7）罷工工人仍還原職，不扣罷工期內薪資。（8）優待工人，工人工作與否聽工人自願。（9）華人在工部局投票權與西人一律平等。（10）制止越界築路，已成者無條件收回。（11）撤消印刷附律、碼頭捐、及交易所領照案。（12）華人在租界有言論集會出版之自由。（13）撤消工部局總書記魯和。但六委員藉口職權問題，僅表示可談判前五條。六月十八日第三次會議時，六委員聲稱無權開議，拒絕繼續談判；上海談判遂告停頓，交涉移北京進行。在上海交涉前，捕房已將所拘華人釋放。在北京交涉時，幾經停頓，結果僅將公共租界總巡麥高雲，捕頭愛伏生免職，及由中國收回上海會審公廨。

顧正紅案，由上海交涉員與上海日領談判，至八月十二日始行解決，由日本紗廠與工人訂立條件六款，附件三款。訂立條件六款大意如下：（1）廠方將來承認依中國政府頒佈工會條例所組織之工會，有代表工人之權。（2）罷工期內酌量撥款協助。（3）日人紗廠一律加工資。（4）工資零數改給大洋。（5）日人入廠不得携帶武器。（6）優待工人，不得無故開除。附件三款大意如下：（1）紗廠賠償工人損失費一萬元。（2）撤退肇事日員二名。（3）補助工人罷工損失費十萬元。（註三）

第三節　北伐期間國民政府的外交

一、英日美三國對華外交的態度

甲、英國態度轉變。五卅慘案以後，中國反英運動日益激烈，十五年七月九日中國革命軍北伐，進展迅速。英國爲重新考慮對華政策，於十五年十月派藍普森（Miles Lampson）來華，應付此新局面。藍普森於十二月初抵滬後，卽轉赴武漢，目的在調查國民政府情形，報告於英國政府。藍氏抵漢後，與我外交部長陳友仁作多次非正式談話，互探雙方意見。陳外長提出廢除不平等條約及承認國民政府問題。藍氏答以中國尚未統一，此時無從接談。陳外長告以國府實爲代表全國唯一之政府，並勸英國放遠眼光，藍氏頗爲所動。臨別謂不久再來，或派員來漢續談。這是國民革命軍北伐後，國民政府與外國使節談判之第一次。同時日本代表佐分利，美國代表邁爾，亦先後來漢，探詢我國之外交政策。

在藍氏離漢之後，駐北京英使館已提出備忘錄，分送華盛頓會議各國，說明英國對華外交的新政策。在備忘錄中，英國指出中國情勢，民族運動之勢力日益增加，已與華盛頓會議時大不相同。因此，英國提議列强應聯合宣言，表示一俟中國成立有訂約權之政府時，願立卽商談條約之修改，及了結一切懸案。在此項政府未成立期間，各國應採取與華會精神相符，而適合於現勢之積極政策。法權會議報告書一部份建議，應立予施行；華會所定之附加稅，應卽無條件批准。

英國備忘錄提出後，九國公約簽字各國，除美國有贊同意思外，各國反應均極冷淡。但十五年雙十節國民革命軍克復武漢後，在長江流域迅速發展，美日諸國亦不能不改變其靜觀之態度。

乙、日本表示同情。十六年一月十八日，日外相幣原在議會中說明日本對於中國時局之注意，並謂其對華政策是：（1）尊重中國主權及領土的完整，並愼重避免干涉內爭；（2）促進兩國邦交之鞏固及經濟上之合作；（3）同情並協助中國人民達到其正當之願望；（4）對中國現時局勢抱耐心與容忍之態度，同時用合理方法保護日僑之正當利益。五卅運動以後，中國對英經濟絕交，獲利的是日本商業的發展。中國是時攻擊目標集中英國，而放鬆日本；觀十六年一月國民政府收回漢口英租界，對漢口日租界未加過問，卽可明瞭。日本在幣原外交之下，對中國確是緩和的。

丙、美國願意商談。美國政府的態度，則宣示於國務卿開洛格（Frank B. Kellogg）一月間發表的正式文告中，大意謂美國一向尊重中國之統一與獨立，美國政府準備與任何能代表全中國之政府，商談華會附加稅，以及恢復中國關稅的完全自主。對於法權報告書之建議，其無須成立條約者，並主張立予施行。總之，美國對於中國關稅自主及撤廢領事裁判權，均願與其他各國一致或單獨與中國商談。

丁、中國表示以協商手續廢約。當英日美三國相繼表示對華新政策之時，國民政府在漢口發表宣言，表示我國對外政策。宣言之首，指出英國及其他列强對於民族主義之新中國認識不足。次說明中國民族運動之主要目的，在恢復中國的獨立與自由，並建立强有力的新政府。最後表示國民政府願以談判及協議手續，解決中國與列強間一切問題；但此項談判須根據經濟平等之原則，和互相尊重主權之原則。

二、漢口九江鎭江英租界的收回

十五年十月國民革命軍進抵武漢，英人爲保持其所謂長江流域範圍之特權。一面在漢口英租界邊界要道，遍裝鐵絲網者沙包，以資防守，一面另調來軍艦多艘增加實力。十六年一月三日中央軍校宣傳隊，講演於江漢關附近，民衆聽講者千餘人，該處適與英租界接近，英水兵與羣衆衝突，竟用刺刀向人羣中亂刺，聽講者當場死傷多人；一時民情憤激，集衆數萬，將謀報復。英領事知衆怒難犯，於四日晨通知我外交部，自願撤退水兵，請我政府派軍警入租界維持秩序。我政府於四日晚派兵進入租界接防，設立漢口英租界臨時管理委員會，主持租界治安及市政事宜，民憤始告平息。

漢口事件發生後，九江民衆聞訊，憤怒異常；一月六日舉行市民大會，遊行示威，表示援助。英租界水兵竟向羣衆開槍，死傷碼頭工人二名，於是衆怒益張，即與軍隊共同衝入英租界，强行接收各項行政，由我軍警維持治安。

英使藍普森於得悉漢潯事件後，卽遣其參贊歐瑪利（Owen O'Malley）來漢交涉。一月十二日歐氏訪陳外長，初要求收回兩地租界，經我拒絕。旋雙方同意以現有新狀況爲談判之根據，談判進行至爲順利。二十七日歐氏復送來英政府節略，聲言若漢潯案件圓滿解決後，中國政府能切實聲明除用談判之手續外，不用其他方式變更在華英租界，則英政府準備解決交還漢潯兩地租界。陳外長接悉後，卽向歐氏聲明，在兩種情形下，中國願意與英國舉行討論：卽（1）凡屬全國性質之各種問題，只能與國民政府談判；（2）一切談判均須脫離威脅之空氣。因此時漢案協定草案已預備就序，英國忽調大批軍隊向上海集中，陳外長遂照會歐氏，謂英兵集中有威脅之意，此種情形下，我國決不簽字。雙方交涉，遂暫告停頓。

迄二月中旬，英外相張伯倫（Austen Chamberlain）在下院宣稱：來華軍隊大部份將不集中上海，改向香港進發。陳外長始向歐氏表示，漢案協定可以簽字，但對於少數英軍在上海登陸，仍提出抗議。二月十九日收回漢口英租界協定遂簽字，規定此後漢口英租界由我國接收管理。二十日又簽訂收回九江英租界協定，規定此後九江英租界由我國接收管理，但在最近九江之騷擾中，英國國民若受有直接損失，凡係出自國民政府官吏之行動，或由於其重大之疏忽者，國民政府將擔任賠償。

十六年二月二十三日國民革命軍克復鎮江後，市民擬於二十四日舉行慶祝大遊行，英領事恐我民衆有不利英租界之行動，乃致函我交涉署，聲明擬於是日上午十時自動將租界巡捕崗位撤退，請我政府派軍警接替，維持治安。英人願自動放棄，我政府乃將租界管理權收回。十八年十一月十五日，英國與我國互換照會，正式交還鎮江英租界。（註四）

三、南京事件、英美軍艦開炮轟擊

漢案解決後，不意有南京事件的產生。三月廿四日國民革命軍佔領南京之際，一部兵士受第六軍政治部主任林祖涵之煽動，對在南京外僑加以侵害，英美日三國領事館並遭搗毀。英美停泊下關江面之軍艦，遂託詞保僑，向城內開炮，我居民死傷甚多。事後英、美、法、意、日五國共同向我方提出通牒，要求懲辦此案負責者，書面道歉及賠償。

南京事件係共黨之陰謀，欲藉此破壞蔣總司令的聲譽，引起國際的糾紛，而達到其顚覆國民政府，乘機奪取政權的野心。國民政府於南京事件發生後，卽派員調查；三十一日發表宣言，對於事變經過有所說明。陳外長於四月十四日分別答覆五國通牒，因我國洞悉各國聯合壓迫我國習慣，爲打破其聯合陣線，故分別答覆各國。覆文內容除對英美之炮轟南京抗議外，其他大致相似：（1）關於賠償問題，領館之損失準備賠償，外僑之損失則視情形分別辦理。（2）懲辦負責人員及書面道歉，應俟事變責任調查確實後，始能決定。此項調查，可由兩國共組委員會調查之。（3）政府對於外僑之保護，至爲注意；但外僑欲得最佳之保證，則非取消不平等條約不可，故政府深願與各國開議，使兩國間之問題得合理之解決。

英法意三國對於上項覆牒，極表不滿，頗思聯合提出最後通牒，强迫我國承認要求。此時日本田中內閣成立，亦主强硬對華；但因美國不願參加，各國聯合陣線不能形成，最後通牒之擬議，遂被擱置。英法各國遂又持靜觀態度，交涉暫停。

董顯光所著蔣總統傳敍南京事件經過說：

南京於三月二十四日降服，然其占領時所遭遇之事件，益使蔣總統對於共黨深切痛恨。開入南京城內之革命軍爲第六軍，其政治部主任爲共產黨人林祖涵，受鮑羅廷與在漢口之共黨所指揮。共黨知蔣總統已自九江乘軍艦下駛，度必與其駐南京之軍隊會合。而南京地位重要，可能期望成爲新中國之首都，關係革命前途至大。他們想破壞蔣總統的聲望，今於南京發見這一個機會，認爲可使蔣總統對外喪失其信譽。

據後來發見的事實，林祖涵會接受共黨命令，對南京的外國僑民組織暴動。他又覓得一個旅長，願聽調遣以執行恐怖計劃。城既下，果然發生暴動，有許多外僑被槍殺和傷害。自清早起，有計劃的刼掠便開始，全日繼續不已。………

蔣總統於所乘軍艦到達南京以前，獲悉其敵人此項惡毒的企圖。他雖已料到敵人的次一步驟，他並不停止前進，欲趕速前往上海，於二十六日到達。顯然的，上海將成爲共黨次一目標。蔣總統一經到達，即趕速採取預防的措施，不稍延遲。上海居民咸恐共黨企圖暴動，俾造成無政府狀態，激起租界外兵的報復。……幸而在這些計劃實施以前，蔣總統已迅速採取適時的措置了。

共黨原計劃發動一個星期日的大遊行，蔣總統的支持者乃將此次遊行，改爲對總統的盛大歡迎會。蔣總統又接見新聞記者，告以他對於南京之排外暴行，願負全責，業經派員澈查，任何官兵凡經證實犯有暴行者，定予嚴懲，更說明其對於外僑之立場如次：1國民政府所定政策，爲不用武力或任何羣衆暴動，以改變租界之地位。政府負責人員曾歷次宣示此意。茲更行聲明，國民政府所採行者爲和平的方法，即協商的方法。2國民革命之目的與期望，對於外交者，在獲取國際上的平等。故吾人目的只在國際社會中占平等地位。國父的遺囑，已明言之。3凡願以平等待我之任何國家，即爲吾人之友；吾人亦願與之合作，與之聯合，縱使該國從前曾壓迫中國者。蔣總統的宣言，其反響至速亦至佳。

直至南京事件發生時，革命軍對待外人的記錄，是毫無瑕疵的。由於他們之信任國民黨軍隊，四百名的美英與其他國藉的外人，於第六軍進城時仍留居南京。自南京事件以後，一種恐懼的氣氛便籠罩於全中國的外僑，致開始作速速的撤退。爲着預防萬一，以千數計的援兵，亦由各國政府派來上海租界，局勢因此很緊張。

蔣總統向外人申明，對於在南京煽動事變之人定採急遽處分。……其在上海，亦以類似的努力，以破獲並對抗共黨的陰謀。」

英法各國對南京事件持靜觀態度，直至武漢政府反共，寧漢合併，民國十七年一月蔣總司令復職，外交部長黃郛始與各國政府進行交涉，各國政府亦紛派代表進行談判。駐北京英美公使於二月中旬相繼南下；當美使抵滬後，即晤黃外長開始談判。我方堅持修改條約與南京事件同時解決，往返交涉數次，三月卅日中美寧案首先解決，在上海簽字。中英寧案於十月八日簽字，中法中英寧案亦在中英寧案解決之後簽字。惟中日寧案談判最晚，至十八年四月十日雙方始行交涉，於五月二日在南京簽字。寧案解決之內容，係由我國分向各該國道歉，並保證賠償懲兇，而由各國允諾修改舊約。

第四節　關稅自主的交涉

一、國民政府宣布以正當手續廢約

民國十六年四月南京國民政府成立，胡漢民任國府主席，伍朝樞出任外長，就職時宣布國民政府的外交政策，爲取消不平等條約及爭取國際平等的地位。後又代表政府鄭重宣言，北京政府與各國所訂各種不平等條約，已無存在之理由，當由國民政府以正當手續廢除，另訂新約。七月二十日國民政府正式宣言，謂協定稅則與國家主權有礙，宣布在九月一日實行關稅自主。國民政府隨即頒佈國定進口稅暫行條例，規定除原有百分之五進口稅外，另徵附加稅。普通貨物爲百分之七、五，甲種奢移品爲百分之二十五，烟酒爲百分之五十七、五；同時將內地之厘金及貨物稅一概撤消，準備到時實施。但八月蔣總司令辭職，國府主席胡漢民亦同時引退，孫傳芳軍隊呈攻南京，日本遂首先反對新稅則的實行，其他各國紛紛效尤。時北伐尚未完成，華北仍在張作霖統制之下，國民政府鑒於內外形勢之不利，宣布九月一日實行關稅自主之議，暫緩實行。

九月寧漢合作，政府改組，惟對外政策一仍其舊。十一月二日外交部重申七月間廢約改約的宣言，分致駐北京各國使節，然各有關係國仍持靜觀的態度。民國十七年蔣總司令復職，國民革命軍繼續北伐，雖日本軍閥之阻礙，於五月一日克復濟南後發生五三慘案，但我軍繞道北進，於六月五日光復北京。中國民族的復興運動，決非帝國主義的力量所能阻止，於此遂得一强有力的證明。

國民政府已收復黃河流域，由破壞而入於建設時期，對於取消不平等條約的運動，更積極行動。七月七日外交部長王正廷發表宣言，說明中國廢約之原則，大意如次：（1）中國與各國間條約已滿期者，當然廢除，另訂新約。（2）其尚未滿期者，應即以相當之手續，解除而重訂之。（3）其舊約業已期滿，而新約尚未訂定者，由國民政府另訂適當臨時辦法，處理一切。

國民政府公布與各外國舊約已廢新約未訂前適用之臨時辦法七條，原文如次：

第一條　本辦法各條所稱外國及外人，專指舊約業已廢止，而新約尚未訂立之各外國及其所屬人民。

第二條　對於外國駐華外交官領事官，應予以國際公法應有之待遇。

第三條　在華外人生命及財產，應受中國法律之保護。

第四條　在華外人應受中國法律之支配，及中國法院之管轄。

第五條　由於外國或外國人民輸入中國，以及中國向外國輸出貨物所應徵之關稅，在國定稅則未實行以前，照現行章程辦理。

第六條　凡華人應納之稅捐，在華外人應一律照章繳納。

第七條　凡未經上列各條規定之事項，應依照國際公法及中國法律處理之。

其實中國與意、丹、葡、比、西、日等國通商友好條約，及中法越南商約，均已先後滿期。外交部於七月內分致照會於上列各國駐華使節，說明上項條約業已滿期，應行廢止，並提議各派全權代表另訂平等互惠之新約。各國公使於接到此項通告後，除電本國政府請示外，並於七月十八日舉行公使團會議，大致均主張新約成立後，舊約方失效；但除日本外，其餘六國均照復贊成早日開議新約。

二、美國最先同意中國關稅自主

外交部根據七月七日宣言，對於未滿約各國分別進行交涉，尤着重於關稅自主問題。關稅自主的交涉，最先得到同意的是美國。六月間我國駐美國公使伍朝樞與美國國務卿開洛格開始討論關稅自主問題，財政部長宋子文則在北平與美國公使馬克謨接洽。七月廿四日開洛格照會我外交部，同意我修約之提議，並承認關稅自主之原則。七月廿五日整理中美兩國關稅關係之條約二條在北平簽字，原文如次：

第一條　歷來中美兩國所訂立有效之條約內所載，關於在中國進出口貨物之稅率、存票、子口稅並船鈔等項之各條款，應即撤銷作廢，而應適用國家關稅完全自主之原則。惟締約各國對於上述及有關係之事項，在彼此領土內享受之待遇，應與其他國享受之待遇毫無區別。

締約各國不論以何藉口，在本國領土內不得向彼國人民所運輸出口之貨物，勒收關稅或內地稅或何項捐款，超過本國人民、或其他國人民所完納者，或有所區別。如於民國十八年即西曆一九二九年一月一日前，經雙方政府按照以上所規定，業經批准以上之條款，則於是日發生效力。否則隨時按批准日起，四閱月後發生效力。

第二條　本約之華文及英文業經詳加核對證實，惟遇有意旨兩歧之處，應以英文為準。締約各國批准本約，應按各本國憲法批准之手續，且應以最早之日期在華盛頓互換批准。

因此，以上條約繕為華英文各二份，兩國全權劃押蓋印，以昭信守。

中華民國十七年七月二十五日在北平簽訂，宋子文，馬克謨。

本約於十七年十一月三十日批准，十八年二月二十日在華盛頓互換。此約規定歷來關於協定關稅之條款立即作廢，而適用國家關稅完全自主之原則，對於兩國人民則採取互惠及內國之待遇；但又規定「在彼此領土內享受之待遇，應與其他國享受之待遇毫無區別」。照此規定，必須與中國有條約各國一律放棄協定關稅，承認中國關稅自主，中美新關稅條約才能實施。但美國首先承認中國關稅自主，已打開中國與外國重訂關稅條約之局面。

三、英法各國相繼承認中國關稅自主

美國承認中國關稅自主後，反對中國關稅自主的，僅係田中內閣時代的日本。除美日兩國外，最有關係的，係在中國有商業重大利益的英國。英國的外交是實利外交，英國鑒於中國國民革命的高漲，對中國外交不能不軟化；又因美國已承認於先，英國對中國的關稅自主，自不願橫加阻礙。英國表示贊成，歐洲各國遂先後與中國簽訂關稅條約。十七年八月十七日，中德關稅條約簽訂；十一月十二日中挪關稅條約，中比通商條約簽訂；十一月二十七日中意通商條約簽訂；十二月十二日中丹通商條約簽訂；十二月十六日中荷關稅條約、中葡通商條約簽訂；十二月二十日中英關稅條約，中瑞關稅條約簽訂；十二月廿二日中法關稅條約簽訂；十二月廿七日中西關稅條約簽訂。以上各約，均由外交部長王正廷與各國代表簽訂於南京。截至十七年底爲止，未與中國簽訂關稅條約，而與中國關係密切的，僅有日本一國。

四、日本最後承認中國關稅自主

民國十八年初，日本對華態度略有轉變；因東北易幟之後，國民政府統治權力日益擴大，各國關稅條約之簽訂，使中國國際地位日益增高。十七年五三慘案後，國人紛紛抵制日貨，使日商大感痛苦紛向日本政府抗議。於是日本政府不得不重行考慮對華政策，並派遣芳澤來華交涉。十八年一月二十四日王外長與芳澤作首次會談，雙方約定先從解決濟案入手。商談多次，三月二十八日始得解決，由兩國共同聲明濟案爲最不幸事件，彼此捐棄舊怨，以期邦交和睦。中國方面擔任保護日僑，日本則允於兩月內撤退在山東日軍。接着寧案亦於五月二日以換文解決，大致與英美寧案之解決辦法相同。濟案寧案解決後，始討論一八九六年中日商約之時效問題，雙方雖各執一詞，但均願從速談判新約。未幾，佐分利繼芳澤使華，佐分利甚願中日兩國之和睦，中日間更有好轉之望。但不幸佐分利於回日請示時自殺。佐分利自殺後，日本擬以小幡繼任，經我政府堅決反對。日本遂暫不派遣公使，而授權上海日本總領事重光葵，以代辦名義與王外長續商。中日關稅協定經半年之協商，於十九年五月六日由王外長與重光葵簽訂，協定條文與英美各國關稅條約相同。惟在附件，中國准許日本有重要關係之特定物品，於三年內仍維持民國十八年之稅率，以示對日本之優待。至此，我國關稅自主之障礙始完全消除，關稅自主運動始宣告完成。（註六）

第五節 收回法權與租借地的交涉

一、收回法權交涉的停頓

各國在華享有領事裁判權的，共有十九國。第一次世界大戰後，締結中德協約，中奧通商條約，中俄協定後，德奧俄三國領事裁判權業已廢除。十七年我國與比、意、丹、葡、西五國所訂新約，雖已規定撤廢領事裁判權的原則，但都附有條件；須待九國公約簽字各國一律承認放棄時，才能實行。墨西哥於十八年十一月聲明自動放棄；日本瑞典舊約已屆滿期，應另定新約；其他英、美、法、秘魯、瑞士、荷蘭、挪威、巴西等八國，舊約尚未滿期。

十八年四月外交部分致照會於英、美、法、挪威、荷蘭、巴西，請各國對於我撤廢領事裁判權的願望，予以同情之考慮。不幸我國發生內戰，各國互存觀望，延未答復。直至八月間，英、美、法、挪威、荷蘭五國始照復我國，都稱對於我國要求表示同情，但都不肯實行放棄；英國願意考量現行領事裁判權的修正：美國主張逐漸的放棄，法、荷、挪、則準備與各國一致行動。外交部於接獲上項復照後，於九月間分致第二次照會於五國，說明領事裁判權的繼續存在，實爲兩國間糾紛與衝突的根源，請各位立卽派員，與我國商定廢止領事裁判權的必要辦法。各國的復照，雖表示願意討論，仍堅持原來的主張，交涉進展遲緩。

外交部鑒於各國意存觀望，遂着重個別談判。王外長與英公使藍普森談判，駐美伍朝樞公使與美當局談判，但均無具體結果。十二月十八日國民政府公布明令，定自十九年元旦起，自動撤消各國在華領事裁判權，藉以促進交涉。各國明知此項明令，斷不能單獨執行，故並無若何反響。未幾，國內又生變端，交涉無形停頓。

二十年三月間，我國對日法權交涉開始，重光葵表示日本可承認撤廢，但有交換條件，如內地之開放、商租權之承認等；我國則要求無條件廢棄，不允考慮日本提出之條件，交涉遂無結果。此時英國對分期撤廢之辦法，表示贊同，美國則因我駐美伍公使辭職，交涉停頓；法國向抱靜觀態度，日本又堅持交換條件。交涉至此，幾已無法進行。五月四日外交部乃正式宣告法權交涉之停頓。同日，國民政府頒布管轄外國人實施條例，明定於二十一年元旦自動撤廢各國領事裁判權，於各國埠設特別法院，審處外僑之案件。但二十年九月十八日日本侵佔東北，政府為應付日本侵略，無法用斷然手段收回英美法各國領事裁判權，我國收回法權交涉遂中途擱置。

二、英國交還威海衛並退還庚款

甲、英國交還威海衛。在華盛頓會議時，中國提案要求各國放棄在華租借地。中國此項提案提出後，法國聲明願將廣州灣交還中國，英國聲明願將威海衛交還中國，但均採拖延政策。十四年五卅慘案後，中國有抵制英貨的運動。十五年北伐至長江流域，英國鑒於高壓政策無效，對中國採取逐步退讓的政策，十六年二月交還漢口、九江、鎮江三地英租界，十七年十二月追隨美國之後，承認中國關稅自主。十九年四月十八日與我國簽訂交收威海衞專約及協定。

中英交收威海衞專約，計有二十條，附件二；協定六條、附件一。十九年十月一日在南京互換後，即日發生效力。重要內容如次：

一、英國將威海衞全灣沿岸十英里地方，及劉公島與威海衞灣內之羣島，交還中華民國。
二、英國在威海衞及劉公島兩處駐兵，在本約發生效力之日起，一個月內一律撤退。
三、英國允將威海衞行政公署一切文件移交中國政府。
四、英國允將威海衞區內官產、地畝、房產、碼頭等，全數無償移交中國政府。
五、中國於接收後，當在可能範圍內，維持現行規章。
六、中國在決定將威海衞口岸關閉，並完全保留作爲海軍根據地以前：1將維持該口岸爲國際通商居住區域；2將區域內房屋數處無償租與英國，爲領事舘及居留民公益之用，以三十年爲期，期滿後仍得續租。

乙、英國交還庚子賠款。英國政府於一九二二年十二月間，宣言英國部分庚子賠款餘額，嗣後將用於中英互有利益之事業，即充作教育事業之用外，作爲整理及建築中國鐵路之用。除由該款現有總數內，撥出二十六萬五千磅及二十萬磅，分別贈與香港大學及倫敦各大學，爲增進中英間文化關係之用外，餘款均交付於倫敦購料委員會，準備將來動用。英國公使藍普森與我外長王正廷，於十九年九月十九日有解決中英庚款換文五件，規定退還賠款之用途。換文於九月二十日互換生效，重要內容如次：

一、一九三〇年十二月一日起應付之庚款全數，交還中國政府管理。

二、該項庚款，即現在存儲及將來應交款項之大部分，作整理及建築中國鐵路，並設諸其他生產事業之用。

三、中國政府設一董事會，負責管理分配及處置上述基金；董事會中當有英人數人在內。

四、以交還之庚款，或以庚款擔保所借之款，整理或建築鐵路在國外購買所需材料時，當向英國訂購之。

五、由該款現存總數內，撥出二十六萬五千磅，贈與香港大學為教育中國學生之用，另撥二十萬磅，贈與倫敦各大學中國委員會，為增進中英間文化關係之用。

三、比國退還天津比租界

民國十五年十月二十七日為中比通商條約十年期滿之日。北京政府於期滿前六個月照會比公使，宣布該條約失效，並願另訂平等新約。比政府則欲延長舊約期限，控告我國於海牙國際法院。北京政府因此提出於國際聯盟，請求代為解決。十六年二月國民政府收回漢口九江英租界後，比政府即撤回其訴訟，願以平等互相尊重主權為基礎，與我另訂新約，並宣布自動將天津比租界交還。十七年底國民政府統一中國，十八年八月三十一日我國與比國訂立「中比關於比國交還天津比國租界協定」，內容共八條，於二十年一月十五日互換生效。比國係無保留的將天津比租界完全交還中國。（註七）

（註一）本節列舉宣言，見中國國民黨宣言彙刊。

（註二）傅啓學：五卅運動的領導人，載臺大煖流月刊第二期。

（註三）參閱：1李守孔：中國最近四十年史第七章。2東方雜誌十四年六、七、八三月出版各期及五卅慘案特刊

（註四）參閱：1李守孔前書第九章第一節。2吳頌皐：十年來的中國外交。3中外條約彙編：關於收回各英租界之協定。

（註五）參閱：董顯光：蔣總統傳第六章。2外交大辭典：南京事件條。

（註六）參閱：1吳頌皐：十年來的中國外交。2中外條約彙編：關於與各國締結關稅條約。

（註七）參閱：1李守孔前書第九章第一節、第十章第四節。2中外條約彙編：交收威海衞專約，中英庚款換文，比國交還天津比租界協定。

第九章　中俄關係的演變（民國十三年至二十一年）

第一節　民國十三年復交簽訂中俄協定

一、中俄復交的交涉

甲、優林來華北京政府不願交涉。蘇俄對華第二次宣言發表以後，遠東共和國便派遣全權代表優林，由蒙古來到北京，向北京政府磋商關於中俄訂立新約問題。但此時北京政府還是怕列强干涉，不敢和俄國開始交涉。於是優林轉向民間活動，想在民間找一些俄國的朋友。他公表蘇俄政府退還庚子賠款作教育經費的意思，以博取教育界之同情，到一九二一年夏，優林在中國毫無成就，便回俄國去了。

在優林來華交涉失敗以後，蘇俄駐英代表克拉辛向中國駐英公使顧維鈞，商洽中俄恢復邦交事，並稱奉本國政府訓令，願以俄國與英、德、意、瑞、諸國所訂商約為標準，和中國訂立新約。顧維鈞以此意轉達北京政府外交部。此時外交部認為可以開始交涉，並電致莫斯科政府，聲明俄國須以一九一九年及一九二〇年對中國的宣言為雙方接洽的條件；蘇俄政府對於這個提議，當然接受了。

乙、越飛來華，交涉無結果。民國十一年（一九二二年）夏，蘇俄政府派遣特命全權大使越飛來華，於八月十二日抵北京。越飛到中國以後，一方面積極作外交活動，一方面仍努力作與民間聯絡工作。八月廿七日向北京政府外交部提議，於長春開日俄會議之先，開一中俄會議，解決外蒙俄兵的撤退，以及中俄通商等問題；並請中國派員參與日俄兩國在長春擧行的會議。但外交部拒絕其提議，並且聲明將來日俄長春會議，非經中國的同意，不能決議關於中國事項。九月十二日北京政府外交部正式照會越飛，允許開議關於中俄的一決問題；但在會議未擧行前，發生兩項爭執的問題。第一是關於外蒙的俄軍撤退問題。俄軍一九二一年以追勦白黨爲名，侵入蒙古後，延不撤退，北京政府外交部屢次催促其撤兵，並要求在正式擧行會議之先，先將此項軍隊無條件的撤退。但是越飛的答覆，謂不能卽將庫倫軍隊撤退，並且拒絕單獨解決外蒙問題，且責備北京政府袒護白黨。第二是中俄接洽的條件問題。中俄交涉的基礎，中國主張以俄國一九一九年及一九二〇年的宣言爲基礎，電達莫斯科政府的時候，俄國並沒有異議；但是越飛於十一月六日覆外交部的牒文，竟聲明俄代表無履行一九一九年及一九二〇年宣言的義務。十二月八日又向外交部遞一節略，謂俄國一九一九年蘇俄宣言放棄中東鐵路權利，並非無條件交還中國。因爲這兩個問題的爭執，中俄會議因之遲延不能擧行。越飛此時因蘇俄已能自保；不虞英、美、日、法的侵略，態度已趨强硬。其目的僅在獲取中國民間的好感，不願以一九一九年的對華宣言爲談判基礎。一九二三年一月越飛南下上海會晤孫中山先生後，卽赴日本籌商日俄會談。越飛後因病重，抱病返俄。

丙、加拉罕來華，交涉時態度傲慢。繼越飛來中國的是加拉罕。因一九一九年一九二〇年蘇俄對華宣言，都是加拉罕署名，加拉罕於民國十二年（一九二三年）一月到北京後，受到中國朝野一致的歡迎。我國政府於民國十二年三月十八日明令任王正廷爲中俄交涉督辦，與俄代表加拉罕進行交涉，中俄間的談判，從此才正式開始。雙方屢次談判，延至民國十三年三月十四日，始擬定解決中俄懸案大綱協定十五條，暫行管理中東鐵路協定草案十一條，聲明書四種，公函兩封，及議定書一件，由雙方代表簽字。但在三月十五日北京內閣會議時，外交總長顧維鈞以協定內容未撤銷俄蒙協約，且未規定撤退外蒙俄兵，提出異議；決議令王正廷再和加拉罕談判，修正上述各項草案。王正廷復與加拉罕會議，商洽立時廢止俄蒙所訂各項協約，及外蒙俄軍撤退問題，均未獲結果。此時加拉罕致一最後通牒性質的公函與王正廷稱：『本代表自本日起限期三日，候中國政府在此期內，承認雙方同意之協定；如過三日，本代表對於該協定所規定各節，不受何等拘束。』同時俄代表加拉罕又正式致外交部照會如次：

上年三月十八日接准貴部照知，中國政府已派王正廷爲與蘇俄代表談判之正式代表。本年三月四日與中國政府正式代表之談判，完全告峻。所有各項協定，業經簽字。同時應將各項協定騰清本，重行簽字。但中國政府不承認其正式代表簽字，致毀前項協定。茲蘇俄政府因上項情形，訓令本代表照知貴總長如左：

一、蘇俄政府認爲此次與中國政府正式代表之談判，業經終了。

二、蘇俄政府堅決拒絕討論業已議定並簽字之各項協定。

三、蘇俄政府警告中國政府，勿鑄成足以影響蘇俄與中國將來邦交上不可補救之錯誤。

四、在本代表三月十六日致中國代表公函內所指定之期限屆滿時，蘇俄對於本年三月十四日所簽訂之協定各項，不受其拘束，並保留將來與中國協定各項條約，有自由訂立條件之完全權利。

五、在上述期限屆滿後，中國政府於無條件與蘇俄政府恢復尋常正式邦交以前，不得與蘇俄政府重開談判。

這個照會態度傲慢，實際是宣告中俄交涉決裂。於是北京政府明令撤銷中俄交涉督辦公署，所有對俄交涉事宜，責成外交部接收辦理。

丁、外交部聲明不簽字的理由。此時我國一部份民間領袖，已爲蘇俄的宣傳所惑，不僅不責備蘇俄的橫蠻，反紛紛電責外交當局的不簽字。茲將北京國務院三月二十日報告中俄交涉爭點通電，照錄於次：

「中俄交涉事，迭經王督辦與加拉罕代表磋商，擬有中俄解決懸案大綱，及暫行管理中東路協定各項草案，呈報政府審核。連日閣議詳加討論，如廢止舊約，重訂新約，撤銷治外法權，收回租界，拋棄庚子賠款，關稅平等各節，業已雙方同意，其他各條凡經政府認爲可照辦者，即經修正規定。無所爭論之點：如（1）俄蒙所訂各項協約，政府主張在協定內載明立時廢止；俄代表僅允將俄帝國政府與第三者所訂條約等，有傷中國主權者，廢止之；而於蘇俄與外蒙所訂之條約等，不肯明白取消。查蘇俄與外蒙所訂條約，係認外蒙爲獨立國，且外蒙在俄派有駐使，此實與尊重中國主權一語相抵觸，關係不可謂不鉅。（2）撤退外蒙俄軍問題。政府主張即行撤退，俄代表僅允聲明：一俟蒙古撤兵之條件（即限制及制止白黨之辦法），在會議中確定後，始盡數撤退。嗣政府擬改爲聲明一切軍隊應盡數撤退，其撤兵期限及關於雙方邊界之安寧問題，於會議中商定之。因俄軍入蒙原係損害吾國主權之舉，原則上似應即允撤退，若以條件之商妥與否爲撤兵之標準，將來轉多糾葛。（3）俄代表要求用換文載明在中國境內俄國教堂不動產等，須移交俄國政府等語。政府因恐將來他國援例，要求在內地置產，諸多窒礙，認爲未妥。以上三點，迭經閣議修正，交由王督辦切商加氏。是彼此在磋商之中，而十四日雙方代表逕將各項協定草案與附件等一併簽字。王督辦並未事先奉有令簽字，兩日後，始詢據王督辦稱，係屬底稿先行畫押，靜候政府批准，方能簽定正約，認爲與簽字有別。而俄代表竟認爲雙方業已簽字，不能再有更動；於十六日致函王督辦，限期三日候中國政府承認該項草案。否則對於該協定所規定各節，不受任何拘束；如因交涉決裂發生事故，應由中國政府負責等語。經王督辦特呈政府，復經閣議，以關係最重各點，政府方切盼修正，俄代表忽有限期承認協定草案之來函，實深駭意。此項來函，政府當然不能承認，設因此交涉決裂，發生事故，應由俄政府負責，咨復王督辦轉復俄代表。特將此案經過情形，先行摘要電聞，餘續達，國務院號印。」

中俄交涉，據當時傳聞，係顧維鈞與王正廷二人意見之不洽。觀十四日簽字，王正廷事先並未與顧維鈞磋商；而交涉停頓後，即撤銷中俄交涉督辦公署，改由外交部直接辦理；可見王顧不洽之說，確有事實根據。王氏近在北京，簽字前不與外交當局一談，不免專擅：至外交部所提必須交涉三點，確關係中國主權，而絕非苛求。此時國人多受蘇俄之宣傳，甚至軍閥如吳佩孚等，均通電請求速簽中俄協定。但當時仍不乏明辨是非態度公正的人士，北京國立大專學校聯合發表宣言說：

「此次中俄會議的破裂，北京政府固負有相當責任，而俄人態度之欠光明，亦使吾人不能滿意。加拉罕即係和平主義國家之代表，且欲與我國推誠相見，則應有公平示讓之精神，何至認王正廷之簽證草約爲正式簽字？北京內閣尚未經正式討論，即以類似哀的美敦書之照會，迫我服從；此種帝國主義之外交方式，既違反其和平之精神，復失國際交涉之禮儀，更應負破裂會議之責任。且蘇俄業已於一九一九及一九二〇兩次宣言中，一再聲明放棄侵略中國之種種利益，而此次協定中又承認蒙古爲我國之完全領土，則一九二二年之俄蒙密約，自應趕速宣布無效。然蘇俄始終拒絕，其不願履行宣言，已可槪見，……凡此種種，足證蘇俄殊無誠意，且有侵略弱小民族之嫌，此亦當警告者。」

二、中俄協定的簽訂

中俄交涉停頓後，加拉罕故意大倡局部交涉之說，派員與廣東政府和奉天當局接洽，更與日本在北京談判，藉以挾制北京政府的讓步。北京政府綜合各方情報，認定莫斯科方面與加拉罕對華的手段，顯有不同；莫斯科極欲交涉早日成立，以便其國際間的宣傳。北京政府爲打擊加拉罕計，亦聲言將改向莫斯科交涉，並派李家鏊在莫斯科開始洽談。北京新聞界及國會議員又主張請俄政府撤換代表。此時加拉罕的局部交涉又已失敗，不得不轉變態度；自五月二十二日起，與外交部顧維鈞進行秘密協商，旬日之間，談判二十次，並對我方所堅持各點表示讓步。雙方意見接近，經顧維鈞報告北京政府核准後，五月三十一日，在我外交部舉行正式簽字典禮。同日中俄邦交恢復。簽字條約，計有中俄解決懸案大綱協定十五條，暫行管理中東鐵路協定十一條，及七種聲明書，一種換文。玆照錄中俄解決懸案大綱於次：

第一條　本協定簽字後，兩締約國之平日使領關係，應卽恢復。中國政府允許將前帝俄使領館移交蘇聯政府。

第二條　兩締約國政府允於本協定簽字之後一個月內，舉行會議，按照後列各條之規定，商定一切懸案之詳細辦法，予以施行，此項詳細辦法應從速完竣，但無論如何，至遲不得過目前會議開始之日起六個月。

第三條　兩締約國政府同意在前條所定會議中，將中國政府與前俄帝國政府所訂立之一切公約、條約、協定、議定書、及合同等項，概行廢止。另本平等相互之原則，暨一千九百十九年與一千九百二十年蘇聯政府各宣言之精神，重訂條約協定等項。

第四條　蘇聯政府根據其政策及一九一九與一九二〇年宣言聲明：前俄帝國政府與第三者所訂立之一切條約協定等項，有妨礙中國主權及利益者，概爲無效。締約兩國政府聲明：嗣後無論何方政府，不訂立有損害對方締約國主權及利益之條約及協定。

第五條　蘇聯政府承認外蒙完全爲中華民國之一部分，及尊重在該領土內中國之主權。蘇聯政府聲明：一俟有關撤退蘇聯政府駐外蒙軍隊之問題（即撤兵期限及彼此邊界安寧辦法）在本協定第二條所定會議中商定，即將蘇聯政府一切軍隊由外蒙盡數撤退。

第六條　兩締約中政府互相擔保在各該國境內，不准有爲圖謀以暴力反對對方政府而成立之各種機關或團體之存在及舉動，並允諾彼此不爲與對方國公共秩序社會組織反對之宣傳。

第七條　兩締約國政府允在本協定第二條所定會議中，將彼此疆界重行劃定；在疆界未行劃定以前，允仍維持現有疆界。

第八條　兩締約國政府允將兩國邊界江湖及他種流域上之航行問題，按照平等相互之原則，在前條所定之會議中規定之。

第九條　兩締約國政府允在前條所定之會議中根據下開原則，將中東鐵路問題解決：

一、兩締約國政府聲明：中東鐵路純係商業性質，並聲明除該路本身營業事務直轄於該路外，所有關係中國國家及地方主權之各項事務。如司法、民政、軍事、警務、市政、稅務、地畝（除鐵路用地皮外）等，概由中國政府辦理。

二、蘇聯政府允諾中國以中國資本贖同中東鐵路及該路所屬一切財產，並允諾將該路一切股票債票移在中國。

三、兩締約中政府允在本協定第二條所定會議中，解決贖路之款額及條件，暨移交中東鐵路之手續。

四、蘇聯政府擔任對中東鐵路在一九一七年三月九日革命以前，所有股東持有債票者及債權人負一切完全責任。

五、兩締約國政府承認對於中東鐵路之前途，只能由中俄兩國取決，不許第三者干涉。

六、兩締約國政府允在本條第二項所規定事項未經解決以前，特行規定暫行管理中東鐵路辦法。

七、在協定第二條所定之會議，未將中東鐵路各項事宜解決以前，兩國政府根據俄曆一八九六年八月廿七日（西曆九月八日）所訂中俄合辦東省鐵路合同所有之權利，與本協定及暫行管理中東鐵路協定暨中國主權不相抵觸者，仍爲有效。

第十條　蘇聯政府允予拋棄前俄政府在中國境內任何地方，根據各種公約，條約，協定等所得之一切租界地、貿易圈及兵營等之特權及特許。

第十一條　蘇聯政府允以拋棄俄國部分之庚子賠款。

第十二條　蘇聯政府允諾取消治外法權及領事裁判權。

第十三條　兩締約國政府允在本協定第二條所定之會議中訂立商約時，將兩締約國關稅稅則，採取平等相互主義，同時協定。

第十四條　兩締約國允在前條所定之會議中，討論賠償損失之要求。

第十五條　本協定自簽字日起，即生效力。

中華民國十三年五月卅一日訂於北京。顧維鈞、加拉罕。

附屬條約中最重要的，是「暫行管理中東鐵路協定十一條」，係在同日簽字，並註明自簽字日起即日發生效力，其內容與民國九年十月二日北京政府與華俄道勝銀行簽訂的「改訂管理中東路合同」，大致相同。原文要點如下：

（一）本鐵路設理事會為議決機關，置理事十人，由中俄各選派五人組織之。中國政府派理事一人為理事長，即督辦。蘇俄政府派定理事一人為副理事長，即會辦。理事會之法定人數，以七人為至少之數，所有一切取決，須得六人以上之同意，才有執行之效力。（第一條）

（二）本鐵路設監事會，由監察五人組織之。華監察二人，由中國政府委派；俄監察三人，由蘇俄政府委派；會長由華監察中選舉之。（第二條）

（三）本鐵路設局長一人，由俄人充任，副局長二人，華俄各一，均由理事會委派。（第三條）

（四）本鐵路之處長副處長由理事會委派之。如處長為華人時，副處長須用俄人，處長為俄人時，副處長須用華人。各級人員，按照中俄兩國人民平均分配原則任用。（第四條第五條）

（五）理事會應將前俄政府一八九六年批准之中東鐵路公司章程，按本協定及一九二四年五月卅一日所訂中俄解決懸案大綱協定，從速改訂完竣。但無論如何至遲不得過自理事會成立之日起六個月。其未改訂完竣以前，該項章程與解決中俄懸案大綱協定不相抵觸，暨不妨礙中國主權者，仍予繼續適用。（第九條）

（六）理事會商議路務不能解決時，呈報兩締約國政府解決。（第六條）

（七）本協定自簽字日起卽發生效力。

三、奉俄協定的簽訂

當北京政府與蘇俄恢復邦交締結協定的時候，是曹錕當大總統，北京政府的政令，不能達到東三省。奉天方面政權，由張作霖掌握，無形中另成系統。中俄協定締結後，奉天方面始終堅持反對。加拉罕以中俄協定之履行，非與東三省當局妥協不可，於是便暗中派遣代表，赴奉天和張作霖作局部交涉。經交涉三月，於民國十三年九月二十日於奉天密訂奉俄協定七條，名曰：「中華民國東三省自治省政府與蘇維埃社會聯邦政府之協定」。東三省自治省政府代表為鄭謙、呂榮寰、鐘世銘，蘇俄政府代表為庫茲聶措夫。奉俄協定內容要點如次：

第一條　中東鐵路。內容共分十五款，除第二款外，均與中俄協定第九條及暫行管理中東鐵路協定相同，第二款原文如下：『一八九六年訂立之建築經營東省鐵路合同第十二條所載之期限，應由八十年減至六十年。此項期滿後，該路及該路之一切附屬產業，均歸爲中國政府所有，無須給價，經雙方同意時，得將再行縮短上述期限（卽六十年）之問題，提出商議。自本協定簽字之日起，蘇聯方面同意中國有權贖回該路權時，應由雙方商定該路實在價值若干，並用中國資本，以公道價額贖回之。』

第二條　航權。與中俄協定第八條略同。

第三條　疆界。與中俄協定第七條同。

第四條　商約及關稅條約。與中俄協定第十三條同。

第五條　宣傳。與中俄協定第六條同。

第六條　委員會。與中俄協定第二條略同。

第七條　本協定自簽定日起卽生效力。

除右述協約正文外，還有兩個聲明書，一個是聲明交還東三省各地的俄國領事館，一個是將在東三省服務的舊俄人民停止職務；蘇俄除得上兩項利益外，並可實際收回中東路的權利。

北京政府聽到奉俄協定簽訂的消息以後，屢次向加拉罕提出質問，但都得不到要領。後來曹錕吳佩孚崩潰，北京成立段祺瑞的執政政府，張作霖此時係支持段政府，於民國十四年三月十二日，由外交、交通兩部呈請將奉俄協定核准追認，作爲中俄協定的附件；同時照會加拉罕，請其轉送蘇俄政府，於是奉俄協定的問題，由此告一解決。

四、蘇俄拒絕召開中俄會議

觀上述中俄協定及奉俄協定，係以平等互惠精神締結，這是我國締結的第二個平等條約。然蘇俄的目的，僅在擴大宣傳，而無意實行。蘇俄在歐戰係戰敗國，蘇俄在中國的各種特權，中國早已收回。庚子賠款俄國部分早已停付，領事裁判權業已取消，對俄國的關稅中國業已自主，蘇俄的情形與德奧兩國相同。中國當時人士以俄國自動放棄一切特權，在精神上足爲中國之援助，以貫澈廢除不平等條約運動，故頗感興奮。在中俄協定簽字時，俄國即刻得到的，是恢復了中東鐵路的權利。中國所得的，要等一個月後召開的中俄會議，才能解決。

依照中俄協定第二條，中俄兩國應於協定簽字後一個月內擧行會議，商討一切懸案之解決辦法；並規定此項會議應從速完竣，至遲不得超過六個月。但民國十三年五月卅一日協定簽字後，因蘇俄的拖延推諉，隔了十五個月，於民國十四年八月廿六日，才擧行中俄會議開幕式，中國由王正廷代表出席。但開幕式擧行後，加拉罕卽於廿七日藉故返俄，中俄會議就從此拖延，毫無結果。蘇俄所得的，是中東鐵路權益的立刻恢復，中國所得的，僅是一張不能兌現的空頭支票。（註二）

第二節　中山先生對俄態度

民國三十四年八月十四日中蘇友好協定簽字後，蘇俄對中國積極侵略，扶植共匪，奪取大陸政權。大陸淪陷以後，有人發表言論，歸咎孫中山先生在民國十一年以後的聯俄政策。這種言論，實不了解中山先生的主張，更不了解當時的國際環境；故不能不將中山先生對俄態度加以說明。

一、改變對俄政策的原因

中山先生對帝俄的態度，在民國六年所著「中國存亡問題」一書，指示甚明。中山先生反對中國參加歐戰，即在預防英俄兩國之勾結，而以中國爲犧牲。中山先生認爲俄國自大彼得以來，即有併吞世界的計劃，而俄人的性質又最野蠻，待遇中國人又最殘酷。中山先生爲預防俄國的侵略，反對中國參戰，使中國不至作英人向俄國妥協之工具。

民國十一年以後，中山先生改變對俄政策的原因有三：

甲、俄國宣言放棄在中國一切特權。民主主義第一講說：『俄國在沒有革命以前，主張有強權無公理，是一個很頑固的國家，現在便反對這項主張。』因爲俄國當時正受英、美、法、日、各國的壓迫，想避免各國干涉俄國的內政，所以對外主張民族自決，鼓勵各被壓迫民族對帝國主義的反抗，以和緩各國對蘇俄的壓迫。當時列寧反對強權主張公理，是爲俄國自衛設計。一九一九年和一九二〇年兩次對華宣言，深得中國國民的同情，就是軍閥如吳佩孚馮玉祥等，都表示對俄的好感。俄國當時表面上對中國的善意，確可助長中國廢除不平等條約的運動。

乙、當時俄國已不能爲中國之患。當時俄國是戰敗國的戰敗國，在歐洲已喪失了芬蘭、波蘭、立陶宛、愛沙尼亞、拉脫維亞等土地。在亞洲中東鐵路的權益，已爲中國收回一部，其在中國的特權如領事裁判權，庚子賠款、協定關稅等，已爲中國事實上收回。當時俄國的實力，僅能自保，決不能繼續帝俄侵略的政策。民國十六年國民政府與蘇俄絕交，驅逐俄國駐華使領，俄國莫可如何，可見俄國當時之無力。俄國在表面上表示親善，實際上也無法進行侵略。

丙、爲外交手段的運用。當時英國法國對中國雖無進一步之侵略，但其在中國所得之特權，不願輕易放棄，且對中國革命時加阻撓。先生雖主張聯合美國日本，但美國在第一次歐戰後，主張國際正義的威遜在國內慘敗，美國正實行孤立主義。華盛頓會議的結果，中國雖收回日本強佔的山東，但各國對中國的不平等條約，仍不願放棄，採用拖延政策。日本受挫於華盛頓會議，但仍企圖獨佔東亞的權利。在中國正在爭取自由平等之時，侵略中國最兇之俄國，忽然變爲被壓迫者，不足爲中國之患，且一變其兇惡面孔，而爲親善態度。先生當時之改變對俄政策，實爲外交手段之運用。第一、蘇俄當時不能爲中國之患；第二、蘇俄放棄在華一切特權，當時確爲中國之利；第三、中國可援例要求各國廢除不平等條約。

二、對俄國當時的態度——與越飛聯合宣言

民國十二年十一蘇俄特命全權大使越飛在北京失敗後，南下上海，晉竭中山先生，與中山先生數度商談中俄間關係，先生爲表明態度，特與越飛聯合宣言，原文四點如次：

一、孫逸仙博士以爲共產組織，甚至蘇維埃制度，事實上均不能引用於中國；因中國並無使此項共產制度或蘇維埃制度可以成功之情況也。此項見解，越飛君完全同感。且以爲中國最要最急之問題，乃在民國的統一之成功，與完全國家的獨立之獲得。關於此項大事業，越飛君並確告孫博士，中國當

得俄國國民最摯熱之同情，且可以俄國援助爲依賴也。

二、爲明瞭此等地位起見，孫逸先博士要求越飛君再度切實聲明一九二〇年九月二十七日俄國對中國通牒列舉之原則。越飛君因此向孫博士重行宣言，卽俄國政府準備且願意根據俄國拋棄帝政時代中俄條約（連同中東鐵路等合同在內）之基礎，另行開始中俄交涉。

三、因承認全部中東鐵路問題，可能於適當之中俄會議解決，故孫逸先博士以爲現在中東鐵路之管理，事實上現在只能維持現狀。且與越飛同意現行鐵路管理辦法，只能由中俄兩國政府不加成見，以雙方實際之利益與權利適時改組。同時孫逸仙博士以爲此點應與張作霖將軍商洽。

四、越飛君正式向孫博士宣稱，俄國現政府決無亦從無意思與目的，在外蒙古實施帝國主義之政策，或使其與中國分立。孫博士因此以爲俄國軍隊不必立時由外蒙古撤退，緣爲中國實際利益與必要計，中國北京現政府無力防止因俄共撤退後，白俄反對赤俄之陰謀與敵抗行爲之發生，以及釀成較現在尤爲嚴重之局面。

越飛君與孫博士以最親摯有禮之情形相別。彼將於離日本之際，再來中國南部，然後赴北京。

一九二三年一月二十六日於上海。孫逸仙、越飛簽字。

由與越飛聯合宣言，可知先生當時態度的嚴正。

甲、共產組織蘇維埃制度不能引用於中國。此時陳獨秀、李大釗等已在中國組織共黨，且派代表往蘇俄與列寧接洽，請求俄國援助，願與俄國採取一致行動。越飛以特命全權大使的資格，到上海晉謁中山先生，先生提出中俄合作的先決條件，就是蘇俄不能以共產組織及蘇維埃制度引用於中國：『中國最要最急的問題，乃在民國的統一之成功，與國家完全獨立之獲得。』可知先生對俄政策，是中俄平等的聯合，若果蘇俄在中國扶植共黨，建立蘇維埃制度，根據孫越宣言，是應當嚴格取締的。若果蘇俄阻撓中國統一，妨礙中國獨立，根據孫越宣言，中國是要竭力反對的。

乙、越飛再度切實聲明一九二〇年蘇俄拋棄一切特權的對華宣言。在民國十一年十一月六日越飛覆北京政府外交部的覆文，竟聲明俄代表無履行一九一九年一九二〇年宣言的義務。十二月八日向北京外交部遞一節略，謂俄國一九一九年蘇俄宣言放棄中東鐵路權利，並非無條件交還中國。所以先生要求越飛再度聲明一九二〇年九月廿七日俄國對中國通牒列舉之原則。越飛因此向先生重行宣言：『俄國政府準備且願意根據俄國拋棄帝政時代中俄條約（連同中東鐵路等合同在內）之基礎，另行開始中俄交涉。』可知先生不因蘇俄的親善面孔，對中國權利有所忽略，而要求越飛再度切實聲明，作中俄此後交涉的基礎。

丙、確定外蒙古是中國的一部，不能與中國分立。蘇俄在一九一九年一九二〇年兩次對華宣言，均未提及外蒙問題。是時俄國軍隊駐於外蒙，中國的統治權已不能實施於外蒙；而蘇俄與外蒙曾訂有各項協約，認外蒙爲獨立國，外蒙在蘇俄亦派有駐使。在孫越會談中，中山先生堅持外蒙爲中國領土，並由越飛正式宣稱：『俄國現政府決無亦從無意思與目的，在外蒙古實施帝國主義之政策，或使其與中國分立。』至外蒙俄國軍隊撤退的原則，亦已確定，先生僅允：『不必立時由外蒙古撤退。』此後顧維鈞不同意王正廷與加拉罕簽字的中俄協定，即因未確定俄國軍隊應盡數撤退的原則。可知先生在孫越宣言態度的嚴正，已幫助顧維鈞與加拉罕的交涉。

第三節　第三國際的陰謀

民國十年中國共產黨開始組織，列寧派第三國際遠東支部幹事倭金斯基來上海，協助中共組織，並予以資助，作爲第三國際支部，一切行動均須受第三國際中央執行委員會的指揮。民國十一年秋，中共在廣州開第一次大會，正式公開的在中國活動。大會後，派代表到莫斯科接洽，列寧告訴他們要和中國國民黨合作。民國十二年（一九二三）並由第三國際通過一種決議案，命令中共加入中國國民黨。列寧和第三國際的設計，是想利用國民黨來培植中共，使中共能逐漸竊取國民黨的力量。

民國十一年八月，中山先生因陳烱明叛至至滬，蘇俄代表馬林謁見中山先生，提出中共加入國民黨計劃，中山先生認爲個別加入是可以的，但不能在國民黨內保持共黨組織。是時李大釗謁見中山先生，即以個人資格加入國民黨。但中共分子以個人資格加入國民黨後，會引起國民黨同志的疑慮。中山先生爲使同志釋疑，在民生主義演講中，曾痛駁馬克斯主義的錯誤。李大釗對共黨分子加入國民黨之聲明說：

「……我們環顧國中，有歷史有主義有領袖的革命黨，只有國民黨；只有國民黨可以造成一個偉大而普遍的國民革命黨，能負解放民族，恢復民權，奠定民生的責任，所以毅然投入本黨來。……在本黨總理指揮之下，在本黨整齊紀律之下，以同一的步驟，爲國民革命的奮鬥。……

我們留在本黨一日，卽當執行本黨的政綱，遵守本黨的章程及紀律；倘有不遵守本黨政綱，不守本黨紀律者，理應受本黨的懲戒。」

然李大釗的聲明，完全是虛僞的，共黨黨員在國民黨中，並不遵守國民黨的章程，不服從國民黨的紀律，在國民黨內組織黨團，作危害國民黨的行動。民國十三年六月十八日國民黨中央監察委員會提出彈劾共產黨案，在致中央委員會書說：『經本委員會審查，認爲中國共產黨員……之加入本黨爲黨員者，實以共產黨黨團在本黨中活動，其言論行動皆不忠實於本黨，違反黨義，破壞黨德，確於本黨之生存發展有重大妨害。』此時國民黨內對共黨的不忠行爲，業已揭發。因中山先生健在，一切大計均由中山先生決定，共黨分子有所忌憚，不敢公開的作背叛行動。但民國十四年三月十二日中山先生逝世後，共黨卽完全接受蘇俄的指使，企圖取國民黨而代之。我國因共黨之爲蘇俄傀儡，遂直接與蘇俄發生衝突。國民黨當時有識人士，已明悉蘇俄的野心。是時由俄考察歸來的蔣介石，已指出蘇俄的野心。民國十三年三月十四日，蔣先生復廖仲愷函，述在考考察意見說：

「俄黨對中國之唯一方針，乃在造成中國共產黨爲其正統，決不信吾黨可與之始終合作，以互策成功者也。至其對蘇俄之政策，在滿蒙回藏諸部皆爲其蘇維埃之一，而對中國本部未始無染指之意。凡事不能自立，而專求於人而能有成者，決無此理。國人程度卑淺，自居如此，而欲他人替天行道，奉如神明，天下寧有是理。彼之所謂國際主義與世界革命者，皆不外凱撒之帝國主義，不過改易名稱，使人迷惑於其間而已。所謂俄與英法義日者，以弟視之，其利於本國而損害他國之心，則五十與百步之分耳……如中國共產黨員之在俄者，但罵他人爲美奴、英奴、與日奴，而不知其本身已完全爲一俄奴矣。……弟在俄行動，自覺無可爲人謗誹之處，亦無失却黨體之點。因入共產黨問題，而弟以須請命孫先生一語，卽以個人忠臣相譏刺。弟自知個性如此，殊不能免他人之笑，然而忠臣報君，不失其報國愛民之心，至於漢奸漢奴，則賣國害民而已也。」

民國十三年蔣先生已洞悉蘇俄的野心；最令人痛心的，是時中山先生健在，蘇俄竟想爭取蔣先生入共黨，其纂奪國民黨之陰謀，顯然可見。甚至發表聲明，宣稱效忠國民黨的李大釗，於民國十五年冬以國民黨北京政治分會委員身份，曾兩次約作者談話，第一次係同時約有王星舟張志韓兩先生，第二次係單獨約作者一人，其目的卽在勸誘加入共黨。共黨不僅在國民黨內有黨團活動，且吸收國民黨加入共黨，國共的衝突自所難免。（註三）

第四節　張作霖搜查北京俄使館

自從國民政府於民國十四年七月一日成立以後，中俄的關係實際上已由北京移至廣州，在北京的俄大使館，只剩下一個空的名義。俄國對於這個名義上的使館，所以始終保存，不予撤銷的原因，是由於此時俄館在實際上已成了中國共黨在華北的司令部，共黨首領李大釗，是以俄使館爲辦公處，俄使館已成變相的共黨巢穴。

民國十五年春，張作霖吳佩孚聯合倒馮後，北京政府在張作霖控制之下。張氏與蘇俄發生中東路糾紛後，對於蘇俄感情惡劣，對於蘇俄駐華大使加拉罕更深致不滿。當時北京政府採取斷然手段，以對付使館之庇護共黨，除張氏厭惡蘇俄外，尚有下列三因：（１）當時武漢國民政府和北京政府，立於敵對地位，蘇俄是武漢政府的援助者，對於北京政府則態度冷淡。北京政府爲打擊敵對的故府，故有此擧。（２）五卅運動是以英國對對象，五卅運動後，英國在中國大受打擊，英國認爲五卅運動是蘇俄幕後的策動，於是慫恿行將瓦解的北京政府，破壞這個製造赤色陰謀的巢穴。（3）國民政府在北伐以後，在革命口號之下，博得了廣大群衆的同情，克服了長江以南的地方，並且有直搗北京統一中國的趨勢。北京政府在此日暮途窮中，想利用全國人民反共的心理，來增高其政府的地位。因爲上述原因，北京政府早已蓄意和俄國挑釁，遂有搜查俄使館的事件。

革命文獻第九輯載「從俄使館與國民黨清共」一文，述民國十六年四月六日搜查俄使館的經過說：

「奉天方面辦理茲案之初，卽派人商之駐京各國公使，公使館雖皆無異議，但以中國軍警入東交民巷（卽使館街），係違反辛丑條約，宜由外交部出面協商。安國軍總部遂通告顧維鈞，顧不敢負此重責，推諉延宕，久無定議。後因京津謠言甚熾，中外感覺俄使館爲陰謀策源地，奉方乃決自負責任，爲斷然之處置；更派人商之英法兩使，兩使初有難色。奉方代表謂吾人前方正與敵人對壘，今總司令部所在地，卽有敵人之一大本營在，其危險熟甚，無論如何，非辦不可。兩使乃謂事涉違反條約，容與辛丑條約國各使會議，會議結果，以相當條件，許可中國軍警前來。至具體方法，委託領袖荷使主持，由是乃成安國軍總部與荷使之交涉。安國軍總部與荷使商定辦法後，五日晚間，總部乃召京師警察總監陳興亞至，授以方略，定翌日晨準備軍警人員，赴東交民巷備用。便衣人等則以帶紅線爲記，同時令其備一正式公文，聲稱使館界內遠東銀行，中東鐵路辦事處，庚款委員會等處，有黨人陰謀暴動機關，事機迫切，立須搜查，請予許可等情。六日清晨安國軍總部外交處長吳晉，赴荷蘭使館指揮。十時以前，人已齊集；十時二十分，由荷蘭公使就警聽公文簽字，隨卽着手搜查。以路徑不熟，事前曾請熟習者之畫圖，入門以後，軍警遂按圖把守。搜查結果，拘獲共產黨人李大釗……等六十餘人，檢出關係蘇俄赤化中國之重要文件多起。當是日下午二時，軍警正在搜察時，俄使館武官室，突然起火，蓋欲毀滅文件證據也。旋經消防隊馳往，即行救滅。」

搜查後，北京外交部根據所獲各種證物，以俄使館容留共黨，違反國際公法和中俄協定，向俄國代理大使，提出抗議。七日蘇俄駐京代使，以軍警及武官室，也向北京外交部提出抗議。這個消息傳至莫斯科後，蘇俄當局大爲憤激，由各城市民舉行大規模的遊行示威，表示抗議。三月九日，蘇俄代理外交人民委員會長齊采林向中國駐莫斯科代辦鄭延禧，提出嚴重抗議，並提出四項要求，聲明如未得滿意答復以前，擬撤回駐華大使。其四項要求如下：(1)中國軍警應即自武官室等處撤退。(2)被捕之俄使館館員及蘇俄經濟調查處職員，應立予釋放。(3)在武官室內携去之各文件即予交還。(4)軍警携去之物，應即交還原主。

北京外交部對七日俄國代理大使的抗議，和九日俄國外交部的抗議，於十六日正式駁復，對蘇俄政府提出的四項要求，完全加以拒絕。茲節錄復文如下：

「查外交官之享有治外法權，並非絕對無限，苟駐使有不法行爲時，即不能得國際法之保障，其附屬機關自不外言。且搜查使館，各國不乏先例，蘇俄政府亦曾有同樣之事。此次中國軍警搜查俄舊兵營，係因亂黨在內，組織機關，圖謀推翻政府，擾亂治安，此實違反國際公法及中俄協定。不得已，乃根據國家自衛之發動，而實行搜查。搜查結果，獲得重要亂黨，及黨員起事時所用旗幟、鈐印、名單、及各種證據文件，其他多種軍械及各種機關槍子彈，及私與亂黨通謀之證據文件等，皆在蘇俄大使館管轄下或有密切關係各機關內所得，蘇俄大使館殊不能辭庇護亂黨，圖謀擾亂治安推翻駐在國政府之責任。此次中國軍警對於蘇俄大使館本身，未加搜查，實屬特別優容；而蘇俄政府反指謂違法暴行，殊堪驚詫。現在中國政府正審問檢察犯人及物件，俟審問檢查手續完後，自有相當處置。在此審問未終了前，中國政府應保留將來一切處理之權利；蘇俄政府所要求四項，殊礙難允諾。」

上述復文送達莫斯科後，蘇俄無形中向北京政府宣告絕交。但北京政府並未撤回駐莫斯科的代辦，同時在東三省的俄國領事，也沒有撤退。所以北京政府和蘇俄政府的關係，直到北京政府消滅的前後，還是繼續維持着。

搜查使館所獲百餘箱文件中，最重要者有下列七種：（1）蘇俄在華密探局組織法。（2）密探機關速成部簡章。（3）蘇俄大使館訓令各密探員調查中國軍事政治情形之各種方針。（4）蘇俄在北京組織軍事總機關部訓令。（5）馬克自北京給予駐華各處軍事指導人員指示任務之訓令。（6）蘇俄繼續前俄帝在高麗之偵探計劃。（7）列維斯基爲擴充大連密探範圍，致哈爾濱蘇俄密探分部部長電。由上述文件中，已完全證實鮑羅廷等企圖纂竊國民黨，赤化中國的陰謀，確係蘇俄共黨的命令；而中國共黨又確係蘇俄利用的傀儡。四月六日北京政府搜查俄使館的結果，更促成國民黨在南京淸黨的決心。所以在六天以後，即四月十二日南京上海遂有斷然的淸黨運動（註四）。

第五節　民國十六年中國對俄絕交

中國國民黨於十六年四月十二日實行清黨後，共黨在中國慘敗，中俄國交日越疏遠。民國十六年七月十四日，史達林將共黨在中國失敗責任，諉於中共領袖陳獨秀；命令共黨清算含有機會主義色彩的陳獨秀。同時電令共黨實施暴動政策，以廣東作共黨的新根據地。共匪在史達林命令之下，就派遣周恩來及葉挺，賀龍兩人所部二三千人，取道江西赴粵。八月一日又聯合在南昌的朱德區部，在南昌大擧暴動。但暴動不過三天，卽被國民革命軍鎭壓削平。

根據蘇俄駐日使館代辦彼斯多維斯基（Bessedovky）的記載：當葉賀南昌暴動時，彼曾遵奉史達林電令，派遣使館秘書利用外交郵袋，掩護運送二百萬元至上海俄領事館，作葉賀大叛亂的費用。同時史達林又將勞艾調回，改派其密友羅明（Lominadze）爲第三國際代表，主持指導共匪的一切叛亂活動。八月七日，隱藏漢口租界內之共匪，遂在羅明指導下，擧行緊急會議，決定今後工作總方針：是武裝暴動，建立蘇維埃政權，以與國民黨展開直接鬪爭。同時又對於陳獨秀過去的領導路線予以總清算，將其免職，另選瞿秋白擔任所謂中央總書記。共匪自八七會議根本改造後，更適合於史達林擾亂征服中國的陰謀工具了。」（註五）共匪所謂八七會議後，澈底執行史達林的命令，在全國各地從事暴動陰謀活動，最重要的一次暴動，就是民國十六年十二月十一日廣州的暴動，第一次在中國抬出所謂蘇維埃政府的招牌；但不到三日，卽爲廣東總工會和機器公會領導下的敢死隊一萬餘人，協助政府軍隊將共匪消滅了。

共匪十二月十一日晨四時在廣州暴動因當時駐軍甚少，廣州爲共匪佔領，成立了蘇維埃政府，燒燬甚慘。廣州全市的損失，被焚房屋一千五百十三家，被殺的人有二千三百二十餘名，呈報被搶的更不勝數。這一次共匪大規模的暴動，是在俄人指揮下進行。廣州大暴動之次日，俄人克夫捷由滬抵粵，以廣州俄國領事館爲大本營，召集軍政會議。此外在公安局的前敵總指揮部，一切作戰計劃，都由俄人指揮。第四軍和李福林的軍隊克復廣州後，當場拿獲指揮作戰的俄人十名，槍決示衆。

南京國民政府認爲廣州暴動，蘇俄領事館有煽動指揮的形跡；並認爲蘇俄在華的領事館及國營商業機關，常爲宣傳赤化藏匿共匪的巢穴。所以在十二月十四日，國民政府宣布與蘇俄絶交，並正式照會駐在各省的蘇俄領事，一律撤銷承認，所有各省的蘇俄國營機關，一律勒令停止營業。着由外交部督率所屬，並會同主管機關，妥愼辦理。茲照錄國民政府令文如次：

「查國民政府統治下各省之蘇俄領事館及其國營商業機關，常爲宣傳赤化，藏匿共黨之所。本政府迭據報告，早有所聞；徒以顧念邦交，未卽深究。本月十一日廣州事變驟起，共黨佔領省垣，斷絶交通，焚掠全市，肆行殺戮。究厥原因，共產黨藉蘇俄領事館及其國營商業機關，爲發令指示之地，遂致釀成劇變，勢若燎原；卽其他各省地方，亦不無爆發之處。本政府爲維持治安，預防蔓延起見，勢難再事姑容，以貽黨國無窮之禍。應卽將駐在各省之蘇維埃社會主義聯邦共和國領事，一律撤銷承認，所有各省之蘇俄國營事業機關，一俄勒令停止營業，以杜亂源，而便澈究。着由外交部督率所屬，並會同主管機關，妥愼辦理具報。此令。」

外交部奉到國民政府命令後，外交部長伍朝樞卽分別另行特派湖北江蘇廣東各省交涉員，遵錄命令，照會蘇俄領事；並由外交部擬定實施辦法四項如次：（１）由各交涉員向蘇俄領事聲明，自卽日起，對該領事撤消承認，並備具護照，酌定最後時間，囑該領事及領事館人員離境。（２）所有蘇俄國營商業機關，如銀行及輪船公司等，應一律勒令停止營業，並派警嚴密監視其停止營業後之詳細辦法，俟本部會同各主管機關商定，再行令知。（3）詳查轄境內俄籍僑民總數，其並無正當職業而形跡可疑者，應隨時偵查拘禁，或驅逐出境。（4）凡俄籍僑民均應領取外僑執照。

各地俄領事館經撤消承認後，於十二月廿四日以前，先後離華返俄。俄國政府請求德國政府令飭駐德領事館，代為保管蘇俄領署及保護俄國僑民事務，經我國政府同意。蘇俄政府接到國民政府十四日撤消俄領承認的消息以後，齊采林於十六日電命駐滬俄國領事、通牒上海交涉員，原文大意節錄於次：

「蘇俄政府固未曾承認南京政府者，故本月十五日南京政府對駐滬俄領事通告，亦當然不承認。蓋一九二四年締結之中俄條約，乃係與北京政府所簽訂，所有在上海及其他各地駐華領事，均根據於該條約，而經北京政府之承諾設置，南京政府毫不能容喙也。蘇俄政府斷乎否認十五日通告稱，俄領署並商務機關久已化為宣染赤化及共黨策謀根據地之風說。至駐粵俄領事親自指揮粵省農工革命運動之說，尤為毫無根據。……」

自民國政府在廣東成立以後，蘇俄在事實上和國民政府的關係很密切，但並沒有經過外交形式上的承認，所以此時俄國政府有此反唇相譏的通牒，不承認中俄邦交的斷絕。對俄領事參加粵變之說，完全否認，但不能舉出何種反證，僅口頭詭辨而已。外交部長伍朝樞對齊采林的抗議，曾發表反駁之聲明書。此時國民政府雖然宣告與俄絕交，撤消俄領承認，但在華北各地的俄國領事，除北京大使館外，大部繼續存在。此種非正式的外交關係，一直繼續到一九二九年中東路糾紛發生，中俄邦交才完全斷絕（註六）

第六節　民國十八年俄國與中國絕交

一、奉俄衝突、加拉罕被調回

蘇俄與中國簽訂中俄協定和奉俄協定，目的在收回中東鐵路的管理權，恢復其在北滿過去的權益。蘇俄此時已有赤化中國的野心，企圖扶植親俄的力量。民國十四年十一月十日，在郭松齡倒戈時，中東鐵路局長伊萬諾夫發布通告，謂自十四年十二月一日起，中國軍隊須先付運費，始能經由中東鐵路運送。中東路理事會爲了這個問題，於十一月三十日開會於哈爾濱，中國理事長及理事，對於路局此項行動，表示抗議。俄國理事方面則堅持中國護路兵若不先付車費，便不准乘車。中國理事則認爲奉天政府所有的任何軍隊，均有不預付車資乘車的權利。此時適値郭松齡倒戈，俄方此項提案，不啻阻撓奉軍的運輸，所以奉天當局認爲這個問題有十分的嚴重性。

民國十五年一月十七日，中東路護路軍六十名奉令剿匪，俄局長伊萬諾夫不允照向例免費運送，因此遂發生爭執。伊萬諾夫令南段長春哈爾濱間停止通車，護路軍也制止東段車輛的開駛。十九日護路司令張煥相下令路員照常通車，伊萬諾夫則密令各站不准開車；同時北京俄大使加拉罕以中國軍隊強迫路局開車爲理由，向中國政府提出抗議。二十二日中東路南段由護路軍隊強制開車，伊萬諾夫因密令路員罷工，於是張煥相便派兵將伊萬諾夫逮捕。二十三日加拉罕又向北京政府外交部及張作霖提出抗議，請釋伊萬諾夫，及停止中東路軍事行動。此時俄國軍隊已準備動員，張作霖也令吉黑兩省的軍隊採取積極軍事動作。至此，中俄形勢大有決裂的危險。

一月二十四日晚由張作霖與蘇俄駐奉總領事商定下列辦法：（1）釋放伊萬諾夫及其他鐵道官員。（2）恢復鐵路車務。（3）護路軍過費由中東鐵路餘利內中國應得部分轉賬。（4）運兵按照鐵路規則。（5）鐵路所受之損失及其他要求，稍緩再議。二十五日伊萬諾夫釋出，形勢遂轉緩和。三十日張作霖並將張煥相免職，調丁超繼任護路司令。四月十九日由中東鐵路理事會下令將伊萬諾夫免職，以葉米沙諾夫繼任，中東路問題乃告一段落。

張作霖因中東路等項事件，對加拉罕惡感甚深。民國十五年北京政府已在張作霖支配之下，七月三十一日北京外交部電駐俄代辦鄭延禧，令正式向俄國外交部提出撤回加拉罕的要求。八月九日鄭氏電外交部報告俄國外交部的答覆，謂須俟中國正式政府成立以後，方可交涉。十二日北京外交部又電令鄭氏，再向俄國政府確促撤回加拉罕，蘇俄政府不得已始命令加拉罕回國，另派齊爾內赫代理駐華大使。從此，蘇俄政府對張作霖政府的交涉，遂純用拖延的手段。（註七）

二、蘇俄違反中俄協定與奉俄協定

自民國十三年中國與蘇俄訂立中俄協定和奉俄協定，規定中東路由兩國合辦，用人行政均平均分配，組織中東鐵路理事會，共計理事十人，中俄各佔半數，關於平均分配問題，及臨時章程修改問題；由理事會於六個月內解決之。但在理事會開會時，俄國理事不但不允許修改以前不平等的規定，反想擴充俄方的權利；因協定中規定一切取決須得理事六人以上之同意，方可有執行之效力，無異予俄於理事否決權，以致屢次會議均無結果。遇到中國鐵路有所設施，俄國理事仍舊根據以前的管理章程，阻撓中國的改革。民國十八年春中東路督辦兼理事長呂榮寰要求蘇俄新派副理事長，立即解決一切懸案；但交涉毫無結果。十八年七月十六日，呂氏曾通電交涉情形說：

「俄方始則口頭大體承認，繼則書面陰示推翻；迨據理駁詰，則又願開談判表示接近。及經促其實現，則又枝節橫生，差以千里。按其經過情形，可謂毫無誠意。……我依協定爲根據，奉公理以周旋，……而俄人始終支吾，悍然不顧。近且變本加厲，局長違法侵權之事，層見疊出，不勝枚擧。

蘇俄政府對於中東路公司章程，照中俄協定及奉俄協定應於理事會成立六個月內，從速改訂完竣，但自十三年訂約以來，理事會成立已五年，仍不能改訂章程，俄方仍引用舊章，把持路政。」

根據中俄協定第六條，奉俄協定第五條，「締約雙方政府允諾彼此不爲與對方政治上及社會上之組織相反對之宣傳。」但在中東路地區內，共產宣傳與陰謀組織，又與日俱增。民國十八年五月二十七日，東三省北部特警管理局發現哈爾濱俄領事館有秘密會議，遂取斷然行動，進入哈埠俄領事館搜查；當場捕獲華俄共黨匪徒數十人，其首要分子竟爲蘇俄遠東國家貿易局總經理次目巴力，蘇俄商船監查員打拉洛夫，中東路局商務處委員斯達古維赤等；當場並檢獲圖謀擾亂中國秘密文件多種，茲將最重要部分節錄於次：

一、計劃實行暗殺之證據。一九二九年一月十六日由哈埠經過海參威向莫斯科第三國際發出之電報，其要點有三：（1）在南京遼寧間及其他要埠，實行暗殺主義；至中東路一帶，以後斟酌情形。（2）卽使鐵路讓渡，而電報可由吾國可靠之人經理保護。（3）中俄長途電報會議，以平常程序敷衍之，使彼處消息不爲外人知悉。

二、第三國際擾華之訓令。一九二九年一月十八日，由海參威致東鐵電務處轉S、I、C（第三國際代表）之長途電報，係第三國際電令詳查具報者：（1）如實行暗殺時，以何種中國共產團體爲最可靠？此項團體東三省內約有若干？需要何項材料？及經費幾何？（2）尊處爆炸物是否實用？利用綠氣之計劃如何？（3）按照報告可否及時將所有暗殺材料供給暗殺南京政府人物？設使將中東路沿線一帶加算在內，何處可以集中錢款？並將華籍實際工作人員審愼具報。

三、同年二月二十日莫斯科經海參威拍至哈埠電報。中東路中俄平均用人一節，宜加以阻礙；其無蘇聯國籍之人，亦須予以開除，以便儘量補充黨員。

四、同年一月二十日自哈埠向莫斯科發出電報：奉天與南京妥協後，吾人應具秘密强固之陣線，反抗南京與奉天妥協，蓋彼等聯絡，勢須對吾黨各團體組織實行追究。請追加經費金盧布三十萬元，爲施行暗殺工作之費。至吾黨嗣後如有不順利時，第三國際應組織秘密破壞軍，以實行破壞東省鐵路各計劃。

由這幾件文證，蘇俄憑藉中東路擾亂中國的陰謀，實已暴露無遺。蘇俄爲着破壞中國的統一，不僅不實行協定，甚至不惜使用暗殺手段，及企圖破壞中東鐵路，其用心可謂陰賊險狠。長期協商既無結果，擾亂陰謀確證又已獲得，中國政府不能不採取行動，以維護中國的權益了。

三、中俄爭持中東路、俄國宣布與中國絕交

東三省當局以中東路俄員旣強藉不平等舊章，佔我路局要津，復依此宣傳赤化，勢非自動的實行中俄奉俄協定，不足以制止俄民侮我的兇焰，遂將此意呈請中央核示。時東三省雖已服從中央，但仍在半獨立狀態，中央復電相機進行。東三省當局接中央復電後，卽轉令中東路督辦呂榮寰進行。民國十八年七月十日，中東路督辦呂榮寰與俄籍會辦協商，作解決懸案的最後要求，而俄人絕無讓步表示；於是東三省當局決心採取行動，以實行中俄協定所規定的條款。當日呂榮寰卽以鐵路督辦名義命令路局局長：自卽日起，所有路局局長名義發布文件，均應會同華副局長簽字，否則不生效力。但俄局長竟抗不遵命，七月十一日呂榮寰下令，在理事會未解決前，暫停俄籍局長職權，委任華副局長范其米代理局長。當日並由呂督辦下令驅逐路局赤色各高級人員共五十九名，請特區長官遣送回俄。

中國斷然行動，在帝國主義者眼光中，自然視爲過激。然中俄協定奉俄協定簽訂已有五年，在協定中明白規定六個月內改定的中東鐵路公司章程，理事會竟無法改定，由俄人專橫把持；且憑借中東路進行赤化運動，這在任何獨立自主的國家，是決不能忍受的。但是蘇俄並不稍自反省，七月十三日由加拉罕署名，向我國民政府提出最後通牒，限三日內圓滿答覆。最後通牒全文冗長，敍述蘇俄如何對待中國的友善，最後要求三點：（1）從速召集會議，解決中東鐵路一切問題。（2）政府機關對於中東鐵路，將不合法之行爲取消。（3）所有被逮之蘇聯人民從速釋放，中國政府機關對於蘇聯人民及機關停止處分與壓迫。蘇俄於最後通牒發表後，調兵遣將，幾有邦交破裂，立卽開戰之勢。

國民政府七月十五日接得俄牒，卽於十六日擬就復牒電達駐俄夏代表，送交蘇俄政府。全文節錄如下：

「溯自一九二四年中俄協定訂立以後，兩國外交關係，本係確立。中國政府與人民，本其博愛之素懷，對於蘇俄政府及人民，無事不以平等互助之精神，推誠相與。乃近年中國境內，屢次發覺蘇聯方面，有煽動中國人民，破壞中國國家社會，反對中國政府之各種有組織之宣傳及工作，致中國政府不得不採取適當之措置，以維持中國國家社會之安寧。此次東省搜查哈埠領館，及對於中東路之措置，純以防止騷亂治安事件之突發為目的，不得已而有此權宜之處置；而該省採取此項辦法之時，仍極審愼，力使範圍不致擴大。中國政府迭據東省報告，東路蘇聯局長及該路蘇聯重要人員，對於一九二四年中東路暫行管理鐵路協定，自始卽未切實執行。數年以來，該局長等種種違法越權事實，不可勝數。致該路中國人員，欲照暫行管理協定執行職務而不可得。尤有甚者，蘇聯人員輒藉該路機關，時作違犯中俄協定之宣傳。因此種種理由，該省對於該路，遂不得不有此措置，並不違背中俄協定暨中東路管理協定。其咎不在我方，至為明顯。………」

中國復牒送達俄外部後，加拉罕卽於七月十七日送出復文，列敍其所採之相當手段，聲言業已召回駐華外交領事人員商務代表，及中東路蘇俄政府委任之職員，並明令斷絕中俄間一切鐵路交通。同時要求中國代表領事人員從速離開蘇俄國土，正式宣布絕交。

中國政府在民國十六年十二月卽撤消蘇俄使領的承認，但蘇俄否認絕交，中俄邦交早在變態狀況之下；蘇俄宣布絕交，本在意料中事。此時中俄邦交已經沒有轉圜的餘地，我國一方面由外交部起草對外宣言，將眞相宣布於世，希望各國主持公道，一方面在自衞範圍內，整頓軍事作抵抗的準備。

第七節　中俄軍事衝突與伯力會議

一、德國調停的失敗

自中俄絕交以後，俄方即調大兵屢次猛攻我國邊境。我外交當局電我駐德公使蔣作賓，向駐德俄使詢問。俄方答稱：俄對邊境事，俄政府並不知；只要華軍不侵入俄境，俄兵決不攻華；但在中國境內的白軍，應令解散，否則戰事責任由華負之等語。後蔣使列舉俄軍進攻的事實質問，俄始答稱：俄兵入境係為自衛。是時德政府願以友邦的資格，善意調停，先非正式的徵求雙方同意後，於八月廿七日正式提議，由兩國發表聯合宣言，聲明下列四點：

(1)按照中俄協定解決一切，兩國立即派遣全權代表開議。

(2)此次事變以來之中東路現狀，須按中俄奉俄兩協定變更之；但仍須先由兩國代表同意決定。

(3)蘇聯得推舉新局長副局長各一人，由理事會委派，蘇俄政府訓令中東路俄員嚴守中俄協定第六條。

(4)雙方釋放因此次事變而被捕之人民。

蘇俄駐德公使接此聲明之後，當即請示俄外交部，旋得俄外部復電，表示原則同意，惟對聯合宣言修改如下：

（1）雙方應派代表開會，按照一九二四年中俄協定，解決一切兩國間懸案問題，並遵守中俄協定第九條規定，特別同意於贖回中東路條件。

（2）雙方俱信爭端開始以後之中東路地位，必須按照一九二四年中俄奉俄兩協定，加以改變。一切此種改變，將由前條所述之會議議決之。

（3）蘇俄政府可立即舉薦東路正副局長，由該路理事會立即委派，又其委派，須與聯合宣言同時施行。

（4）蘇俄政府將訓令東路蘇俄雇員，華政府將訓令地方當局與各機關，嚴格遵守一九二四年協定第六條。

（5）雙方立時釋放自一九二九年五月一日起，因與本案有關之一切人民。

我國外交部接到俄國修正案後，九月九日發出照會，堅持原議。後因德政府之週旋，俄國再提修正四項如次：

（1）俄允更換原任局長，代以他人，須華更換呂理事長，另換他人。

（2）國境軍事因白黨侵略，而執自衞行動；如對方能阻止白黨來侵，自無抵抗之事。

（3）第一項照會所商雙方釋放被捕人員，及雙方不得宣傳反對兩國立國主義之提議，仍維持之。

（4）俄任命局長係中俄協定上賦予以權利，中國既已聲明尊重協定，無否認餘地。此外被拘俄僑數千待遇，須公開改善，華軍數次襲擊俄境，再加抗議。

此時日蘇協定已成立四年，日蘇已獲得妥協，日本已默認蘇俄恢復北滿的權利；而蘇俄在國際的形勢，又已趨於穩定。中國是時外交上孤立無援，若在軍事上有確實把握，不虞蘇俄的武力侵略，自可取强硬態度；但中國此時在軍事上無勝利的把握，又未獲國際間的聲援；在武力接收中東路之後，實際上已佔優勢；外交上應採用拖延政策，以談判方式徐圖權益的收回。但我國的外交，知彼知己的程度不夠，還是採用強硬政策。外交部接俄國復牒後，即提出答復，聲明兩點：

(1)中俄聯合宣言依照最初原稿，不涉及中俄奉俄兩協定束縛之條款，以免兩國發生之糾紛，無從解決。

(2)中東路局長之任命，在中俄聯合宣言文中，不能明白規定，認此項問題爲談判時所應求解決者，不能在談判以前任命繼任局長。

俄國政府對於我國修正案，置之不答，德國的調停，至此遂告停止。交涉停頓以後，軍事的衝突又開始了。

二、軍事衝突與英美法調停的失敗

十月十二日俄軍以軍艦九艘，飛機十八架，陸軍三千餘人，進攻我黑龍江省之同江，在我海陸軍英勇抵抗之下，以實力懸殊，雖對敵人予以打擊，但我軍傷亡慘重，同江失守。十月十七日，俄軍以優勢兵力猛攻我札蘭諾爾，我軍第十七旅英勇抗戰，激戰一晝夜，全旅共七千餘人，陣亡者幾達六千人，旅長韓光第戰死，團長三人，陣亡其二，其一受傷。札蘭諾爾終告失陷。俄軍猛攻札蘭諾爾時，同時包圍滿洲里，札蘭諾爾失陷後，滿洲里被截斷，我軍彈盡援絕，旅長梁甲忠殉難，滿洲里亦失陷。札蘭諾爾滿州里雖失陷，但我軍英勇抗戰的精神，已證明我中華民族之不可侮。

札蘭諾爾滿州里淪陷後，我國知對俄抗議，不能生效，遂將蘇俄的暴行，告知簽字非戰公約各國，請求加以制止。英美法三國於十二月三日致牒中俄兩國，請即停止戰爭，以伸非戰公約之效力。但俄國接英美法牒文之後，表示拒絕，認爲英美法此種舉動爲非友誼的，顯係壓迫俄國，俄國不能接受。想要解決中東路事件，須由中俄直接談判，無須第三者過問。在此值得注意的，就是與東三省有特殊關係的日本，態度沉默；日俄之默契，實屬顯明。達林（David Dallin）在蘇聯與遠東一書說：「當時中國想藉佔取中東鐵路的辦法，收復對於北滿的控制權。日本的政策是以維持現狀爲目的，東京向紅軍發出綠光，允許他們對中國採取軍事行動；同時莫斯科當局也拒絕美國調解這一衝突的一切努力。」

三、伯力會議

俄旣不受英美法之調停，各國亦不肯再作進一步之表示，國民政府外交部鑒於局面之僵持，遂派員暗示東北當局，囑相機進行交涉。東北當局張學良轉令哈爾濱交涉員蔡運升設法與俄交涉。蔡氏受命之後，遂派赤俄路員某，密赴伯力見蘇俄領事蘇曼諾夫斯基，述明中國希望維持和平之意，俄領印派車接蔡氏至雙城子接洽。蔡氏並電加拉罕述明來意，加氏復電命俄國領事與蔡氏交涉。雙方商議一星期，擬訂草約，蔡氏遂返瀋陽，報告東北當局，經東北當局允諾所議各節，於是蔡氏再赴伯力，於十二月廿二日簽字草約。原約共計十項，茲節錄如次：

一、按照中俄奉俄兩項協定，恢復衝突以前之狀態，所有雙方合辦東路時之爭執問題，應於最近之中蘇會議解決之。根據以上所述，即應實行以下各辦法：（1）按照以往協定，恢復理事會之任務，蘇聯理事卽行復職；以後中國理事長及蘇聯副理事長，須根據奉俄協定第一條第六項，會同辦理事務。（2）恢復原有各處蘇聯及中國處長之分配，並恢復蘇聯正副處長之職權；如蘇聯提出另換蘇聯正副處長時，亦須予以同意。（3）七月十日以後，理事會及路局所發命令，如不得合法之理事會及路局之分別同意追認，認爲無效。

二、在一九二九年五月一日以後蘇聯僑民因衝突被逮者，不得分類，均應一律立卽釋放。蘇聯亦將與衝突有關逮捕之華人及中國俘虜官兵，一律釋放。

三、一九二九年七月十日起，所有免職或自動辭職之蘇聯職工，應准其有權立卽回復原職，並向東路領取應得之款項。所有衝突以來任用之前俄人民，而非蘇聯籍者，均立卽免職。

四、中國官憲對於白黨隊伍，卽解除其武裝，並將其首領及煽惑之人，驅逐東省境域以外。

五、中蘇國交全部恢復問題，於中蘇會議前作爲懸案，雙方認爲可能並必要，先行恢復蘇聯在東三省之領館，及中國在蘇聯遠東各省之領館。

六、於恢復領館時，對於蘇聯衝突前在東三省境內之營業機關，亦予恢復。中國蘇聯境內之商業機關，因東路衝突問題而停業者，亦卽恢復。中蘇通商之全部問題，應由中蘇會議解決之。

七、關於切實保障協定之履行，及雙方利益問題，應由中蘇會議解決之。

八、中蘇會議定一九三〇年一月廿五日在莫斯科擧行。

九、立卽恢復中蘇國境之和平狀態，雙方隨卽撤兵。

十、本紀錄自簽字日起，卽發生效力。

當中俄衝突時，我軍英勇抵抗，不惜壯烈犧牲，我國在軍事方面尙可繼續防禦，蘇俄不敢進逼過甚。伯力協定蘇俄恢復衝突前一切權益，我方在兩害相權取其輕之下，只有接受關於中東路之決定。東北當局將此項草約呈報國民政府後，反對意見甚多。國民政府因此發表宣言，對於伯力會議草約加以部分的否認；除於中東路事件之約文外，其他的約定絕對否認，另聲明另派全權代表，再開會議。

國民政府宣言另派全權代表再開會議後，張學良於民國十九年一月十一日電國民政府保薦莫德惠爲中俄會議正式會議全權代表。二月十五日國民政府乃正式下令，特派莫德惠爲中俄會議全權代表，解決中東路善後問題。

四、中俄會議毫無結果

莫氏受命以後，此時因爲中國發生內亂，閻錫山馮玉祥汪精衞等聯合叛亂，蘇俄對於中俄會議便乘機故意拖延。中俄會議原定於民國十九年一月廿五日開幕，便一再改爲四月十五日，再改爲六月一日。莫德惠於五月一日赴俄，九日抵莫斯科，蘇俄政府也任命加拉罕爲中俄會議全權代表。但莫代表於中俄預備談判中，提議將贖回中東路問頻列入大會首要議程，加拉罕表示反對，會議遂陷於停頓。

到九月間，國內紊亂的局面已趨平靖，同時因莫氏代表的提議，俄方也認爲有舉行會議必要，始會商決定於十月十一日舉行中俄正式會議開幕典禮。中俄會議開幕後，舉行第一次正式會議，卽因伯力協定承認問題發生爭端，無結果而散。十二月四日始開第二次會議，僅決定討論問題，分中東路、通商、復交三組進行討論。第二次會議後，莫氏奉命返國報告。民國二十年三月廿一日莫氏再起程赴俄，先後與俄代表開會二十五次，均無若何成績。「九一八」事變發生，東三省被日本強佔，中俄兩國爭持的中東鐵路，已爲日本所侵佔。蘇俄政府便乘此機會，聲言對中國極表同情，俟東北問題解決後，再行繼續中俄會議，於是中俄會議便宣告無期的延擱了。（註八）

第八節　日本侵佔滿洲後中俄復交

日本侵略中國，促成中俄的接近。九一八事變以後，蘇俄自動的提議恢復中俄邦交。民國廿一年六月六日中央決議對俄復交。外交部長羅文幹訓令我國在日內瓦出席軍縮會議代表顏惠慶，爲中俄復交之談判代表，與蘇俄代表李維諾夫在日內瓦秘密談判。民國二十一年十二月十二日中俄始恢復外交關係。中俄恢復邦交後，我國政府派顏惠慶爲駐蘇俄大使，於民國二十二年三月五日抵莫斯科。蘇俄同時派鮑格莫洛夫爲駐華大使，於民國二十二年五日二日抵南京。我大使顏惠慶於三月九日星遞國書致詞後，加列寧答詞如下：「蘇聯政府對於中國之關係，始終秉承一九一九年及一九二〇年之重要宣言，及一九二四年北京協定之基本精神。蘇聯此種政策未嘗稍變，卽近年因種種原因而邦交停頓，亦不變其對中國之友誼與同情。」

中俄復交後，蘇俄卽設法煽動中日的戰爭，對中國故示友好，使中國誤認蘇俄友誼之可恃；對日本則表示妥協，使日本以爲無後顧之憂。

（註　一）革命文獻第九輯九——十七頁

（註　二）本節參閱：(1)何漢文著：中俄外交史第八章第四節
(2)吳相湘：俄帝侵略中國史下編第一章二七七——二九八頁
(3)胡秋原著：俄帝侵華史綱第十一章二四九——二五五頁
(4)革命文獻第九輯（一八——三五頁）

（註　三）（一）段資料見革命文獻第九輯（三六——八四頁）

（註　四）何漢文：中俄外交史三七三——三七九頁革命文獻第九輯（一二一——一六六頁）

（註　五）有引號文字見吳相湘前書（三四五——三四六頁）

（註　六）何漢文前書（三八四——三八八頁）革命文獻第九輯（一七六——一七九頁）

（註　七）何漢文前書（三四四—三五六頁）。

（註　八）何漢文前書（三八九—四三三頁）革命文獻第九輯（一七九—二〇二頁）。

第十章「九一八」以前的中日外交

第一節　曇花一現的親善運動

日本在華盛頓會議，可謂大受打擊。日本在會外與中國談判，放棄在山東奪獲的權利；在會內締結九國公約，禁止某一國引誘中國締結損害各國固有權利之規定；及中國不參加戰爭時，交戰國應尊重中國中立案；均係針對日本而發。此外如限制海軍案，以四國條約代替英日同盟等決定，無一非英美限制日本的手段。當時日本陷於孤立，日本朝野對於外交頗爲悲觀。日本武力派雖仍主持對華侵略政策，然和平派主張排除中日惡感之論調，則漸見得勢；遂一轉而爲中日親善運動。日本以庚子賠款一部份，舉辦對華文化事業一事，爲親善運動的最顯著者。

民國十二年三月二十日，日本衆議院通過議案，撥一部庚子賠款舉辦對華文化事業。此案發表後，中國教育部派朱念祖等至日本，交涉該款用途事宜。同時國內學術界又推鄭貞文等赴日，交涉該款用於舉辦純粹文化事業，如研究所圖書館等。

民國十四年五月四日中國外交總長與日本駐華公使正式換文後，即開始組織東方文化事業總委員會及上海委員會，由中國政府日本政府分派定委員。同年十月在北京開第一次總委員會，舉柯紹忞爲會長。十五年在東京開第二次總委員會，議定十五十六年度預算，劃分北京及上海之應辦事業及款項，並議定北京研究事業爲：1編纂四庫全書補遺；2編纂新字典；3編纂十三經注疏通檢。

民國十五年十二月在上海開第一次上海委員會，舉嚴智鐘爲委員長，通過章程及研究所組織大綱，規定以中國人爲所長，研究生以中國人爲限；又通過十五十六年度預算，派遣東西洋留學經費，及預備研究事項。是時國內學術界，因東方文化事業委員會不能脫離日本外務省文化事業局而獨立，紛紛宣言反對。是時又值國民革命軍北伐期間，中國政局正在動盪階段，一切進行計劃遂陷停頓。

民國十三年孫中山先生北上，路過日本，在神戶演講大亞洲主義，希望中日兩國合作，希望日本勿作西方覇道的鷹犬。民國十四年五卅運動，北京的領導人放鬆日本，專向英國攻擊，民國十六年三月英美軍艦炮轟南京，日本軍艦未開一炮。中日關係本應好轉，也有可能好轉。但日本軍閥昧於世界大勢，『日本國家和國民，都在暴發戶的浪濤中徵逐』，中日關係終歸惡化。

重光葵說明第一次世界大戰後日本動亂的主因說：

「第一次世界大戰以後，日本代表亞洲，突然被列爲世界五強，進而爲世界三強之一；在西太平洋一帶，儼然取得領導的地位。不要說日本世界和平的地位是高的，對人類文化的責任也是大的；即對日本國家將來的發展，日本人本身的進步，也不應忘記這是明治以來粒粒辛勞的收穫；更應覺悟本身的地位和責任重大，需要常常反省和繼續努力，才能保持這崇高的地位，才能完成這繁重的任務。不幸日本的國家和國民，都在暴發戶的浪濤中徵逐，虛有其表，而無內容，更無實力，竟對這極容易明白的道理，也把它忘得一乾二淨。這都是混入了非日本化的物質文明的濁流，只顧眼前的利益，缺乏正確的認識，來考慮個人及國家的永遠之安寧所致。這就是昭和動亂的主因，也是在這動亂裡所看到的不幸現象。」

重光葵叙述華盛頓會議後日本外交政策的轉變說：

「日本經過華盛頓會議，雖然是被動的，已經將對華政策根本加以更改，甚至由過去的以中國爲對象的發展政策，改成爲日本共同協力的善隣政策。……一九二三年在北京舉行關稅會議……日本代表日置益大使，在這個會議中開頭就提議承認中國關稅自主權。當時日本政府，確是依照華盛頓會議的精神，忠實行事的。在此之前，於一九二二年，對於交還膠州灣問題，已由王正廷和小幡公使之間，經交涉後一步一步的實行着，交還膠州灣和北京關稅會議，是幣原外交着手的第一步。……

在當時日本國內，軍部和政友會對民政黨內閣的攻擊漸漸猛烈，反對幣原外交和誹謗之聲，慢慢的高了起來。……經過這樣曲折，民政黨內閣終於垮臺，而出現了政友會內閣。一九二七年四月田中大將任首相兼外相，……政務次官是森洛。森洛……會和軍部極端分子聯繫，煽動對東北的強硬論。田中內閣成立之後，在大連召集與東北有關軍部和官憲，舉行「東方會議」，來協議對華積極政策的，也就是他。」

華盛頓會議後，因英日同盟的廢棄，日本外交形勢陷於孤立，是時民政黨執政，鑒於中國國民革命的潮流日見高漲，不可再蹈大隈內閣的覆轍，激起中國民衆的反日運動；所以幣原外相的對華外交政策，改變爲親善態度。例如日本退還庚子賠款一部，在華舉辦文化事業；及一九二五年冬，北京的特別關稅會議，首先被列強協調，承認中國方面原則上的自主；均係幣原親善政策的表現。但在民國十六年四月田中任首相兼外相後，日本的親善運動遂完全終止。

第二節　東方會議與田中奏摺

民國十六年四月民政黨內閣垮台，出現了政友會內閣，田中義一大將任首相兼任外相，外部的政務次官是森洛。森洛在政友會裡頗有勢力，對華主張積極侵略，曾和軍部極端分子聯繫，煽動對東北的強硬論。田中內閣成立之後，六月在大連召集所謂東方會議，協商對華侵略政策，就是由森洛主動。東方會議後，七月二十五日田中致函宮內大臣一木喜德，請代奏明積極政策之密奏，即著稱於世的「田中奏摺」，是日本在東方會議決定侵華政策的方針。

「田中奏摺」主要的內容如次：

「所謂滿蒙者，乃奉天吉林黑龍江及內外蒙古是也；廣袤七萬四千方里，人口兩千八百萬人，較我日本帝國領土（朝鮮及台灣除外），大逾三倍，其人口止有我國三分之一；不惟地廣人稀，令人羨慕，農礦森林等物之豐富，世無其匹敵。我國因欲開拓其富源，以培養帝國恆久之榮華，特設南滿鐵道株式會社，藉日支共存共榮之美名，而投資於其地之鐵道、礦山、森林、鋼鐵、農業、畜產等業，達四萬四千餘萬元，此誠我國企業中最雄大之組織也。且名雖半官半民，其實權無不操之政府。若夫付滿鐵公司以外交警察及一般之政權，使其發揮帝國主義，形成特殊社會，無異朝鮮統監之第二；即可知我對滿蒙之權利及特益巨且大矣。故歷代施政於滿蒙者，無不依明治大帝之遺訓，擴展其規模，完成新大陸政策。

……

歐戰以後，外交內政多有變化，東三省當局亦日漸覺醒。……益以華盛頓會議成立九國公約，我之滿蒙特權及利益，概被限制不能自由行動，我國之成立隨亦感受動搖。此種難關如非極力打開，則我國之成立即不能堅固。……大正先帝陛下密召山縣有朋及其他重要陸海軍等，妥議對於九國公約之打開策，當時命臣前往歐美密探歐美重要政治家之意見；僉謂九國條約原係美國主動，其附和各國之內意，則多贊成我國之勢力增加於滿蒙，以便保護國際之貿易及投資之利益，此乃義一親自與英、法、意等國首領面商，頗可信彼等對我之誠意也。

獨惜我國乘彼等各國之內諾，正欲發展其計劃，而欲破除華盛頓九國條約之時，政友會內閣突然倒壞，致有心無力，不克實現我國之計劃。言念及此，頗爲痛嘆。向之日俄戰爭，實際即日支之戰。將來欲制支那，必以打倒美國爲先決問題，與日俄戰爭之意，大同小異。惟欲征服支那，必先征服滿蒙；如欲征服世界，必先征服支那。倘支那完全可被我國征服？其他如中小亞細亞及印度南洋等異服之民族，必畏我敬我而降服於我。……

若若夫華盛頓九國公約，純爲貿易商戰之精神，及英美富國欲以其富力，征服我日本在支之勢力。即軍備縮小案，亦不外英美等國欲限制我國軍力之勝大，使無征服廣大支那領土之軍備能力，而置支那富源於美英富力支配之下，無一非英美打倒日本之策略也。

我國商品專望支那人爲顧客，將來支那統一，工業必隨之而發達，歐美商品必然競賣於支那市場，於是我國對支那貿易必大受打擊。民政黨所主張之順應九國公約，以貿易主義向滿直進云云者，不啻自殺政策也。故我國之現勢及將來，如欲造成昭和新政，必須以積極的對滿蒙強取權利為主義，以權利而培養貿易，此不但可制支那工業之發達，亦可避歐美勢力東漸。策之優，計之善，莫過於此。我對滿蒙之權利為司令塔，而攫取全支那之利源，以支那富源作征服印度南洋各島，及中小亞細亞及歐羅巴之用，我大和民族之欲步武於亞細亞大陸者，握執滿蒙利權乃其第一大關鍵也。……」

田中奏摺為日本侵略中國的方針和計劃，日本侵略中國的行動，都是照着這個奏摺進行。田中於民國十六年四月組閣後，即兼任外相及拓相，對中國由親善態度一變而為武力侵略。但日本方面則加以否認，政論家河上清（Kawakami）曾著日本的意見（Japans Speech）否認。重光葵在日本的動亂一書內說：

「東方會議的前後，中國的報紙上登載了田中奏摺的記事，作為日本最高政策有關秘密文件，用田中首相奏摺的形式宣傳於世界。……但在日本，沒有人相信有這奏摺的存在，只認為是一種惡意的宣傳，而置之不理。但是在外國，尤其是在中國，都相信這是日本眞正的企圖。筆者當時在外務省任職，曾澈底進行調查這種文件或類似文件。是否實際存在，結果，始終不能查出。……但是後來發生的東亞形勢，和日本所採取的行動，恰似根據田中奏摺中所寫的內容一致，因此外國對這奏摺存在的懷疑，更無從刷清了。」

田中奏摺是密件，其中不僅要征服中國，還想征服世界，在日本人的立場，當然要否認的。『但是後來發生的東亞形勢，和日本所採取的行動，恰似根據田中奏摺中所寫的內容一致。』當然證實了田中奏摺的眞實性。田中組閣後，改變幣原對華的親善外交，重光葵也予以證實。

戴季陶先生著的日本論，是在民國十六年出版，對田中曾有兩章評論，戴先生在二十一章說：

「田中義一早晚要組閣，這是我們在十年前就看見的。田中內閣的出現，就是長州藩閥的最後握權，這也是我們在十年前所看見的。而且，在今天這一個時代，田中內閣出現，不單在日本政治上是個必然的結果，並且也是全世界的反動傾向當中的必然事實。……

日本有一些人——於藩閥財閥有關係的人，在前年去年，對中國抱有一個假想，他們認定：『中國的政治如何變化，和日本有極密切的關係，中國的政治如果不能受日本的支配，是非常危險的。但是從前所取操縱北京政府的政策，事實上失敗了。何以會失敗？便是中國事實上不能統一。以事實不能統一的國家，單想操縱一個京都的政治來支配全國，這是絕對辦不到的；而且因此生出中國人民的反感，實際上反而受打擊。從前的二十一條的中日協約，就是一個失敗的例證。即使沒有二十一條，日本在中國的地位，也不能小過今天，少過今天。而且因爲有了二十一條的名義，倒反而妨礙了實際利益的獲得。以後對於中國爽性不取操縱中央的辦法，而另開門徑。但是有一個要點，就是如果革命運動成功，中國由革命而得統一，則必於日本不利。所以必須使中國革命不得統一。……』抱這一種見解的人，很是不少。……及至國民革命軍北伐，武漢光復，國民政府將要北遷的時候，這一種論調，更加高起來了。……及至革命軍向長江下游發展的時候，日本政府裡面就和此種論調相應，生出一種出兵論來，主張出兵論的。不用說是陸軍一派了。……

田中大將的政治興味是濃厚的，他很有軍人策士的稱譽。他也和桂太郎一樣，看見今後要在政治上的活動，非有政治上的與黨不可。恰好逢着政友會失却統率的時候，便因緣際遇而被熱中政權的政客們推爲總裁。……

最近七十年的東方史，前半是日本對俄國臥薪嘗膽的爭存史，後半是日俄兩國在中國的爭霸史。而世界戰爭之後，又進了兩國的新爭霸時代。沒有出息的中國人的心理，不向東京便向莫斯科，這是一個召亂召亡的心理。在這樣一個情形之下，東京的政權，落在軍國主義者的田中大將手裡。一就總理的職，立刻便跟着英國對上海的政策，而對山東出兵，而召集在中國的外交陸軍人員會議，而對滿蒙決定積極政策。陸軍大將內閣總理兼外務大臣的田中義一，恐怕是要變成第二個塞爾維亞的中學生罷！」

戴季陶民國十六年寫日本論時，田中奏摺尚未發現，然田中的荒謬，戴先生業已明白指出，希望日本的覺悟。田中奏摺的錯誤，有下列數端：（一）日本認為中國統一於日本不利，遂不希望中國統一，更不希望中國統一在國民黨革命勢力之下，因此用武力以阻礙中國之統一。（二）日本不僅阻礙中國之統一，且欲征服中國，「惟欲征服支那，必先征服滿蒙；如欲征服世界，必先征服支那。」此種狂妄思想表現而為行動，自然激起中國強烈的反抗。（三）以美國為敵，認九國條約係美國主動，限制日本在中國之勢力，「欲制支那，必以打倒美國為先決問題」，日本偷襲珍珠港，想即以田中奏摺為張本。（四）對俄國認識錯誤。日本變為世界強國，即係日俄一戰結果。日本能戰勝俄國，是英國政治上的支持，美國經濟上的援助，和中國實際上的協作。而田中竟認為「向之日俄戰爭，實際即日支之戰」，田中顛倒歷史事實，敵友認識不清，造成重光葵所謂「日本昭和之動亂」。

田中不願中國之統一，由民國十六年九月在東京與蔣總統的談話，也可證明。董顯光著蔣總統傳第八章說：

「蔣總統於九月二十八日（十六年）乘船赴日本，……在東京時蔣總統訪日本首相田中義一於其私邸，會談三小時。田中首問　蔣總統此次蒞日有何抱負？　蔣總統即以三事告之：第一、中日必須精誠合作，以眞正平等爲基礎，方能共存共榮，此則有待於日本對華政策之改善。換言之，不可在中國製造奴隸，應擇有志愛國者爲朋友，如此中日乃能眞正携手合作。第二、中國國民革命軍以後必將繼續北伐，完成其革命統一的使命，希望日本不加干涉，且有以助之。第三、日本對中國之政策，必須放棄武力，而以經濟爲合作之張本。田中對　蔣總統說：閣下爲什麼不以南京爲目標，以統一長江爲宗旨，而急於繼續北伐呢？　蔣總統說：中國如不能統一，東亞即不能安定，故中國從速完成北伐，也就是日本的福利。田中每當　蔣總統談及統一中國之語，輒爲之變色。迨　蔣總統辭出時，謂綜合與田中談話的結果，可斷言其毫無誠意，其決不許我革命成功，國家統一，已灼然可見。因嘆曰：余此行之結果，不能轉移日本侵華的傳統政策，可決其爲失敗，然於此可以窺見日本政府的眞意，亦未始不是一種收穫了。」

甲午戰爭中國失敗後，中國仇日親俄，但在庚子之役以後至日俄戰爭，中國一變而爲仇俄親日。日俄戰爭日本勝利後，日本反與俄國妥協，共同侵略中國，已使中國有識之士對日本失望。及至民國四年五月七日日本提出最後通牒，逼簽廿一條，中國仇日運動復起。華盛頓會議以後，中國與日本有好轉可能。然田中義一組閣後，即召開東方會議，決定對中國積極侵略，戴先生和蔣總統設法轉變日本對華政策，毫無效果。田中雖不久逝世，而田中奏摺已變爲日本軍人的國策，日本不斷的侵略，逼迫中國不能不爲國家的生存而抗戰；追源禍始，田中實爲罪魁禍首。

第三節　日本的武力干涉

一、民國十四年日本出兵南滿援助張作霖

民國以來，內亂頻仍，各國雖有以款械接濟國內軍閥之舉，並未有公然出兵武力干涉者。民國十四年冬，郭松齡倒戈反奉，日本竟公然出兵，武力干涉。

郭松齡軍與馮玉祥等國民軍聯合，對張作霖倒戈。郭軍出關，連戰皆勝，聲勢浩大，張作霖已將崩潰。十二月十五日日本爲援助張作霖，藉口保護南滿鐵路利益和日人的生命財產，增派日軍入東三省。向關東守備軍司令長官向張郭兩軍發出警告。十二月十九日日本增防軍隊到達瀋陽，阻止郭軍入營口，並劃南滿鐵路兩邊各二十里之地爲中立區，嚴限兩方戰鬪的軍隊不得進入，凡進入者概須繳械。中立區的劃定，表面上是中立，實際上是制止郭軍的前進，幫助張軍的反攻。張軍因得日軍援助，故得反敗爲勝。郭軍失敗，郭松齡被殺後，日本始撤退增派的軍隊，和取消中立區。

二、民國十六年日本第一次出兵山東援助孫傳芳

國民革命軍克服南京後，繼續渡江北伐，蚌埠徐州相繼克服，且攻入山東境內，軍閥孫傳芳的力量，已將完全消滅。當北伐軍節節勝利之時，日本田中內閣適於四月二十日宣布成立，五月廿七日日本閣議通

過出兵山東，田中在國際間發表出兵聲明書。

日本出兵山東，藉口爲保護僑民，實際則援助孫傳芳，以反攻革命軍。戴季陶日本論說：『山東出兵的意義，在日本人方面，他們說是僅爲保護日本僑民，而其實際是因爲革命軍佔領了江蘇，更自此進展，他們所最愛的孫傳芳的勢力，差不多已經消滅乾淨；張宗昌又是絕無戰鬬能力，而且天怒人怨的東西。倘若革命軍一氣呵成的北攻，山東的底定，是很不難的，於是以維持「蝸形政策」爲目標的參陸內部的人，便不能不以對付郭松齡的精神而出兵了。出的兵雖然很有限，但是意思是很深長的。戰鬬力消失乾淨殘餘北渡而逃的孫傳芳，當時敗卒不及兩萬，而不到幾個月工夫，又有了七萬以上的軍隊；這一次再渡江的隊伍，已經有四萬左右，豈不是很奇怪嗎？當南京政變發生，孫軍從新反攻的時候，日本忽然宣告退兵了，不用說這是他們認爲革命軍再不能北攻濟南的證據。』

五月十三日，日本出兵通知送達北京外交部。六月一日北京外交部向日使館提出抗議，南京國民政府外交部得日本出兵山東消息後，即致電日本外務省抗議。原文如下：

「貴國此次出兵山東，聲明理由爲保護該地之日本僑民生命財產。查山東日僑生命財產有無危險，僅屬懸揣。國民政府遷都南京以來，迭次宣言，對於外人生命財產，按照國際公法竭力保護。乃本政府北伐軍隊將到山東境內之時，貴國政府突有派兵山東之擧，於公法上既毫無根據，於本國領土主權復有妨害，本政府不得不提出嚴重抗議。並聲明：如因此發生意外事故，貴國政府應負完全責任。年來中日兩國國民感情日臻融洽。倘由此次擧動，頓起種種疑惑，足爲好感之障礙，殊屬可惜。應請貴國政府將已派出之軍隊即日撤退，是所切盼。」

青島濟南係我國領土，日本絕無駐兵的理由，故日軍在青島登陸以後，國內民情極爲憤激，南北外交當局均一再向日本抗議。而田中扶助孫傳芳反攻的目的已達到，又值蔣總司令下野，遂決將山東日兵撤回，撤兵聲明書於八月三十日送達北京外交部；但仍謂「將來日本爲不得已而施行機宜自衞之措置」，含有將來再行派兵之意。

三、民國十七年日本第二次出兵山東阻撓中國統一

日本扶助孫傳芳反攻，認爲革命軍再不能北攻濟南，遂宣布撤兵；但孫傳芳軍渡江慘敗，蔣總司令於民國十七年一月復職，繼續北伐。四月北伐軍再度逼近濟南。日本又藉口護僑，調派軍隊三千開到濟南。日軍司令福田抵濟南之前一日（五月一日），北伐軍已克復濟南。日軍遂多方挑釁，炮轟濟南，殺死中國軍民千餘人，並慘殺中國外交人員蔡公時等十餘人。七日，日軍司令致最後通牒於蔣總司令，要求於十二小時內撤退駐張莊和辛莊的華軍；並要求濟南和膠濟沿路兩旁二十里以內，華軍不得開入。八日晨日軍繼續攻城，我軍爲避免衝突起見，忍辱撤退濟南軍隊；將軍隊開赴前方，只留一團駐守。但日軍仍以重炮進攻，守軍死力抵抗，經三日之激戰，日軍卒於十一日佔據濟南。此後，日軍更增加作戰的準備，加派一師團至青島，五大隊至天津，並遣軍艦數艘巡行長江示威。

濟南慘案發生後，我政府一面致電美國政府，說明慘案發生情形，請其主持公道；一面致電國際聯盟，請其採取必要之行動，以停止日軍之暴行。同時我政府屢次向日本提出抗議，但均毫無效果。北伐軍雖遭阻礙，仍能繞道推進。當逼近北京時，日本宣言，如沿京津路的戰事，危及滿州的治安時，日政府將不

得不採取適當有效的措置，以維持滿州之治安。田中所謂積極政策，就是這樣蠻橫無理的態度。濟南慘案的交涉，日本態度橫蠻，我國交涉無效，直至民國十八年二月，始由日本駐華公使芳澤與我外交部長重開談判，會議五次，於三月十二日雙方簽定「濟案臨時協定」，內容如下：（一）自解決本案文件互換簽字之日起，兩月內日本撤退山東駐軍。（二）撤兵後之接收辦法，雙方各派員就地辦理。（三）濟南之不幸事件，認爲既往不究。（四）組織共同調查委員會，重新調查雙方損失。協定簽字後，日軍才開始撤退。日本出兵南滿，助張滅郭，兩次出兵山東，阻礙北伐，都是藉口自衞。國際法上自衞的必要，是起於迫切的、強迫的、不容選擇手段的、並無一刻時間考慮的外來的危險，在這種情形之下，才能行使自衞的權利。郭松齡反對張作霖，和革命軍的北伐，不但沒有損害日本的安全和權利，而且切實保護日僑的生命和財產。日本助張滅郭，和兩次阻礙北伐，顯然侵犯中國的獨立，不僅違反國際公法，而且違反九國條約。日本田中內閣這種蔑視中國的橫蠻行動，當然激起中國人民強烈的反對。重光葵在日本之動亂一書說：

「田中內閣因和幣原內閣的對外政策迥然不同，而採取現地保護政策，當即兩度派兵經由青島，前往濟南，因之就和國民革命軍衝突起來。結果，日本軍在一九二八年五月佔領了濟南，釀成所謂濟南事件。幸這次事件沒有擴大，國民革命軍在日本了解之下，繞道北進，奉軍由北京撤退，張作霖因田中首相的強硬勸告，也決定回瀋陽了。日本這次向濟南出兵，更激動了排日風潮。關稅會議以來，幣原外交所盡的中日親善的努力，也變成泡影了。」

第四節　日本與張作霖關於東北的交涉

一、東方會議後的滿蒙交涉

民國十六年六月二十七日至七月七日的東方會議，駐華公使芳澤、關東長官兒玉、駐上海總領事矢田、駐奉天總領事吉田等，均被召參加。在會議中所討論的，除決定侵華方針外，具體的問題有對華投資問題、出兵問題、修約問題及滿蒙問題等，而以滿蒙問題爲最注重。東方會議閉幕後，吉田、矢田、兒玉等即行回任，積極進行侵略政策；芳澤八月初返華，先赴南京接洽，後轉赴大連參預會議。此次大連會議，即係執行東方會議的滿蒙積極政策；後改在旅順舉行，參加者有芳澤、兒玉、吉田、及張作霖的顧問松井、町野等，其議定辦法，共有三項：一、日本應要求擴張對京張鐵路之某種權利；凡東三省中國自辦鐵路，認爲對日本利益有衝突者，應予干涉，不許建造。二、日本應將在東北朝鮮等三銀行合併爲一，厚集資本，要求張作霖委其整理奉票，以便根本整理東北財政金融。三、日本應籌鉅額資本，設一大規模之鐵工廠，包攬東三省應需路軌及工業用的鋼鐵材料。會後芳澤回北京，屢促張作霖開議，以解決滿蒙問題。八月廿八日楊宇霆訪芳澤，商議對滿蒙一般交涉，奉方對日本的交涉，即自此開始。交涉時日本所提條件最重要者有五項：一、吉會等六路之築路權；二、吉黑兩省之森林經營權；三、實行二十一條之土地商租權；四、取消中國所築之打通吉海兩路。五、取消滿蒙日僑的治外法權，交換內地雜居權。

當交涉進行時，國人紛紛通電反對，楊宇霆鑒於民情之激昂，和日本要求之苛刻，不敢負責進行。南京國民政府外交部長伍朝樞，九月致函芳澤公使，提出嚴重抗議，原文節錄如下：

「爲照會事，本部長疊接各處團體代表詢問日本帝國政府對華，尤其對於滿蒙，似定有新政策，是以不得不照會貴公使，煩轉達貴國政府爲荷。據報告：日本新內閣首相田中男爵所發表之積極政策，殊足令人焦灼。此種政策，似爲對於中國經濟及政治上帝國主義之新政策，而以對東三省蒙古爲尤急，貴國政府似已提出，並向北方軍閥之僞政府，秘密曖昧協商廣大之鐵路讓與權，日本在內地之自由雜居權，對於該地方之保護權，及其他種種之要求，似係復活民國四年所提出，而爲世界所不直之廿一條件。甚或變本加厲，勢將剝奪中國在滿蒙之主權，俾實際上隸屬於日本版圖之內而後已。貴國方面此種政策，如果確實，必至引起中國人民之公憤。………

貴國及其他友邦屢於國際公文內，正式擔任尊重中國之主權獨立，及領土與行政之完全。關於開放門戶主義及其附帶發生之各國在華商工業均等機會之原則，亦曾屢經確認之。貴國政府所提新要求，誠如傳述所云，必將此國際擔任之精神，根本破壞。在此種情況之下，國民政府對於目下所傳布之消息，不得不向日本政府表示關切之深重，並詢問究竟有無根據。………」

由伍部長這一篇抗議的照會，可以知道田中的所謂積極政策，已盛傳於世；日本駐華公使芳澤的逼迫張作霖談判，更證實日本積極政策的傳說。因國民政府態度強硬，和「不肯以統一長江爲目標」，而積極北伐，於是日本有民國十七年的出兵山東事件。又因張作霖不肯完全聽命，遂發生所謂皇姑屯炸車案。

二、皇姑屯炸車案

日人出兵山東，即在阻止北伐，蔣總統以當時張作霖勢力尚未消滅，自不願蹈入日人的陷阱，繞道北伐。在濟南慘案發生時，張作霖即致電蔣總統，願將其駐在長城以南的部隊撤出關外。但五月十七日革命軍攻克德州後，張氏又為日人所煽惑，不肯撤兵，並下令將其所有部隊集中於滄州及保定。五月底，張氏知不能維持其在長城以南的地位，遂於六月三日離北京而返瀋陽。途中，他的列車為預埋的地雷所炸，其地點為南滿鐵路的皇姑屯站。此一血案之責任，就以後所得證據，無疑的是日本軍閥佈置的陰謀。

當革命軍進攻北京時，日使芳澤乘機向張作霖要求解決懸案，並以保護張氏經大連歸瀋陽為條件。張氏嚴詞拒絕，毅然撤兵出關。六月二日張氏由北京起程時，芳澤猶迫張氏承認吉會等六路之敷設問題，張氏厲色拒絕之。日人深恨張氏不為傀儡，純聽支配，遂起殺張之心，皇姑屯之炸彈，已預為佈置。隨張氏之軍事顧問日人丁野大佐，至山海關先行下車，藉稱為通告張氏行踪，實則避免個人危險。皇姑屯炸車案為日本軍閥策動，重光葵亦已證實。他在日本之動亂第一章說：

「田中首相對東北問題的方針，是將東北作為中國的特殊地區，和中國本土分開，並打算將所有問題，和當時東北實權者張作霖之間解決一切。所以田中首相對張作霖之野心勃勃向北京進展一節，不表贊同。但希望張作霖得日本的援助，在東三省獨立，脫離中央，建立日本與張之間的特殊關係，而照日本意見解決東北問題。事實上張作霖本身已經在一九二二年（五月十四日）宣布東三省的獨立。至於中國本土，田中首相仍希望援助國民黨，使其革命成功。但其代價，是希望中國默認日本與東北的特殊關係。

因此田中首相對北伐中的 蔣總司令亦有所聯絡。曾特派前往陸相山梨將軍，前往北京，勸告張作霖從速回到東北，專心治安。當時（民國十六年六月十八日）張作霖已在北京就大元帥，以中國元首自居。……山梨大將……憤恨他的傲慢態度；無所成就的回到東京，報告一切。這件事使日本軍部對張作霖，在感情上發生了很大的裂痕。

另一方面，芳澤公使負着和山梨大將同樣的使命，執行田中首相的訓令，這是一九二八年五月十八日的事。訓令的內容是說：如果張作霖不聽田中的勸告，而與國民革命軍發生衝突，因戰敗的結果回到東北的時候，日本軍或將在山海關阻止張的撤退，日本的態度，相當強硬。……

張作霖入關到達北京之時，氣燄萬丈，連蘇聯在東北的中東鐵路和權益，也準備着手收回。那種氣象，絕不會向日本軍部低頭，更沒有把關東軍放在眼裡。日本軍部接到山梨大將的報告之後，對張作霖生了極度的惡感。那時關東軍認爲，除非把張作霖消滅，東北問題是無法解決的了。

一九二八年五月，田中首相經過芳澤公使向張作霖發出強硬勸告之後，張在六月三日勉強離京出關，所乘火車在未到瀋陽車站之前，因關東軍參謀河本大佐之陰謀，張作霖同多數隨員，於六月四日被炸死皇姑屯。……承繼張作霖統治東北的，是其子張學良。張之被炸死，是根據關東軍參謀的陰謀。這件事後來東京遠東國際軍事法庭的證言，才公布於世的。但張學良在當時已經感覺到這是日本的陰謀，以致他對日本抱了不共戴天之仇。」

重光葵所述田中的計劃，是希望張作霖照日本意見解決東北問題，並希望國民黨默認日本與東北的特殊關係，這確是田中的希望。但國民黨是以廢除不平等條約爲口號的，自然不能允諾日本的要求。張作霖也不願爲日本的傀儡，於是日本遂採用卑劣手段，先炸死張作霖。

日本計劃在炸死張作霖後，瀋陽必起大變動，即可乘機佔領，故陳兵於商埠地一帶，並安置電網，如臨大敵，不時向華軍挑釁。幸斯時瀋陽當局鎭靜，日軍終未得逞。日本此時尚圖掩飾炸張行爲，亦不敢冒昧行動。六月十八日張學良由保定化裝返瀋陽就職，東北形勢始漸安定。越一年（民國十八年七月）田中內閣辭職，由民政黨的濱口組閣，幣原復任外相，日本恢復了幣原外交，中日關係又漸恢復正常。

第五節　幣原外交的恢復和失敗

一、田中破壞中國統一的失敗

田中內閣兩次出兵山東，第一次援助孫傳芳反攻南京，歸於失敗；第二次日軍直接佔據濟南，無法阻止革命軍北伐，也歸於失敗。皇姑屯炸車案炸死張作霖，本擬在混亂中強佔瀋陽；但張作霖死後，他的部下在長城以南的，已無心作戰，北伐軍於十七年七月五日克復北京。而張作霖的炸死，是出於日本軍閥的陰謀，張學良對於日本當然有不共戴天的仇恨，所以蔣總統以和平方式與張學良接洽時，張氏即願歸附國民政府。而日本阻撓中國統一的陰謀，又歸於失敗。

當張學良準備歸向國民政府之時，日本駐瀋陽總領事，曾正式用書面勸告張氏：一、東三省應保境安民；一、東三省不宜實行三民主義。但張氏不聽日人勸告，派代表向蔣總統表示無二心，準備易幟，服從國府。董顯光著蔣總統傳說：

「蔣總統之最大成就，莫如以和平方式，使張學良加入於新的共和政府。張氏自繼承其父之權位以後，即對新中央政府表示和平姿態。經與 蔣總統協商後，他願以東北各省及熱河加入於國民政府的轄境，而接受國民政府的領導。民國十七年（一九二八年）十二月二十九日，中國國旗即高懸於東北的首都瀋陽。張學良經 蔣總統的促勸，亦允任國府委員之一。……蔣總統考慮東北的處置，煞費苦心。民國十七年七月十五日，他在北平的西山討論及此時，曾言：「東三省為我重要國防地帶，乃日本勢力侵入已久，吾處置方法非愼重周詳不可。否則東亞戰禍之導火線如一旦爆發，將不可收拾矣。總理所以主張和平統一，吾必以至誠力促奉軍將領覺悟，欣然而來也。」

蔣總統的適宜處置，和張學良的歸順中央，中國已獲得形式上的統一。當時中國在 蔣總統領導之下，朝氣蓬勃，國際間對中國已括目相視。日本田中內閣對華的積極政策，已遭受了挫敗。是時日本尚無武力侵略中國的勇氣，以武力征服為主義的田中外交，既已失敗，日本對華外交不能不轉變。民國十八年七月田中內閣辭職，出現了濱口民政黨內閣，由幣原出任外相，恢復了和平手段的幣原外交。」

二、幣原外交的恢復

幣原外交概念，是以和平手段，使日本經濟勢力向海外發展。在華盛頓會議以後，幣原對華政策所立的三原則如次：一、尊重中國主權，不干涉中國內政；二、中國人民之合理要求，以誠意與同情接受之；

三、日本在中國之權益，以合理之方法保護之。日本在幣原外交之下，對中國採取和平合理的外交；例如在民國十四年之北京關稅會議，爲挽回中國人民對日好感，打破列強的協調政策，首先承認我國原則上的自主。又如民國十六年南京事件，採取開明政策，不與英美採取同樣的橫暴態度。所以在民政黨內閣期間，中日外交關係本可好轉。但政友會的田中於民國十六年組閣後，改取對中國壓迫的積極政策。田中內閣於十八年七月辭職，出現了民政黨的濱口內閣，幣原復任外相，在民國十八年至二十年期間，幣原企圖改正田中外交鑄成的錯誤，增進中日間的諒解。

甲、「中日不侵犯條約」締結論。民國十八年十月日本外務省顧問小村俊三郎，曾發表「中日不侵犯條約締結論」載於十月十五日的外交評論，顯係幣原政策的反映，該文大意說：

「中東路中俄衝突，日本多數國民同情俄國，不外以中日難免發生類似之事件。……若中日關係有如現時之中俄，發生武力對峙，其影響當然非中俄兩國之比。縱令止於擬戰狀態，不入於實戰狀態，而政治上經濟上兩國所受影響，殆無俟言。若進入實戰狀態，則滿州問題與中日關係，不惟無法解決，結果骨肉相殘，兩敗俱傷，自破壞東亞大局，同時委其命運於白人之手。……中俄紛爭由中東問題而起，然於南滿洲鐵路中日關係，單以鐵道網問題，現在雙方針鋒對立，到處相接觸，已由競爭進入搏鬪狀態，一髮動全局之微妙情勢，固非中俄之比。……日本與中國，關於滿洲問題，早晚不免一戰之論，往往發現，同時中國人中，亦常言之。……（小村氏以是爲可憂情勢，因而提倡中日不侵犯條約之締結）此項不侵犯協定，確立中日兩國全體大局之和平關係，自然須包括屬中國領土之滿州，然直接不涉及旅大、滿鐵問題，廿一條問題；單從大局關係，約定相互不可侵，不可犯，而排除暴力外交，與侵略主義之疑惑恐慌，除去不信不安。由此以釀成之和平的精神，關於許多懸案問題，得進入由相互諒解而解決之道途。又於實際，於滿州政策之經濟化，徐徐雙方交換其意見，於今後滿洲問題，行使合理合法的措置。」

小村氏提倡中日互不侵犯條約的內容如次：一、認定滿洲屬中國領土之一部；二、關於旅順大連及南滿鐵路租借期間，及有關二十一條問題，別爲交涉解決，本協定單從大局着手；三、排除侵略主義暴力外交；四、於滿洲之開發，重視中日經濟合作，行使合理合法的措置。小村氏的主張，係幣原外交的反映。

乙、中國外交當局未作精密考慮。據傳幣原會向我政府非正式的提出交涉，但我外交當局未作精密的考慮；以爲在當時情形之下，「只有日本侵略中國，中國那能侵略日本？」對日本的國內政治，未加以精密的探討。

假使在幣原外交之下，中國能與日本締結互不侵犯條約，在形式上和實質上均可解除兩國間的猜疑，日本可鞏固在東三省之既得權益，日本民政黨的政權或可因此穩定，增強其抑制武力侵略的軍人力量；「九一八」事件或可不至發生，造成中日武裝衝突，同歸於盡的局面。但中國此時正以廢除不平等條約爲號召，對於承認日本在華既得權益，外交當局不能不有所顧忌。而日本軍人在田中奏摺的原則下，對幣原外交自然視爲軟弱，當然遭受軍人的拒絕。主張中日親善的佐分利公使，於返日述職，忽然自殺，大概是憂慮中日的衝突，無法解救。中日外交的轉變，失了這一個機會，中日外交遂趨於惡化。重光葵敍述九一八以前的日本外交說：

「一九二九年七月，田中政友會內閣之後，出現了濱口民政黨內閣，恢復了幣原外交。芳澤駐華公使的後任，起用了內定駐蘇大使的佐分利，並由筆者前往協助。……佐分利到任，向國府各要人交換意見，並經考察各地之後，回到日本，預備向政府報告並提供意見。但當時外務省因忙於軍縮會議的事。對於中國問題，未能和新公使接洽。不久佐分利在箱根自殺了。一般人並不了解為什麼佐分利公使竟出此下策；但有識之士，已經感到對華問題的解決，是如何的困難了。……

歡迎幣原外交復活的中國輿論，因佐分利公使的突死，發生了很大的動搖，認為公使長期逗留東京而自殺，是因為政治上的理由，沒有能實現公使意見的結果。日本方面，對佐分利公使的後任，提出了小幡大使，他……對幣原外交雖有深切的理解；但中國的報紙上，認為是幣原外交慢慢要轉移到田中外交的預兆，表示反對。小幡大使前曾以公使資格，多年駐於中國，曾任公使館參事，並追隨日置益公使，擔任交涉大隈內閣的所謂二十一條問題，曾表示過強硬的態度，中國政府因此拒絕了小幡的同意。並且當時的中國政府，在革命外交旗幟之下，所表示的態度，相當強硬，因此對日本的輿論漸趨惡化，排日風潮又突然激烈起來。……

幣原外相為打開僵局，任命筆者為代理公使，全權負責一切交涉。……筆者的任務，不單是掃除田中外交時代的混亂，更要繼續北京關稅會議以來的幣原外交，以期得到圓滿的結果。……中國方面，亦熟知筆者處理中國問題的態度，對筆者的任命駐華，表示歡迎，並且受到全面信任。筆者也將全副精神放在改善兩國關係上面，以期中日利害，有所調和。例如將最大的關稅問題，首先解決；西原借款的債務整理問題也有了眉目，並且將着手處理不平等條約的法權問題。這樣，中日關係迅速的逐步改善。蔣委員長為重建軍隊，排除過去的德國顧問，用日本顧問，從日本招聘了多數的訓練員。國民革命軍統一了中國南北，日本的政府和軍部，都和中國政府成立了良好的關係，使中日兩國關係開始走上軌道。

各國也漸漸倣效日本的做法，這可算是幣原外交的全盛時期。可惜這個時期，不能繼續長久下去。」

三、中日外交惡化的原因

甲、張學良不學無術，不防日本暗算。張學良於民國十七年十二月廿九日易幟，歸順中央，中國是時僅形式上的統一；張氏並未眞正服從中央，東三省事實上仍在張氏支配之下，形成半獨立狀態。張氏之歸順中央，不過想避免日本的壓迫，取得中央的支援。張氏對於日本，已不像張作霖對日本的妥協態度，企圖排除日本在東北的勢力，但一切均獨斷獨行，不能於事前向中央請示。張氏的計劃，首先在抵制日本經濟侵略，計劃建築與南滿路平行的鐵路，並繼續計劃開闢葫蘆島港口，以免出入口貿易長久爲大連所壟斷。張氏計劃在經濟上與日本競爭，準備將日本勢力逐出東北。因此，在東北所發生的中日糾紛案件，日益增加。當日人想與張氏進行交涉時，張氏則以事關中央爲藉口，拒絕在出事當地交涉。日本所謂懸案，既不能向我國中央交涉，又不能在地方進行解決，橫蠻的日本軍閥，當然不能忍耐。

張氏計劃排斥日本在東北的勢力，其動機自可嘉許；但無外交常識，對日本亦不圖了解。田中對華積極政策，雖因民政黨的上臺，暫時擱置，但已變爲日本軍人的聖經。所謂幣原外交，已遭受軍人派的攻擊，日本軍人已有突破幣原外交的趨勢。民國十八年張氏以武力收回中東鐵路，蘇俄能以武力向中國挑戰，實先得日本的諒解，張氏不能諉爲不知。張作霖平素對日本妥協，稍不如日人之意，即遭受日人的暗算。由上述事實，張氏應如何謹愼戒備，以防萬一，然在軍事上並無準備，預防日人的偷襲；而在日人發動軍事之後，還持不抵抗主義，使日人輕易的佔領東北。張學良事前不了解日本的本質，預爲防備，外交上又不與日人敷衍，態度傲慢；事後又不強烈反抗，造成嚴重糾紛，使日本知難而退。我們痛定思痛，不能不嘆息張氏的誤國。

乙、中國外交當局未能主動解決中日懸案。張學良幼稚狂妄，不學無術，九一八以前實際掌握東北政權，固不能辭誤國之罪。但中央外交當局在外交上無深謀遠慮，不與日本謀求妥協之路，亦不能辭疏忽之責。當時與中國交涉最多，關係最大者，僅有英美日俄四國。俄國是時尚未強大，國民政府於十六年驅逐俄國在華外交人員，俄國除抗議之外，不能有進一步之行動。美國對中國友誼最佳，民國十七年首先承認中國關稅自主，英國亦改變侵略態度，與美國取一致行動，承認中國關稅自主。當時為中國統一阻礙的，僅係日本一國。

國父孫中山主張中美日三國合作，蔣總統在民國十七年日本出兵山東，造成濟南慘案時，繞道北伐，即在避免對日本的衝突。民國十七年蔣總統對於東三省的收復，採用和平方法，使張學良歸順中央，也是為避免對日本的衝突。因中國統一尚未鞏固，實力尚未充分，既不能以武力收回既失權利，即不能不用外交手段。是時英美態度對中國有利，俄國在華的各種特權早已廢除，而日本又在標榜幣原外交，實為對日交涉的機會。但中央對日本外交，既沒有採用主動外交，與日本直接談判；在日本試探訂立互不侵犯協定時，又未加以審愼考慮。中央對張學良的指揮並不如意，在張氏拒絕與日本談判之時，中央又不擔負起東北交涉的責任。中央當時外交完全處於被動地位，中日外交遂陷於拖延局面。幣原外交既不能獲得結果，民政黨無法阻止日本橫暴軍閥的行動，中日關係遂趨於惡化。

丙、日本軍閥堅持侵華政策。日本錯誤的根本原因，是對中國認識的錯誤；因對中國認識的錯誤，遂陷於自誇自大，欲以征服中國爲目的。他們不了解義和團排外的原因，不了解中國推翻滿淸的原因，更不了解革命軍勝利的原因。中國民族是不甘受壓迫的，在中國民族覺醒的時候，任何壓迫的勢力都要被推翻的。壓迫中國急先鋒的英國，對中國的國民革命運動，已採取退讓的策略。但荒謬的日本軍閥，當民族自決潮流盛行於世界之時，竟妄想征服中國；田中義一之應爲日本罪人，就是他荒謬的奏摺。田中義一爲日本軍閥決定的侵華政策，使日本淺薄的政客和軍人，走向日本自殺的道路，民政黨的有識人士也無法予以挽救，這眞是亞洲民族的悲劇。

今天事過境遷，我們不能不嘆惜當時中國對日本的外交，沒有採取主動，但是中國縱然採取主動，與日本努力交涉，恐怕也不會爲日本軍閥所接受。民國二十年七月，即昭和六年七月，代表日本軍人意向的細野繁勝，發表「滿蒙之重大化與實力發動」一文，他曾說：

「說到這裡，現時中國滿蒙問題，以普通手段方法，絶對不能解決，可得明瞭的理解。在他們的眼中，既沒有條約；也沒有國際信義；而且對權益之不尊重，是有計劃的。其反日政策，與敵對的行動，沒有何等差異。所以由普通外交的交涉，期圖擁護我滿蒙的權益，和平的發展，即令換百個公使千個領事，全然無濟於事。所剩的解決方法，只有一個，這是什麼？就是實力的發動。」

日本軍人在中國民族覺醒之時，竟想實力的發動。重光葵說：

「張作霖死後的張學良，在感情上說，決不能像乃父對日本採取妥協的態度。……親手槍殺親日派的楊宇霆，以明顯表示對日本的態度；更參加國民黨，撤消東三省半獨立的姿態，將五色旗扯下，改懸靑天白日旗，樹立了公然排日的方針，很露骨的準備將日本的勢力逐出東北。

在這種情形之下，在東北所發生的中日糾紛案件，日益增加。當時國民政府的威權還沒有伸到東北，而張學良方面以事關中央政府爲藉口，拒絕出事當地進行交涉。如此，所有懸案的交涉，既不能在中央，又不能在地方進行解決，隨之懸案堆集如山。日本雖在東北取得租借權，即在鐵路附屬地以外，也有土地借租的權利；但是因當地中國官憲的壓迫，不但不能重新申請，就是維持既有的權利，也已經感到相當困難的狀態。同時，開始了收回滿鐵的運動，中國計劃和滿鐵平行建設鐵路，並委託荷蘭公司在葫蘆島進行大規模的築港，企圖使日本所經營的鐵路和大連港，變成無價的廢物，關東軍看到這種現象，認爲保護日本權利和日鮮人民，決非用外交手段可以達成任務，以爲除施行武力，別無辦法可以解決了。」

重光葵對於日本的武力行動，雖然說出似乎有理的解釋，但已證實日本軍閥的行動，是有預定的計劃。

本章參考書

一、陳博文：中日外交史第四章。
二、李執中：日本外交第十章第十四章。
三、重光葵著：徐義宗邵友保合譯，日本之動亂第一章。
四、田中義一：田中奏摺。
五、戴季陶著：日本論二十章二十一章。
六、董顯光著：　蔣總統傳第八章。

七、陳紹賢著：中日問題之研究第八章。
八、李守孔著：中國最近四十年史第九章第三節。
九、外交大辭典：皇姑屯炸車案。

第十一章　九一八事變與國聯和美國

第一節　九一八事變

一、九一八事變前日人的挑釁

根據田中奏摺，日本的第一步計劃是侵佔東北；日本軍人不滿幣原外交，企圖實行武力侵佔；九一八事變前，已在找尋挑釁的藉口。

甲、萬寶山慘案。先是日本政府獎勵日人移植東北，以謀奪取地方經濟利益，但東北氣候寒冷，不適於日人生活，未能如日本政府的期望。自民國元年至十九年，總計東三省日僑不足九萬人，而同一時我內地人民之移居東北者，僅山東一省已達二十五萬人。民國十九年六月內田康哉任南滿鐵路總裁，乃鼓勵朝鮮人民至東北墾荒，朝鮮移民在吉林省內常與當地農民發生衝突。

民國二十年四月十六日吉林長春居民郝永德，以長農稻田公司名義，自該縣萬寶山居民租到熟荒地五百晌（卽五千畝），租期十年，並訂明該約須經縣政府批准；否則無效。郝某租得後，不自耕耘，轉租與朝鮮人民耕耘，但未得官方批准，此約當屬無效。不期朝鮮移民卽在該在挖掘水道，長約二十餘里，寬四丈，並將泥土堆積兩岸成壩，廢我農田不下四百餘畝。後又建築水堰橫阻河流，一遇水漲，沿河兩岸四五千晌民田，皆成澤國。當地農民因感切膚之痛，羣起反對，呈請官方嚴加禁止。長春市政府當局一再與日領交涉取締，均未得要領。是時朝鮮人民開濠築壩，行將完工；我國農民交涉無望，坐視田地淪沒，爲生活計、不能不圖自衞，遂公決自動塡濠，另請官方交涉賠償損失。七月一日我國農民結隊前往塡濠，二日與日警發生衝突；日警竟開槍射擊，死傷徒手農民多人，並捕去十餘人大施毒刑。日人且加反噬，謂我農民暴動，大調軍警捕我農民。並收繳民槍，同時又作種種軍事行動，如臨大敵。我官方力持鎭靜，運用和平方法，據理力爭，至八月八日日警始完全撤退。

萬寶山慘案發生後，日本軍閥妄作宣傳，鼓勵韓人排華。朝鮮人民竟受煽動，漢城韓人首先排華，集衆襲擊華街，當地日警不負保護華僑生命財產的責任，領事館交涉無效。仁川、平壤、斧山等地相繼排華，逼迫華僑返國。七月九日華僑到威海衞者六百餘人，到烟台者千餘人，泣述被害情形，謂僑胞遭屠及投海者千餘人，財產損失數目只仁川一地，已達數百萬元。

乙、中村失縱事件。萬寶山慘案尚未了結，日本又提出中村失蹤事件。民國二十年六月上旬，日本參謀本部上尉中村震太郎，以現役軍官假名農事專家，潛赴東北各地作刺探軍事秘密之活動。路經哈爾濱呈驗護照時，中國官吏卽告以彼所欲往之地，盜匪甚多，爲禁止外僑遊歷地帶；並將此項警告，註明於其護照。六月九日中村不聽我方勸告，起程赴興安區，抵洮南時，遂告失縱。事出後，消息傳至日本外務省，日本政府嚴禁報紙登載，直至八月十七日駐瀋陽日總領事森島，始向遼寧省主席臧式毅提出抗議，臧氏立卽派員至出事地點調查。在調查期間，日本軍部卽以爲口實，歸罪於幣原之對華軟弱外交，力主強硬，以飛機向日本人發傳單，告以「日本在滿洲之特權與利益，現處危險中」。軍閥利用之報紙宣稱：中國如不迅速以誠意撤查該事件，軍事與外交當局應有對付行動。

九月四日東北邊防軍參謀長榮臻，專赴北京向張學良報告，張氏當命速作第二次調查，並派其日籍顧問赴東京，聲明甚願和平解決。同時復派湯爾和銜特別使命，東渡晤日外相幣原，會商解決東北懸案之折衷辦法。張學良此時已知事態嚴重，但對於日本軍人藉口中村事件，敢於發動戰爭，全無覺察；只知虛與週旋，而不稍自戒備；也不向中央報告，請示應付辦法。此時張學良在東北，實屬半獨立狀態，既不重視情報，復不了解情敵，又不請示中央，遂使日本軍閥任意橫行，造成中日兩國不可解決的糾紛。

二、日本軍閥發動九一八事變

民國二十年九月十八日一時許，日本軍人炸毀南滿鐵路長春線柳河鐵橋，作為進軍口實。當日軍進襲，砲擊我北大營時，我軍軍官急向參謀長榮臻請示。榮令：「全取不抵抗主義，繳械則任其繳械，入佔營房，則聽其侵入」。北大營士兵奉令不抵抗而退。榮臻於日軍襲佔迫擊砲廠火藥廠及兵工廠時，急電北平的張學良請示；張又諭令：「仍應取絕對不抵抗主義」。拂曉，日軍入瀋陽，佔領無線電台各銀行各飛機場，總計被刼兵工廠所存步槍八萬餘枝，機關槍四千餘挺，飛機二百餘架，一切軍用器械及糧秣彈藥，盡落敵人之手。在十九日一日內，日軍佔領營口、鞍山、瀋陽、鐵嶺、撫順、遼陽、長春等十八城市。二十日二十一日兩日，日本空海軍均出動。朝鮮日駐軍三個師團開入我東北，作擴大之佔領。在張學良不抵抗主義之下，日軍在五日之內，將南滿要地完全佔領。

日本發動九一八事變，侵佔南滿，是日本政府的預定計劃，還是日本軍閥的單獨行動？我們應首先明白。

日本外相幣原於九一八事件後，曾發表「吞滿洲如吞炸彈」之語，可知日本民政黨政府是不願用武力併吞東北的。重光葵說：

「當時在東北，如萬寶山事件，中村大尉被暗殺事件，所有包括危險性的事件，逐次發生，而張學良對日本的態度，更加强硬。筆者爲根本的挽囘在東北兩國關係的惡化，曾和當時國府中樞人物財政部長宋子文協議，計劃援和東北緊張情勢的方法。當時宋子文和筆者，曾以密切的聯絡，協力改善中日關係，計劃同赴東北，親自調查當地情形，再來考慮解決辦法。宋部長並且預備赴東北途次，在北京說服張學良，請其改變對日的態度；更預備同赴大連和前外務大使現任滿鐵總裁的內田康哉伯爵，研究對於東北問題的基本解決方案，筆者對宋部長的意見完全同意。

筆者得到日本政府的許可，準備和宋部長在九月廿日由上海乘船北上。船票都已購妥，不幸已來不及了，九一八事變突然於九月十八日在瀋陽爆發了。當時筆者仍不灰心，預備同宋部長同赴東北。使事件能局部變化，以期達到解決的目的；但等候日本政府訓令的期間，事變已如烽火，急速擴大。中國方面將此事向國際聯盟申訴，事態演變到這種程度，已無從採取外交措施的餘地了。

關於九一八事變，筆者當時向日本政府發出電報的一段如次：『一、此次軍部之行動，基於統帥權獨立之觀念，大有輕視政府，將過去政府所建立之外交努力，一旦予以破壞之感。爲國家將來計，不勝悲痛之至。但望從速禁止軍部之獨斷獨行，政府應依照國家之意志，停止軍部不負責任之不利宣傳，更應明白標幟，確定政府之指導。』

由幣原的談話和重光葵的敘述，可知九一八事變是關東軍的獨斷獨行，事先未得日本民政黨政府的同意。當時日本政府是希望中國政府和他直接交涉，以解決東北問題。韋羅貝在中日糾紛與國聯一書第五章，敍述日本九月廿四日答復國聯行政院復文說：

日本於其覆文中宣稱：『日本軍隊已審愼行動，僅防衞本身安全，保護鐵路，及日僑安全所必要之範圍爲限』。日本政府已『努力防止情勢之擴大』。在事實上，其大部分軍隊已撤至鐵路區域以內，現僅有少數軍隊爲警戒計，仍留駐於瀋陽及吉林，此外尚有數處地方屯紮少數士兵。日本宣稱：『此種手段並不構成軍事佔領』。復文又云：『在維護日僑安全及鐵路防衞所容許之範圍內，日本已正在儘速撤退。一俟情勢轉佳，日本政府願將日軍撤回鐵路區域。深信行政院對此事件，必信賴日本態度之眞誠。』

日本政府於復文中，再陳述其意見，謂此項糾紛應由中日二國直接交涉解決，並稱：日本決意不捨此行動之原則。」

事變後六日，日本政府答復國聯行政院，尚宣稱要審愼行動，願將日軍撤回鐵路區域，表示不擴大事變。同時日本已表示此項糾紛應由中日二國直接交涉解決，已顯示反對國聯干涉之意。

三、我國政府的應付

張其昀著中華民國史綱第二十六章說：九一八事變發生，『蔣總統時在南昌，聞訊次日卽起程回京。變起非常，全國民意激昂，社會情形惶惑無主。中央組織特種外交委員會，專議對日事宜，決定以日本佔領東北事實，先行提出國際聯盟，與簽訂非戰公約諸國，訴之於國際之公論。一面嚴令東北當局節節抵抗。然東北軍驕逸成性，不能遵奉命令，達成任務。日軍復銳進侵略，以至失地日廣，三省相繼淪陷。』由上敘述，可知東北在張學良統治之下，並未服從中央，至少是半獨立狀態。事變發生以後，當時任國民政府主席負軍政重責的蔣總統，才知道消息，可知張學良的疏忽，並未將東北實情形向中央報告。

九一八事變發生，我政府於九月十九日二十日及二十三日，先後向日本政府三次嚴重抗議。第一、二次抗議內容如次：一、日本軍突向遼寧中國軍進攻，佔領省城等行動，實爲蔑視非戰公約，破壞和平。二、中國軍隊毫無抵抗，而日本軍仍繼續攻擊，出現多數之死傷，佔領遼寧省，故意破壞和平，其責任須由日本政府負之。三、日本政府須迅電令關東軍從佔領區域即時撤退，回復事變前原狀，並聲明保留正當賠款要求之提出權。第三次抗議，指責日本政府忽視前兩次抗議，日軍之行動益擴大，事態益重大化，蔑視國際公法及國際條約，破壞東亞和平，切望停止一切行動。日本政府於事變後次日，舉行臨時閣議，宣言極力防止事變之擴大。對我國抗議不作何等正式答復，僅於二十四日發表一聲明，重申述日本立場，謂『已採取步驟，撤退軍隊，解決是種變局。並聲言日本於滿洲，絕無領土野心，僅希望保護以資本勞力，從事各種和平職業，發展滿洲之僑民。又聲言準備與中國政府合作，解決現有糾紛，草定永遠芟除可引起將來齟齬之建設的計劃。』日本希望中國直接交涉之意，已甚顯明。

我國除向日本抗議外，提出國際聯盟，請求根據國際聯盟約，解決中日糾紛。九一八事變前，國際聯盟在日內瓦舉行常年大會，九月十四日我國當選非常任理事。九一八事變爆發後，我政府即派施肇基爲代表，出席國聯理事會．施代表於九月二十一日根據盟約第十一條，請求理事會採取下述手段：一、國際關於和平有危殆之事態，須阻止其更惡化。二、須令立即回復衝突以前情狀。三、決定對中國應有之賠償及其數額。因為我國向國際聯盟申訴，不採取與日本直接交涉辦法，中日紛爭遂移至日內瓦。

我根據盟約向國際聯盟申訴，自是正當辦法，但我國對此次事變的處理，有兩種錯誤：

一、誤於張學良的不抵抗主義。張學良表面歸順中央，實際是獨立狀態，關於日人交涉事宜，既不請示中央，也不向中央報告。對於日本的陰謀野心，毫不知事先注意，加以防範；及事變驟起，竟荒謬的採用不抵抗主義，使東北十萬大軍，坐待日本關東軍兩萬人的宰割，其誤國之罪，實不能辭。九一八事變是日本軍閥的投機行動，若遭遇抵抗，不能順利征服，或可知難而退。日本政黨政府的外交，或可順利進行。乃張氏的荒謬不抗，使日本軍閥氣燄益張，益認幣原外交之軟弱無用，東北事變遂一發不可收拾。

二、不向日本直接交涉。事變發生之後，我國向國聯申訴，是正當的外交手段，不能非議的；但我國不向日本直接交涉，實在沒有充分的運用外交手段。外交是要多方面運用的，不能只走單線，我國應雙管齊下，一面向國聯申訴，以爭取外援；一面向日本交涉，制止其繼續侵略。須知直接交涉並非屈服，在與日本直接交涉之中，同時運用國際間的壓力，或可得一差強人意的結果；縱不能得到解決，也可探知日本的眞正意向，以謀應付之方。民國十七年的五三濟南慘案，我國曾與日本直接交涉；而九一八事變，我國外交當局完全捨棄直接交涉的手段，一心一意的信任國聯，這不能不說是我國外交的失策。當時胡漢民先生胡適之先生等都主張對日直接交涉，蔣總統於二十三年著「敵乎？友乎？」一文，曾批評當時中國不與日本直接交涉，為失却時機的錯誤。

因張學良的不抵抗，使日本軍閥志得意滿，不知呑下了炸彈；又因外交當局只知「以夷制夷」，不與日本直接交涉。遂使日本民政黨政府在內外夾攻之下，不能不宣告倒台。結果，國際聯盟的調處無效，日本軍閥更得寸進尺，我國不能不走入「一面交涉一面抵抗」的階段。

第二節　國際聯盟的調處

一、中國提出本案於國聯

九一八事變發生後，中國電令代表施肇基，按盟約第十一條規定，將此問題提交行政院。施氏遂於九月二十一日以下列照會，致國聯秘書長：

秘書長閣下：茲遵本國政府訓令，請貴秘書長注意後開事實。並請根據國聯盟條第十一條，由貴秘書長立即召集行政院會議，以便採用明敏有效之方法，俾國際和平得以保持。查九月十九日會議時，中日代表已將滿洲之嚴重情勢，報告於行政院。中國代表並已聲明：據當時所得之消息，此次事變之造成，中國方面絕不負其咎。九月十九日以後，中國代表又接本國政府電告，得悉情勢之發展，較第一次所報告者更為嚴重。並稱：日本正式軍隊，於九月十八日夜十時，無故向瀋陽及其附近之我國軍隊轟擊，同時將兵工廠營房炸壞，火藥庫焚毀，並將長春寬城子及其他地方我國軍隊，解除武裝。嗣復佔據瀋陽、安東及其他各城。各地之公共機關，均經強佔，各交通路線，亦被日軍奪據，我國軍隊及人民因遵守本國政府命令，並未抵抗，以免任何可使情勢擴大之舉動。

中國爲國際聯合會會員之一，鑒於上述事實，認爲所生之情勢，國際殊有依據盟條第十一條之規定，採取相當行動之必要。故本代表奉本國政府訓令，請行政院根據第十一條所賦與之權力，立採步驟，阻止情勢之擴大，而危害各國間的和平；並恢復事前原狀，決定中國應得賠償之性質與數額，中國政府對於行政院之任何建議，及國際聯合會對於本案之任何決議，均願完全遵行，合併聲明。」

查國際聯合會盟約第十一條規定：『（一）茲特聲明：凡任何戰爭或戰爭之危險，不論其立即涉及聯合會任何一會員與否，皆爲有關聯合會全體之事；聯合會應用任何辦法視爲敏妙而有力者，以保持各國間的和平。如遇此種情勞，秘書長依聯合會任何會員之請求，立即召集行政院會議。（三）又聲明：凡牽動國際關係之任何情勢，足以擾亂國際和平，或危及國際和平所恃之良好諒解者，聯合會任何會員有權以友誼名義，提請大會或行政院注意。』根據盟約第十一條，我國自可提出申訴。我國並表示：『國際聯合會對於本案之任何決議，均願完全遵行。』是對國聯絕對信任，希望國聯負責制止日本之侵略。

九月廿一日中國代表送交國聯秘書長之照會，由秘書長立即轉致各會員國，行政院及於次日集會。在此會議中施代表向行政院宣讀所接之電報，以示日本武力佔領發展之程度，並因此所造成之嚴重情勢。日本代表芳澤答稱：

「所謂日本在滿洲或瀋陽或其他附近的攻擊，絕未有中國軍隊之挑撥一語，彼實不能承認。反之，據其所得情報，此項發動，或如所稱之「偶然事變」，乃因中國軍隊毀壞瀋陽附近日本鐵路一部所致。因之，日本軍隊之行爲，以及佔據數處村鎮，皆爲防衞之性質。

所堪注意者：此可憾之事變；並非無牽連之事。吾人試一追溯往事，即知今日事變之來，實由過去形成之空氣有以致之。余已有言明在先，吾人在滿洲有國際條約所承認之鉅大權力；不料積年以來，以華人之活動，害及吾人根據國際協定所享之權利。且本年初，又發生中村大尉被殺之可悲事件，致情感之緊張，促成足以擾亂我兩民族良好諒解之情勢。故最近事變之爆發，可謂導於此種漸趨惡化之緊張狀態。……此次事變顯爲一種地方事件，我政府業已明令日本軍隊司令官採取必要步驟，阻止擾亂之擴大。余向行政院保證，日本政府並無擴大情勢，或對中華民國開戰之意。………余確信此次糾紛，定可由中日兩國政府直接交涉，達於和平之解決。………處此局勢，如干涉過早，結果必不堪設想，徒足鼓起日本已激昂之輿情，有礙和平之解決。」

日本政府代表芳澤再三保證，日本並無侵略野心，不使滿洲形勢惡化；同時反對國聯之干涉，主張由中日兩國直接交涉。施代表答稱：關於誰的報告確實，可由國聯派一調查團負責報告。關于中村案等，儘有國聯盟約的規定方法可以解決，必先恢復原狀，才有直接談判的可能。

九月二十二日行政會議結果，由行政院授權主席白里安（Briand）：『一、致緊急通知於中日國政府，請各防止足以擴大形勢或防碍和平解決的任何行動；二、商同中日兩國代表，求適當辦法，可使兩國立即撤兵，而不危及兩國人民生命財產的安全。』同時因此項糾紛，不但引起國聯盟約之問題，且涉及巴黎非戰公約，與一九二二年華盛頓九國公約。行政院於是項會議中，通過主席的提議，將會議記錄及有關文件，送致美國政府；自中國代表主張由國聯派一調查團負責報告之提議，則被擱置。

二、九月三十日行政院第一次決議案

九月二十五日行政會會議，日本代表宣言：日軍的行動純爲自衞和保護日僑，小部份日軍已退入鐵路一帶，在地帶外的日軍並不構成軍事佔據。日政府決定以地方情形改善爲比例，撤退日軍至鐵路地帶內。我國代表說明：日軍的行動不是自衞，中國政府已擔保保護日僑的生命財產，希望行政院即決定辦法，使日軍完全撤退，恢復事變前的原狀。會議結果，只由主席宣稱：希望日本政府於可能範圍內，從速撤退軍至鐵路地帶內；同時希望中國政府於日軍撤退時，負責保護日人生命財產的安全。

九月二十八日行政院會議，日本代表申言：日本政府不信中國政府有保護日僑的能力。中國代表再提請派調查團，負責調查事實。雙方辯論仍無結果。主席宣布將另召集會議，並擬將處理經過報告大會。

九月三十日行政院會議，主席白里安提出決議草案，要點如下：

一、對於日本政府之聲明，謂對於東省並無圖謀領土之意，認爲重要。

二、知悉日本代表之聲明，謂日本軍隊業經開始撤退，日本政府當以人民生命財產之安全，得有切實之保證爲比例，仍繼續將其軍隊從速撤退至鐵路區域以內，並希望從速完全實行此項意願。

三、知悉中國代表之聲明，謂中國政府對於鐵路區域以外日僑生命財產之安全，在日軍繼續撤退，中國地方官吏及警察再行恢復時，當負責任。

四、深信雙方政府均願避免採取任何行動，以擾亂兩個之和平及諒解，並知悉中日兩國代表已保證各該國政府採取一切必要步驟，以防止事變範圍之擴大與嚴重。

五、請求雙方盡力所能，速行恢復兩國間平常之關係，並爲求達到此項目的，從速完成上述保證之實行。

中國代表接受這個議案，同時聲明本着下述了解接受的：『對於主席宣讀的議案，中國代表認爲日軍的完全撤退和原狀的完全恢復，雖屬顯然判別的事件；但於解決中國所申訴的案件上，實爲一種單純的初步辦法。所以應當聲言：當原狀完全恢復時，中國政府保存國聯盟約上應有的一切權利，和繼續向行政院請予援助，以確定九一八以後雙方的責任，和確定公允的賠償。』日本代表不同意中國的解釋，但接受原案，於是百里安主席所提草案宣告通過。

三、十月二十四日行政院第二次決議案

在九月三十日第一次決議案之前，日軍飛機於九月二十日轟炸錦州，溝幫子，通遼，並佔據洮南。二十七日增兵六車到吉林。九月三十日休會後，東北形勢日益險惡，日本不但不履行撤兵義務，並且違反不擴大形勢的諾言。

行政院應中國代表的要求，於十月十三日提前開會，由法國代表百里安主席，中日代表辯論劇烈。中國代表重申撤兵的要求，並陳明中國領土無端被佔，中國人民無辜被殺，中國因已提訴國際聯盟，所以極力自制，毫無抵抗。其次提出警告：如果國聯盟約非戰公約不能維持，則世界和平，裁縮軍備，國際安全，以及世界經濟危險之救濟，都必同歸無效。日本代表報告中國反對的情形，日僑受害的狀況：又從歷史的叙述，說明日本在滿洲的政治利益，是由日本人的生命及金錢的犧牲換來的，又說日本在滿洲投資的巨大，滿洲於日本經濟上與國家生存上之重要；中國不但侵害日本臣民，並破壞條約的權利，萬寶山案和中村大尉案都是近例。九一八事變由於中國過

去一切專擅的煩擾的行爲所釀成。最後，他仍提出直接交涉，並再聲明日軍的撤退，以日僑的安全爲條件。中國代表承認中國人民反日情緒的緊張；但指明這種情緒的發生，導因於日本的軍事侵佔。反日情緒出於人民的自動，不是政府所可干涉的。其次聲言日軍的非法佔領仍然繼續，加於中國的損害還未賠償，中國決不同意直接交涉。

十五日舉行秘密會議，主席提議：因爲美國是非戰公約的簽字國，且爲該約發起者之一，應請美國代代表列席行政院會議；各代表都贊成，只有日本反對，以美代表列席於法無據。結果會議中以十三票對日本一票的決定，電請美國派員列席。十六日美國派日內瓦美總領事吉伯特（P. Gilbert）到會參加。主席百里安於美國參加問題解決後，分別向中日兩國代表磋商，希望得到解決的辦法，但中日的立場均不改變。二十二日行政院會議，主席提出議案要點如左：

行政院依照其九月三十日之決議，除中國援引盟約第十一條外，多數政府並未會援引非戰公約第二條，茲特：

（一）重述兩國政府已保證避免現有情形益形擴大之任何舉動，故兩國政府不得訴於任何侵略政策或行動，並須採取辦法，消除敵對行爲。

（二）重述日方之聲明，謂日本在東三省並無圖謀領土之意；並知悉此項聲明，與國聯盟約及九國公約之規定相符合。

（三）深信實踐上述保證及允諾，爲恢復兩方通常關係所必要；故（1）要求日本政府立即開始，並順序進行將軍隊撤至鐵路區域以內，在規定之下次開會日期以前，完全撤退。（2）要求中國政府履行保護在東三省日僑生命安全之保證，並採定辦法，於接受日軍撤退之各地時，能保證在各該地日僑生命財產之安全。並請中國政府命令接收官吏會同代表同往觀察，俾各國代表得觀察此項辦法之實行。

（四）建議中日兩國政府立即指派代表，商訂關於撤兵及接收撤退區域各事之細目，俾得順利進行，不致延緩。

（五）建議一俟撤兵完成後，中日兩國政府開始直接交涉兩國間之懸案。爲此目的，行政院提議雙方設立調解委員會，或類此之永久機關。

主席於宣讀上述提案之後，日本代表發言，反對限期撤兵。二十三日會議，日本提出「對待提案」，其主張修正之點爲第四節：即日本在撤兵之先，中日兩國政府間應有「基本原則」之諒解。這與主席原先撤兵後交涉的意見相反，日本對案係先交涉後撤兵，即交涉無結果時，日軍即不撤退，所謂基本原則的內容，經各國代表詢問，日本代表方澤亦不能說明。二十四日下午繼續開會，主席把日本對案與原案提付表決。先表決日本「對待提案」，結果以十三票對一票之比否決。次表決原案，仍爲十三票對一票之比，僅日本一票反對，亦等於否決。因根據盟約第五條規定，凡大會或行政院開會時之決議，應得聯合會出席於會議之會員全體同意。故日本一票反對，議決案即無法律的效力。表決後，主席宣佈休會至十一月十七日。

四、十一月十日行政院決議派遣調查團

十月廿四日休會後，日軍在東北更擴大侵略範圍，如奪取嫩江，佔據挑昂路，迫擊黑省軍隊，炮轟通

遼，進攻錦州，製造東北傀儡政權等，局勢更趨嚴重。十一月十六日行政院在巴黎開會，我國代表因日軍企圖奪取錦州，情勢緊急，二十五日要求行政院採取必要步驟，設立錦州中立區，區內在行政院監督之下，暫駐中立國部隊。日本代表於二十一日提議，派調查團赴「滿洲和中國」調查實地情形，但聲言：「該團無權干涉中日間發起的交涉，也無權監視中日任何一國的軍事行動」。各國代表在原則上同意日本的提議，由中立國派觀察員到錦州，考查設立中立區的可能性，或其他可能的辦法，以防止雙方軍隊的衝突。

十二月十日行政院開會，通過白里安提出的議案，要點如下：

(一)行政院認為十一月二十四日會議後，事變更為嚴重；知悉兩方擔任採取必要辦法，防止情勢之再行擴大，並避免任何行動，致再令發生戰爭及喪失生命之事。

(二)行政院鑒於本案之特殊情形，欲協力促進兩國政府，謀兩國間各項問題之最後根本解決，決定派遣一委員會，該委員會以五人組織之，就地研究任何情形影響國際關係，而有擾亂中日兩國和平，或和平所維繫之諒解之虞者，報告於行政院。中日兩國政府各得派委員一人，襄助該委員會；並應予以一切便利，俾該委員會所需之任何消息，均可得到。茲了解雙方開始任何商議，該項商議不在該委員會職務範圍之內。又該委員會對於任何一方之軍事辦法，無干涉之權。該委員會之委派及其考量，對於日本政府在九月三十日決議內，所為日軍撤退至鐵路區域內之保證，並無任何妨礙。

李頓調查團的成立，是根據這次會議的決議。調查團委員由行政院主席遴選，經兩當事國同意後，一九三二年一月十四日復經行政院核准。其名單如下：英國李頓爵士(The Earl of Lytton)、法國亨利克勞德中將（Henri Claudel）、美國麥考益少將（Frank, R. McCoy）、意國馬柯伯爵（Aldyovandi）及德國恩利克希尼博士（Heinrick Schnee.）。一月廿一日各委員在日內瓦開會，一致舉推李頓爲委員長，並通過工作暫行程序單。中日兩國政府依照決議，日本派駐土耳其大使吉田爲代表，中國派顧維鈞爲代表。二月二十九日調查團抵東京，國聯行政院對滿洲問題的解決，暫時擱置，靜候李頓調查團的報告。

在十二月十日行政院決議組織調查團以後，日軍行動更趨擴大，一九三二年一月二日進佔錦州，一月廿八日發動上海戰爭。在李頓調查團抵達東京以後，三月九日日本挾持溥儀赴東北，成立僞滿洲國，八月十五日日本政府正式予以承認。日本軍閥對國際聯盟的決議，和日本政府對外的諾言，竟完全置諸不顧。

第三節 一二八事變與國際聯盟

一、一二八淞滬戰爭的經過

二十年十二月二十八日，中央執行委員會推選蔣中正胡漢民汪兆銘三人爲中央政治會議常務委員，並選任林森爲國民政府主席，孫科爲行政院院長。一二八事變前旬日，孫科離京赴滬，中樞擾攘無主，中央力促蔣先生入京，共負艱鉅。蔣先生見滬情緊急，日軍進迫如箭在弦，毅然由杭州入京，與中央同人相約共同負責。一月二十八日中央通過汪精衞爲行政院長，不意夜半滬戰卽起。二十九日政府決定暫遷洛陽，以免日本炮艦之威脅，留蔣先生在京坐鎮。蔣先生調第五軍八十七、八十八兩師，增援駐守淞滬十九路軍，使敵人在中國首次遭遇挫折。

日本軍閥因張學良的荒謬不抵抗，以爲可以順利征服中國。二十一年一月，日本藉口上海排斥日貨，嗾使日本浪人偕同日本海軍陸戰隊，焚燒三友實業社工廠，殺死華警並搗毀虹口一帶中國商店。上海市政府向日本領事提出口頭抗議，日領事竟諉稱有日本和尚五人被毆，向我提出反抗議；並提出要求四項：一、正式道歉，二、賠償損失，三、懲辦兇手，四、制止反日行動；並限四十八小時答復，否則採取自由行動。同時一面集中日艦在黃浦江示威，一面調集陸戰隊登陸佈防。上海市長吳鐵城不得已於一月二十八日答復日領，對所提四條件完全接受。日領事已表示滿意，但駐滬日海軍司令鹽澤，以發動事項已準備就緒，乃於一月二十八日夜十一時二十五分，通知上海市政府，迫令我軍退出閘北區域；不待我方答復，竟於十一時十分（在我方收到公文前十五分鐘）向我閘北天通庵車站駐軍進攻，淞滬戰爭遂以揭幕。

淞滬戰爭歷時三十三日，日軍屢遭挫敗，增援四次，集中大軍十萬，我國至三月二日始放棄第一道防線，退守南翔一帶。日本是時遭受我國堅強抵抗，又被國際聯盟譴責；在英美法各國調停之下，已不敢再事蠻橫，於五月五日協戰協定，內容如下：(一)中國軍隊暫留駐現在防地；(二)日本軍隊撤至公共租界及虹口方面，一如事變前原狀；但爲容納日軍人數起見，可暫留上述之毗連地點；(三)爲證明雙方之撤退起見，設立公共委員會；加入友邦代表爲委員，協助雙方移交事宜。五月六日共同委員會成立，上海戰區陸續歸我接管，淞滬戰爭始告結束。

由這一段事實，證明我國唯有抵抗，始可制止侵略。淞滬戰爭因我國與日本相持，互有勝負，調解者始易於着手，國聯行政院的議決始有效力，我國代表的力爭亦感覺光榮。假使我淞滬駐軍仍不抵抗，成了「一面倒」的局面，則日本佔領上海必成事實，更可加速日本軍閥侵略我國的進展。因此；我們對不抵抗的張學良，不能不深惡痛恨。

二、一二八事變後的國聯行政院

一二八事變前，中國改派顏惠慶代表，日本改派佐藤爲代表：日本因民政黨內閣倒台，原任代表芳澤已被任爲外相。淞滬戰爭發生後，一月二十九日中國代表除保留向來根據的盟約第十一條外，再引用第十、第十五兩條盟約。第十條說：『聯合會會員擔任：尊重並保持所有聯合會各會員之領土完整及現有之政治上獨立，以防禦外來之侵犯；如遇此種侵犯，或有此種侵犯之任何威嚇或危險之虞時，行政院應籌履行此項義務之方法。』第十五條說：

（一）聯合會之會員約定：如聯合會會員間發生足以決裂之爭議，而未照第十三條提交公斷或法律解決者，應將該案提交行政院。職是之由，各造中任何一造，可將爭議通知秘書長，秘書長即籌備一切，以便詳細調查和研究。

（二）相爭各造，應以案情之說明書，連同相關之事實及文件，從速交秘書長，行政院可將此項案件立即公佈。

（三）行政院應盡力使此議得以解決，如有其效，須將關於該爭議之事實與解釋，並此項解決之條文，酌量公佈，

（四）倘爭議不能如此解決，則行政院經全體或多數之表決，應繕發報告書，說明爭議之事實，及行政院所認爲公允之建議。

（五）聯合會任何會員列席於行政院者，亦得將爭議之事實，及其自國之決議，以說明書公布之。

（六）如行政院報告書除相爭之一造或一造以上之代表外，該院會員一致贊成，則聯合會會員約定：彼此不得向遵從報告書建議之任何一造從事戰爭。

（七）如行政院除相爭之一造或一造以上之代表外，不能使該院會員一致贊成其報告書，則聯合會會員保留權利，施行認爲維持正義與公道所必需之舉動。

（八）如相爭各造中之一造對於爭議自行聲明，並爲行政院所承認，按諸國際公法純屬該造本國法權內事件，則行政院應據情報告，而不必爲解決該爭議之建議。

（九）按照本條，任何案件行政院得將爭議移送大會；經相爭之一造請求，應即如此辦理，惟此項請求應於爭議送交行政院後十四日內提出。

（十）凡移付大會之任何案件，所有本案及十二條之規定關於行政院之行爲及職權，大會亦通用之。大會之報告書除相爭各造之代表外，和經聯合會列席於行政院會員之代表，並聯合會其他會員之核准，應與行政院之報告書——除相爭之一造或一造以上之代表外——經該院會員全體核准者，同其效力。

一月廿九日中國代表引用上述兩條，向行政院申訴，而未提出第十六條由國聯予以制裁的規定，仍希望在國聯中和平解決中日兩國之糾紛。但日本代表反對行政院之受第十五條的申訴，聲言日軍的行動完全出於「自衞」，不承認有如第十五條所載的可使決裂的糾紛情形之存在；即假定承認有這種情形的存在，但還未求外交上之解決，不能遝行援引第十五條。主席法代表彭古（ Paul Boneouy ）從條文的法律意義及解釋的往例，說明當任何會員國請求引用第十五條時，行政院須令秘書長辦理該條第一段所載的調查，而不是去決定援引的要求是否適當。主席並宣讀十二理事的宣言，聲明：『兩國會員國政府間的糾紛，必從不抵觸國際義務，尤其在於盟約第十條——會員國允諾尊重所有會員國領土完整和政治獨立——的義務，去求解決。………遠背上述意義而得到的解決，國聯不能承認。』討論結果，決定由行政院各會員國政府，除中日兩國外，各訓令駐滬的外交代表，聯同組織一委員會，就上海事變的原因和發展，作成報告書，送達秘書長，以提供行政院的考慮。

九一八事變後，英國對於東北情勢，不很關心；在英法兩國主持下的國聯，對日本並不加令壓力，亦無譴責日本的表示。上海事變發生，英國因直接利害關係，態度改變積極，推動行政院解決中日上海糾紛。二月二日行政院應英國請求，舉行會議，討論上海戰爭。英代表湯姆士（J.H. Thomas）聲明：「英國政府覺得遠東的現況，不能任期繼續下去」。他申說，上海已成戰場，不宣之戰正在繼續發生，國聯會員對此不能漠不關心，如果任期繼續下去，非戰公約和九國公約難免失了世界的信賴。也又說：各國對於中日爭執，在過去的協同努力，還未成功；所以英美兩故府決定作進一步的努力，以使可悲的現狀終了。英美兩國政府已向中日雙方正式要求，停止敵對的行動和預備，雙方退兵並籌劃中立區，本非戰公約和行政院十二月決議的精神，舉行談判，以解決糾紛。最後，他希望各會員的贊助，採取同樣的步驟。

二月九日行政院會議，英代表西門（Sir John Simom）報告各國代表在上海設立中立區的情形。又表明兩點意見：

一、日代表保證日本決定儘速終結敵對行動。

二、英政府感覺上海現狀的嚴重，願把英國在上海的全部勢力，協同他國在當地的勢力，在可能範圍內供行政院的使用，幫同使戰爭早日終止。

我國代表見英國只注意上海問題，特別聲明：日本的敵對行動不只在上海繼續實施，東北的哈爾濱已被日軍攻入，國聯的行動不能只限於上海的可悲事件。

中國代表因行政院處理的軟弱，又因盟約第十五條第九段的時期限制，已二月十二日致函秘書長，要求行政院向中國提訴案件，移交國聯大會處理。二月十九日行政院會議，討論移案大會的辦法。日本代表說：中國不是有組織的國家，國聯盟約對中國不能完全適用；日本對上海的唯一意願，只是自衞。他認爲行政院剛在處理的時候，忽中途移交大會，那是行政院可恥的事。但行政院不理日本的反對，議決：鑒於中國代表移案的要求，決定根據盟約第十五條第九節的規定，移案大會，並定於三月三日舉行大會。

三、三月十一日國聯大會的決議

三月三日國聯特別大會開第二次全體會議，中國代表顏惠慶發言，報告九一八以來日本侵犯中國主權和領土的經過，及其違背國際條約和國聯決議的事實。最後，提出中國的要求：

(一)請受理中日一切事端的國聯大會，按照盟約規定，研究並竭所能，以求解決。

(二)請大會就權力所及，先使在中國領土內的一切敵對行爲停止，並使侵犯的軍隊撤退，然後就行政院的決議案的範圍，亦本盟約的精神，以和平的方法，解決中日間一切爭端。關於上海及滿洲的任何辦法，凡有損害中國主權，或違反國際法一般原則，或抵觸中國對第三國所負的條約義務者，當然不能認爲一種解決。

（三）請大會承認盟約已被破壞。

（四）請大會鄭重宣言，關於滿洲上海和中國其他地方的慘痛現狀，中國不負任何責任。大會作這種宣言後，應開始發動道德的力量，中國還相信這樣的辦法可解決這個衝突。

日人代表松平繼起宣稱：就日本的意見，這次舉行大會實在無謂，因爲日本在上海的行動，出於不得已的自衞。他聲明關於上海事件，等候該地平靖，即行撤兵，預備協同有關係列強開圓棹會議。考慮保障在上海的權益。日本政府沒有政治的或領土的野心，並無意設立日本租界或增進日本單獨的利益。他又說：關於滿洲事件，日本政府認爲不是大會討論的問題，因爲行政院派遣的考查團已經出發。該團工作的結果將給有價值的資料，以供中日問題的最後解決。

在三月三日大會開幕後，歷次會議中各國代表如挪威、瑞典、芬蘭、丹麥、瑞士、西班牙、希臘、捷克、羅馬尼亞、愛爾蘭、墨西哥、哥倫比亞、烏拉圭、尼拿馬、加拿大、南非、印度等各國代表，均一致對中國聲援，要求堅持盟約的原則。中國代表是要求上海事件滿洲事件同時解決：日本代表僅承認解決上海問題，對滿洲問題採用拖延政策。

三月十一日大會討論解決中日問題提案，到會四十六會員國，除中日兩國自願不投票外，其餘一致表決通過，原文節錄如次：

第一節：大會鑒於盟約所載各項規定，對於此次爭執完全適用。……凡違反聯合會盟約及巴黎非戰公約之方法，所取得之地位，條約，及協定，聯合會會員均不能承認。

第二節：大會鄭重申說：如由任何一方用武力壓迫，以覓取中日爭執之解決，實與盟約的精神相違背。

第三節：……爰決定組織一十九會員之委員會，即以大會主席爲該委員會之主席，連同當事國以外之行政院會員，及用秘密投票選出之其他會員國代表組織之。該委員會代表大會執行職務，並受大會之監督，應（一）從速報告關於依照一九三二年三月四日大會之決議，停止戰爭，及締結協定，使上述戰爭切實停止，並規定日軍撤退各事項；（二）注意一九三一年九月三十日，及十二月十日行政院通過決議之實行；（三）經當事雙方之同意，並依照盟約第十五條第三節之規定，從事預備解決爭執之辦法，並擬具聲明提交大會；（四）於必要時向大會提議，向國際審判法庭提出，請其發抒意見之聲明；（五）於必要時，從事預備第十五條第四節所規定之報告草案；（六）建議一切似屬必要之緊急辦法；（七）於最早時間內，向大會提出第一次報告書，最遲不過一九三二年六月一日。大會請求行政院將一切視爲應行轉送大會之文件，或附帶意見轉致委員會。大會並不閉會，主席視爲必要時，得召集之。

同日大會依照決議，選出六國，會同大會主席和行政院中日以外的十二國，組織「十九國委員會」。十九國委員會成立後，屢次舉行會議，討論上海的停戰和撤兵問題。這個時期因十九國委員會的努力，與在上海英、美、法、意四國外交人員的調解，促成五月五日中日上海停戰協定，並使日軍照期限撤退。但自五月五日上海停戰協定簽字後，十九國委員會的工作，遂由緊張而鬆弛。他們認爲上海事件已經解決，滿洲事件必待李頓調查團的報告送達，然後繼續處理。

第四節　日本政黨政治的崩潰

一、民政黨若槻內閣的崩潰

九一八事變發生後，民政黨內閣確不願擴大事變，幣原外相有吞滿洲如吞炸彈之譬比，可見民政黨政策之一班。九月三十日國聯行政院開會時，日本代表芳澤聲明，謂日軍業已開始撤退，日本政府當以日本人民生命財產之安全，得有切實之保證為比例，仍繼續將其軍隊從速撤退至鐵路區域以內，並希望從速完成實行此意願。日本代表對九月三十日行政院之決議，亦表示接受。當日本政府表示不擴大事變之時，日本軍閥反擴大事變，十月八日轟炸錦州，且進行佔領北滿。民政黨內閣對內不能使軍隊服從，對外喪失信用，已無法繼續維持。一九三二年二月十九日行政院開會時，日本代表毀謗中國為一混亂的無政府國家，我國代表顏惠慶駁斥日代表之謗言，有一段敍述日本政府因軍人不受節制的矛盾現象說：

「日本代表曾說及組織良好的國家，而國家如日本者，其陸海軍豕突狼奔，不受政府之節制，是否為有組織之國，余不敢知。其外交官行政院會議席上，作種種誠懇善意之允諾，而此等允諾，不數日即被破壞，此足以表示組織良好之政府乎？日本曾對二三大國嚴重允諾，不往錦州；未數日而日人已佔錦州，此亦足見其政府組織之良好乎？」

日本外交的喪失信用，日本軍人的不受政府支配，重光葵在所著日本的動亂中，有一段說明，他說：

「若槻內閣爲防止事變的擴大，雖百方奔走，但軍部已不在政府的手中。當局還是認爲軍隊能夠追隨政府的政策，這種想法，不能不歸咎於政府的疏忽。事實上，關東軍不理政府的指示，北進至齊哈爾、哈爾濱，逐馬占山至黑龍江。南進至錦州，將張學良的軍隊驅出東北最後的據點。當時關東軍威脅政府，如政府不支持軍部，反而阻止軍部的行動，軍部將獨立統治東北。因此，若槻內閣只好支出軍部越軌行動的所需費用。

關東軍特務機關的土肥原大佐，和板垣參謀協議的結果，到了天津，將溥儀帶到東北、先推他做執政，更擁他做皇帝，匆匆忙忙的設立了一個「滿洲國」。駐歐美各國的日本使節，手裡拿著幣原外相的東北事變局部化的訓令，還在向各國政府解釋着，在不明眞相的歐美當局看起來，日本各使節的行動，好像是在掩護日本的軍事行動，這也是難怪的。

九一八事變一經爆發，昭和動亂的「箭」，已經從「弦」上射出來了。」

民政黨若槻內閣在內外夾攻之下，所執和平政策，一再遭受軍部之挫敗，一九三一年十二月十一日遂致垮臺；繼之而起的，是政友會的犬養毅內閣。在九一八事變發生時，在民政黨不擴大政策之下，是可以直接交涉的；在民政黨執政時間，和平尚有一線希望。但在民政黨政府崩潰以後，日本侵略益烈，中國固然遭受橫蠻的侵略，日本也走上自殺的途徑。當時日本天皇及元老西園寺等不能支持民政黨政府，貫澈不擴大事變政策，使狂妄軍人得志，逼迫中國不能不起而自衞，這是不能不嘆惜的。

二、犬養毅內閣無力阻止軍部橫行

犬養是是政友會的總裁，接受組閣大命後，以當時政友會新勢力的森恪爲書記官長（等於我國行政院秘書長），開始組閣，邀請荒木爲陸相，大角大將爲海相，芳澤爲外相。恪森在田中內閣時代，曾任外務次官，是與軍部聯繫，主張積極政策的人。他對陸海軍的侵略行動，不但贊成，而且鼓勵，他夢想擴大事變，在遠東樹立日本的覇權。

犬養毅本來是中國國父孫中山的朋友，對中國國民革命，具有相當認識。他本想將九一八事變從速解決，以恢復中日兩國關係，曾密飭森恪派萱野長知等前來中國南京接洽。他過去在國會裡，曾攻擊軍部；他的對華政策，和以前的田中大將，有完全不同的見解，然而在軍閥專橫，森恪又與軍閥勾結之下，犬養毅仍無法扭轉日本侵略中國的趨勢。

犬養毅不僅不能扭轉日本的局面，中日糾紛更日趨擴大：（一）不能阻止海軍的發動上海一二八事變；（二）不能阻止土肥原等妄人的成立僞滿洲國；（三）在國聯開始詆毁中國爲無組織的國家。因此，犬養毅內閣竟變成侵略中國的內閣。

三、五一五事變與政黨內閣的消滅

犬養毅首相無力彈壓軍部，將滿洲問題解決，也沒有能力阻止關東軍建立僞滿洲國的行動。軍部建立滿洲國的方針，犬養毅首相也不得不承認。後來對於滿洲問題的處理，已脫離外務省的管轄，另設立一個對滿事務局，由陸軍大臣擔任總裁；關於滿洲問題，已完全在軍部管理之下。

犬養毅對於軍部這樣的妥協，尚不能得軍人的諒解，五月五日上海停戰協定簽字後，日本海軍人員極爲不滿。五月十五日犬養毅竟被刺殺於首相官邸。在犬養毅首相被殺時，內務大臣官邸，警察廳總監室，政友會本部，日本銀行三菱銀行等，均同時遭受襲擊。此次襲擊事件，係海軍人員主動。日本軍人這樣的膽大妄爲，而最後的軍法判決，僅處五年有期徒刑。所以重光葵感慨的說：

「暗殺兇手的海軍將校，經軍法會議的判決，處了五年的禁閉；後來又將刑期縮短，不久卽獲保釋出獄，復將之重用。這就是現役軍人闖入官邸慘殺最高當局的制裁方式。」

犬養毅首相被殺之後，日本政黨內閣已告壽終正寢，軍人用恐怖手段，將站在反對軍部的政黨和政治家完全打倒，日本第一次成立日本政黨內閣並任政友會總裁的原敬，於一九二一年十一月被刺，民政黨總裁並擔任首相的濱口，於一九三〇年十一月十四日被刺。犬養毅被刺後，對軍部這種非法行動，已無人能正面將其阻止。從此，日本任由軍人橫行，使日本走入毀滅途徑。重光葵說：

「日本隨着世界的潮流，以國民爲基礎的政治機構能夠發達，雖然說是一件當然的事，但其間也發生了很多激烈的反動。有自由主義者和反對者的鬭爭，有政黨和軍閥的鬪爭，但是政黨，因其本身缺乏力量和屢次發生的過失，加之日人一般缺乏政治訓練，再加上反動勢力的野蠻而直接的行動，已完全敗北；其最後一幕，就是犬養首相的被刺，這也就是政黨政治的最後一幕了。」

第五節　九一八後美國的態度

華盛頓會議九國公約，係美國主動，藉以制止日本之破壞門戶開放政策。一九二八年巴黎非戰公約，係美國國務卿開洛格與法國總理白里安所主動。日本發動九一八事變，破壞九國公約和非戰公約，美國雖未參加國際聯盟，但希望國聯能制止日本的侵略；故美國對國聯的主張和行動，表示合作態度。九月二十二日國聯將行政院會議記錄及有關糾紛文件，迻達美國政府，美國政府復文說：國聯行政院決議所表示之態度，美國政府深表同情，並已將類似照會分致中日兩國。

一、美國兩次以照會送致日本

九月廿一日美國國務卿史汀生（Stimson）以一照會面交日本駐美大使，對日本在滿洲之軍事行動，表示驚異與關心。應照會宣稱：「實際上情勢，南滿州已歸日本政府之軍隊完全控制」。

十月八日日軍飛機大舉轟炸錦州。十月十一日美國國務卿史汀生由東京美國大使以更強硬照會遞交日本外務大使，內稱：

「查錦州地區南滿鐵路區域五十英里以外，中國有駐軍該地之完全權利。日本軍事飛機有何權利，飛翔於此城之上，爲挑戰之攻擊，而投擲炸彈？此則國務卿所大惑不解也。中國方面所稱：軍民已有死傷。夫轟炸無防禦無預告之城市，在軍事上爲一極端之行動，即在戰爭亦所擯斥。照報紙可靠消息，此次攻擊錦州，意欲阻止張學良於該處建立新省會，重握在滿洲之威權。……是以國務卿不得不認錦州之轟炸，極爲嚴重。」

日本接美國第一次照會，頗惹取日本朝野之危懼。日本政府復牒，聲言日本軍隊爲保護鐵道利益，及日本臣民生命財產之安全，止於必要程度之行動。俟滿洲安全確時獲得保證後，即續令漸次撤退。日本對美國第二次照會之復牒，則巧爲解釋，謂係出於「自衞」。美國除單獨向日本抗議外，頗願與國聯合作，十月十五日國聯行政院請美國代表列席會議，十六日美國即派駐日內瓦總領事參加行政院會議。

美國維主持正義，但因英國並不積極，不能與美國一致行動，以壓力加諸日本。日本民政黨政府「不擴大事變的主張」，因國聯與美國除空言勸導或指摘外，並無進一步行動，遂使日本軍人視民政黨幣原外交的軟弱無用。民政黨政府在軍人繼續違抗之下，對內對外均難應付，十二月十一日民政黨政府崩潰，由政友會犬養毅組閣。

二、史汀生不承認主義的宣佈

民國二十一年一月二日日軍侵入錦州，張學良仍不抵抗，自動撤退。是時國人與友邦均認錦州一地，關於我東三省之存亡；日人佔領錦州之後，直接威脅華北，於中華民族復興前途，影響甚大，均期張學良之抵抗。乃張學良竟聽英公使藍普生的勸告，企圖保全實力，無抵抗放棄錦州。讓與日本，益增日本軍閥的氣焰。

美國在日本專橫，英國退讓，中國不抵抗之局面下，美國國務卿史汀生遂於一九三二年一月七日向中日兩國送發備忘錄，即所謂有名的史汀生主義，原文如下：

「最近錦洲方面之軍事行動，業將一九三一年九月十八日以前中華民國政府在南滿最後存留之行政權威，破壞無遺。美國政府仍深信國聯行政院近日所派之中立調查團，必能使中日兩國間現時困難，得最後之解決。但美國政府鑒於目前情形，及自身之權利義務，認為有對中日兩國政府作下列通知之職責。即美國政府不能承認任何事實上之情勢為合法。凡中日兩國政府或其代表訂立之任何條約協定，足以損失及美國或其人民在華條約上之權利；所損其中國主權獨立，或領土及行政之完整，或違反國際間關於中國之政策，即通常所謂門戶開放者，美國政府均無意承認。又，凡以違反一九二八年八月二十七日中日美三國在巴黎簽字之非戰公約之方法，而造成之情勢，或締結任何條約或協定，美國政府亦均無意承認之。」

美國此項宣佈，引起全世界之極大注意，予中國精神上無限的協助，予日本精神上嚴重的打擊，並於國聯處理滿洲糾紛發生重大影響。中國答復美國照會，聲明『中國政府本主權獨立及領土完整之原則，絕無訂立此項條約或協定之意。』

日本對美國之復文，侵略中國併吞滿洲的野心，業已顯露：（一）日本宣稱：「將盡力常維滿洲門戶開放，與在中國本部無異」，可見日本企圖將滿洲與中國本部分開。（二）日本所稱中國不安及分裂狀態，不能享受九國公約規定之利益，因之日本不受該約關於中國規定之約束。換言之，即日本企圖推翻九國公約。（三）日本所稱：滿洲行政人員之更換，乃係地方民衆之必要行為；即係日本成立偽滿洲國之藉口

在民政黨內閣時代，尚稱不擴大事變，內閣與軍閥之間，尚有若干距離。及政友會組閣，已一變而為日本軍閥之代言人，日本已決心一意孤行，妄想消化呑下的炸彈。

三、史汀生致波拉書——說明美國對中國態度

一九三二年二月日本發表聲明書，妄言中國非有組織的國家。二月十九日行政院會議中，日本代表加以闡明說：盟約僅適用於有組織的民族，中國內戰逾十年，情況完全混亂，而呈不可想像之無政府狀態。日本所採行動，純為保護本身利益，絕非侵略行為。

當日本聲明書發表時，美國政府認為亟應宣佈其態度，重申華盛頓九國公約不特完全有效，適用於滿洲及上海發生事件；且對於華盛頓會議中所決定之其他條約，如關於限制軍艦比例及禁止太平洋某區域設防之拘束，亦有整個性之關係，國務卿史汀生致美國參議院外交委員會主席波拉之函件，即說明美國對中國外交態度。茲節錄該函於次：

「波拉參議員鑒：承詢現在中國種種情形，是否使九國公約不適用或不生效力或竟須修正；如係如此，則美國政府須採何種政策一節。

查九國公約實為對華門戶開放主義之法律根據。此項主義，經海約翰氏於一八九九年宣述，乃使當時列強利益範圍之爭奪，中國將成崩潰之局勢，得以終止。為求此項政策之成功，海氏曾援用下列兩原則：（一）各國對華商業上之機會均等；（二）為得此項機會均等，保持中國領土及行政之完整。實則此兩原則在美國外交史上，並非新穎，蓋美國向以此為處置對任何外國事務之原則也。……海氏政策，曾得各國同意，尤其英國政府懇切贊助。……在此後二十年中，門戶開放主義，以各國非正式之承諾而存在。但於一九二一至一九二二年之冬，在太平洋有關係之主要國家一致參加之會議中，曾將此項主義歸納於九國公約內。此公約使門戶開放主義之原則，得有正確之解釋。……

後此六年，九國條約之反對強國侵略弱國之根本政策，得於世界全體國家所簽字之巴黎公約，即所謂凱洛格白里安公約之中，又得一有力之後援。此兩種公約係兩個獨立而協調之步驟，其目的在聯合世界之良心與輿論，以贊助此種根據公法依序發展之制度；而所謂捨棄武力專以公正和平之手段，解決一切糾紛，亦卽包括於此。保護中國免受外界侵略，原爲此種發展過程中之一緊要部分。……

近來中國發生之事件，尤其自滿洲延至上海之戰爭，不惟不足指該約有修改之必要，且適足令與遠東有關係之各國，應特別注意忠實遵守該約。……本年一月七日奉大總統命，本國政府正式照會中日兩國，謂凡一切造成之形勢，或中日間所締結之條約，違背上述之條約，而損美政府及其人民在華之權利者，美政府一律不予承認。如果其他各國與本國爲同一之決定，取同一之步驟，則卽可警告日本，卽可使一切憑持強權違背條約所攫取之權利，不能得合法之承認。證諸往史，且將使中國橫被剝奪之權利，終克復歸原主。

本國政府以太平洋列強之一資格，向持以上見解，爲其政策之根據；卽相信中國人民自有其光明之前途。並相信以公正忍耐及相互好感諸原則，與中國人民相周旋，必能得最好之成功。」

史汀生一月七日對日本的照會，原希望英國政府表示同情的諒解。但英國政府認爲日本將在滿洲遵守門戶開放政策，不認爲有仿照美國照會，予日本政府以任何正式照會的必要。英國政府之姑息日本，使美國深感失望，故史汀生藉致書波拉的機會，表示美國的外交政策。美國政府因英國的不合作，遂沒有實際行動，支持其外交政策。

第六節　國聯調查團報告書

一、調查團報告書的內容

一九三二年九月四日國聯調查團報告書在北平簽字，十月一日在日內瓦東京同時發表。報告書共分十章，印成一百三十九頁，則八章為事實的敍述，後兩章為解決的原則，條件和建議，茲報報告書內容要點分述於次：

甲、中國並非無組織的國家。報告書第一章說：「迨此次衝突起見，論者莫衷一是，屢有人提議，謂中國『並非有組織之國家』，或謂中國內部『完全紛亂，陷於無政府狀態』。又謂中國現狀如此，應取消其國際聯合會員國之資格，所有盟約中之保護條款，均不適用於中國。關於此事，若將華盛頓之會議情形，一為回溯，則頗有注意之價值。查當時所有參與會議之列強，所持之態度，與此種論調，完全不同；然當時中國內，實有完全分離之政府兩處，一在北京，一在廣州：且為許多土匪所騷擾，內地交通，時被阻礙。……若以現在中國之中央政府相比較，則又何如。現在雖在數省內，政府威力未免稍弱，惟並未有公然否認中央政權者。若能照此現象維持下去，則各省行政，軍隊，與財政等，當能逐漸變為國家性。去年九月間國聯大會，所以選舉中國入行政院者，此類事實亦為其原因之一也。」

乙、滿洲係中國的領土。報告書第一章說：『在重行保證中國在滿洲主權之樸資茅斯條約以後，日俄於開發此數省之經濟活動，在世界人士眼光中，較中國自身之經濟活動為尤顯著。但彼時中國數百萬農民之移植，實決定斯土將來之佔有權。此種移植，實係佔領，雖屬和平而不顯著，然其爲實際佔領則一也。當日俄國彼此從事劃分其南北利益範圍之際，中國農民已佔有其土地；而今日之滿洲，遂爲中國人之滿洲，不可移易矣。……中國人在滿洲之地位，根深蒂固，迄今已二千年；中國文化在滿洲極北部份，亦早已活躍。當明代之時（一三六八年至一六四四年），此種文化之勢力，已極強盛；明代之威權，實際已遍及與滿洲全部。在一六一六年滿人推翻明代在滿洲之統治，及在一六二八年滿人越長城而征服中國之前，中國之文化，實已深入於滿洲之人心，而滿人已多數與中國人互相同化。在往昔滿清軍隊中，由多數中國人組織特種軍團，稱之爲漢軍旗者。………滿洲雖迭經戰爭及獨立時期，仍能爲中國完整之一部。

丙、張學良對中央關係，事實上是獨立狀態。報告書第二章說：『一九二八年十二月張學良承認易幟，宣告服從中央，受命任東北邊防總司令，而其滿洲行政之地位，亦再經確定，並兼管熱河。滿洲既加入國民政府，行政組織必須若干之改變，以便以中央政府之行政組織相近似；委員會制度於以輸入，並設立國民黨總部。其實舊時制度及人員仍然沿用，中國各省所見之黨部干涉地方行政，在滿洲實所不許。……凡軍事民政財政外交，其與中央政府之關係，純繫乎一種自願之合作。………官吏之任免，苟違背滿洲當局意願者，亦不能見於實行。………在此種情形中，一切重要之任命，事實上均出自地方當局。………在東省除外表稍有變更外，一切情形仍舊。東省當局深知其權力得之於其軍隊者，較之得於國民政府者爲多，此項情勢，固與已往無異也。』

丁、中日衝突的根本原因，與日本對滿洲之一般政策。報告書第三章說：「一九三一年九月以前二十五年間，滿洲與中國其餘部分之關係，日臻密切；而同時日本在滿洲之利益亦逐漸漸增。滿洲之爲中國一部，固無待證明；惟在此部分內，日本業已取得或要求許多非常權利，以限制中國主權之行政；則中日間之發生衝突，自屬自然之事。……自一九〇五年迄一九三一年九月事變，日本歷屆內閣對滿之目標始終相同，所不同者在達到此項目標之政策耳。日本對於維持治安應負責若何程度一節，歷屆內閣對之亦不一致。日本歷屆內閣對於滿州之一般目標，………有一共同之主要特徵，即傾向於一種趨勢，謂滿洲及東部內蒙古不得與中國其他部份一律看待，是蓋由日本人在滿洲之『特殊地位』的觀念而來。歷屆內閣所採用之特別政策無論如何不同，例如所謂幣原之『親善政策』，田中之『積極政策』，彼此互異，然其具有是項公共特徵則一。親善政策發生於華盛頓會議之時，維持至一九二七年四月。繼起之積極政策，維持一九二八年七月，嗣後又仍採親善政策，直於一九三一年九月。以促成是二種政策之精神論，其間有極顯著之區別。親善政策，幣原曾云係以『善意與睦鄰爲基礎』，積極政策則以武力爲基礎。…九月中，日本關於中國問題之輿情，以中村案件爲焦點，極爲激昂，且時時有一種論調，以爲容許滿洲方面，有如許未決之懸案，實已使中國當局輕視日本。於是必要時應以武力解決一切懸案之語，遂爲一通行之口號。」

戊、日本發動九一八事變，是有計劃的侵略，不是合法的自衞手段。報告書第四章說：『中日雙方軍隊間情緒之激昂，實無容諱。本調查團曾得一種證明：日方於事前確有充分計劃，以應付中日間萬一發生之戰爭，此計劃於九月十八日至十九日之夜見諸實行，迅速正確。中國方面遵守上峯之訓令，既無進攻日軍之準備，在彼時或在該地亦無危害日人生命財產之計劃。應付日軍並未集中應戰，亦未奉命開火，故於日軍之突衝及以後之行動，莫不認爲詫異。至九月十八日下午至十時半在路軌旁發生炸裂之事，雖無疑義；惟鐵軌縱有破壞，實際上並未能阻止長春南下列車的準時到站，斷不能列爲軍事行動之理由。故前節所述日軍在是夜所採之軍事行動，不能認為合法的自衛手段。』

己、所謂滿洲國是日本的傀儡組織。報告書第六章說：『調查認為滿意者，卽依各方所得一切證據，確信助成滿洲國成立之原動力，雖有若干種；但其中兩種，卽一為日本軍隊在場，一為日本文武官吏之活動，兩者聯合，發生效力最大。依我等之判斷，若無此兩者，新國家不能成立。依此理由，現在政體，不能認為由眞正的及自然的獨立運動所產生。……據吾人所知，滿洲國之開幕典禮，嘗欲使各城居民作熱烈表示，乃未能辦到。就大體論，城市居民之態度，係一種消極的默認與仇視之混合性。』

庚、日本在滿侵略行動，違反國聯盟約非戰公約九國條約。報告書第九條說：『日本軍隊未經宣戰，對向來毫無疑義屬於中國領土之一大部分地面，強奪佔領，使其與中國分立並宣布獨立，事實俱在。此事經過所採之步驟，日本謂為合於國際聯合會盟約，非戰公約，及華盛頓九國條約之義務；而實則各該約之意義，正在防止此種行為；且此種行為開始於本案提出於國際聯合會之初，而完成於嗣後之數月。』

二、調查團報告書的建議

報告書根據上述之觀察，認為如僅恢復原狀，並非解決辦法。維持及承認滿洲之現時組織，亦屬同樣不當。

甲、圓滿解決之條件。報告書第九章說：

（1）適合中日雙方之利益。雙方均為國聯會員國，均有要求國聯同樣考慮之權利；某種解決，苟雙方均不能獲得到利益，則此種解決必無補於和平之前途。

（2）考慮蘇俄利益。倘僅促進相鄰二國間之和平，而忽略第三國之利益，則匪特不公，抑且不智，更非求和平之道。

（3）遵守現行之多方面條約，任何解決必須遵守國聯盟約非戰公約及華盛頓九國條約之規定。

（4）承認日本在滿洲之利益。日本在滿洲之權利及利益乃不容漠視之事實；凡不承認此點，或忽略日本與該地歷史上關係之解決，不能認爲滿意。

（5）樹立中日間之新條約關係。中日二國如欲防止其未來衝突，又回復其相互信賴與合作，必須另訂新約，將中日兩國之權利利益與責任，重加聲敍。此項條約應爲雙方所同意之解決糾紛辦法之一部份。

（6）切實規定解決將來糾紛之辦法。爲補充上開辦法，以圖便利迅速解決隨時發生之輕微糾紛起見、有特定辦法之必要。

（7）滿洲政府應加以變更，俾其在適合中國主權及行政完整之範圍內，獲得足以適應該三省地方情形與特性之高度自治權。新民政機關之組織與管理，務須滿足良好政府之要件。

（8）內部之秩序與免於外來之侵略安全。滿州之內部秩序，應以有效之地方憲警維持之。至爲實現其免於外來侵略之安全起見，則須將憲警以外之軍隊，掃數撤退，並須以關係各國，訂立互不侵犯條約。

（9）獎勵中日間之經濟協調，爲達此目的，中日二國宜訂新通商條約。此項條約之目的，須將兩國間之商業關係，置於公平基礎之上，並使其與兩國間業經改善之政治關係相適合。

（10）以國際合作促進中國之建設。現時中國政局之不穩，即爲中日友好之障礙，並爲其他各國所關懷，因遠東和平之維持，爲國際間所關懷之事件；而上述條件又非中國具有強力之中央政府時，不能滿足。故其圓滿解決之最終要件，厥惟依據孫中山博士之議建，以暫時的國際合作，促進中國內部建設。

乙、報告書對於行政院之議建議。報告書第十章提出：「便利最後解決之建議」如次：

（1）請當事雙方討論解決辦法。國聯行政院應請中國政府，及日本政府，依照上述十項條件，討論兩國糾紛之解決。

（2）顧問會議。上述邀請如經中日兩國接受，第二步即應召集一顧問會議，討論並提出一種特殊制度之設立，以治理東三省之詳密議案。此項會議，可由中日兩國政府之代表及代表當地人民代表團兩組組成之。………

（3）顧問會議集會前之準備工作。應由當事雙方，以行政院之協助，對於該會議應行考量之行政制度方面，先行協定其大綱。當事雙方所應考慮之事件如下：

一、顧問會議之集會地點，代表之性質，是否願有中立觀察人員。

二、維持中國領土行政完整之原則，及准許東省有高度之自治。

三、以一種特殊憲警爲維持內部治安唯一方法之政策。

四、以所擬各種條約解決所爭各項事件之原則。

五、對於有所曾經參加東省最近政治運動人員之准予特赦。

此種原則大綱即經事前同意，關於其詳細辦法，當以最充分可能之審擇權，留諸參加顧問會議或磋商條約之代表。至再行訴諸國聯行政院之舉，僅得於不得同意時行之。

（4）中國政府宣言的內容。顧問會之最終議案，當送交中國政府，以中國政府以該項議案列入宣言之內，而以此宣言轉送國際聯合會及九國條約之簽字各國。國聯會員國及九國條約之簽字對於此項宣言當表示知悉，而此項宣言，將被認爲對中國政府有國際協定之約束性質。

此項宣言對於中國中央政府在東三省之權限，與該地方自治政府之權限加以劃分，茲提議保留於中央政府之權限應如下列：一、除特別規定外，有管理一般的條約及外交關係之權，但中央政府不得締結與宣言條款相違反之國際協定。二、有管理海關郵政鹽稅之權，並或可有管理印花稅及煙酒稅行政之權；關於此類稅款之純收入，中央政府與東三省政府間如何公平分配，常由顧問顧會議規定之。三、有依照宣言所規定之程序，任命東三省行政首長之權，至少初步應當如此。至出缺時當以同樣方法補充，或以東三省某種選擧制度行之；此則應由顧問會議合意議定，並未列入宣言之內，四、有對於東三省行政長官頒發某種必要訓令，以保證履行中國中央政府締結關於東三省自治政府管轄下各項之國際協定之權。五、顧問會議所合議議定之其他權限。……………

（5）關係日方利益之中日條約。此項條約既須提及東三省方面之日本利益，及熱河方面之日本一部分利益，自必首要涉及日僑之某種經濟利益及鐵路問題。此項條約之目的應爲：一、東三省經濟上之開發，日本得自由參加，但不得因此而取得經濟上政治上管理該地之權，二、日本在熱河現在享有權利，予以維持。三、居住及租地之權，推及於東三省全境；同時對於領事裁判權之原則，酌予變更。四、關於鐵路之使用，訂一協定，使以往之競爭制度，歸於消滅。

（6）中日和解公斷不侵犯及互助條約，此項和解條約應設一和解委員會，其職務當爲協助中日兩方解決兩政府隨時發生之困難。並設一公斷庭，以具有法律經驗及明瞭遠東情形者組織之。凡中日兩國間關於宣言或新條約的解釋上之爭執，以及和解條約中所列舉之其他爭執，均應歸諸公斷庭辦理。此外：一、締結雙方應同意滿洲應逐漸成為一無軍備區域，締約國之一方或第三者，如對無軍備區域有任何侵犯，即成為一種侵略行為，其他一方——或遇第三者攻擊時，則締約雙方——有採取其所認為適當之任何辦法，以防備無軍備區域之權。二、倘蘇俄政府願意參加此種條約之不侵犯及互助部分，則此項相當之條款，可另行列一種三方協定。

（7）中日商約。商約自應以造成可以鼓勵中日兩國盡量交易貨物，而同時並可保護他國現有條約權利之情形為目的。在此項條約內，並應在中國政府擔任在其權力之內，採取一切方法，以禁止並遏抑有組織之抵制日貨運動，但不妨害中國之買主權利。

三、各方對調查團報告書的意見

甲、中國方面的意見。當時西南當局持反對的意見，謂該報告書對於日本侵略中國之事實觀察，非不明晰；而竟為此委曲遷就之建議，不敢作公正之主張；吾人於此，益見所謂國聯所謂公約者，實無依賴之言。東北問題實有憑我民族力量，乃可以自決；中國領土之完整主權之獨立，亦只有憑我民族之力量，乃可以維持。今惟有下堅決之意志，本犧牲之精神，以為繼續之抵抗，而求失地之恢復。此外，當時發表意見人士甚多，現舉三人意見為例：一、胡適表示報告書不失為公允，所提解決中日爭端之十餘條原則，亦甚贊同；惟反對顧問會議之建議，因此為偏袒日人所造成局勢之錯誤。至東三省設立特別行政區，此項計劃，未足嚴拒。二、王正廷表示：（1）報告書認定九一八事變日方之軍隊行動不能視為合法自衛之辦法，此點責任分明，調查團尚能主持公道。（2）認定所謂滿洲國之成立，非根據東三省人民之意思，全係日本軍隊及文武官吏以武力所造成，此點亦頗為公道。三、顏惠慶表示：觀此報告書，可知日本有意以兵力攫取東三省，純用陰謀，而不顧及條約義務，國聯權威、及世界輿論。報告書中偏重既成事實之研究，而以三大公約所載之原則為次要，殊為遺憾。

乙、日本方面的意見。日本政府對行政院提交意見書，不贊同李頓報告書之事實根據，力加批駁。一、報告書充滿偏見，不僅不完全，抑且不充分。二、滿洲在歷史上與中國本土分立，不能看做中國原有領土。三、九一八事變被看做日本之計劃行為，日本絕不能承認。四、以滿洲國獨立為日本之策動，日本不能贊成此種見解，主張是三千萬滿人之民意。五、中國不能看做有組織之獨立國家。六、排斥日貨責任在中國政府，不在日本之侵略政策。七、中國既非有組織之國家，當然不能主張領土完整之主權。八、滿洲共同管理，斷不能實行；解決問題，要在整理中國內政，國聯應協助此事。

丙、美國方面的意見。美國方面對此報告書，因其贊助美國不承認以武力而得土地之政策，表示滿意；認此報告書意議，可作中日直接談判之計劃，對於解決滿洲問題，供給一濶大而令人滿意之工作基礎；其將俄國在滿洲利益一併敘入一層，更多認為目光遠大。但欲令其中建議見諸實施，尙多困難；因料日本必將反對建議中許多條目，尤其對於不駐兵之議。又關於廢除滿洲國，代以名義上服從南京之新政府，亦料日本未必能允。美國若干人士意見，以為欲使日本贊同李頓建議書之唯一希望，厥在其應付滿洲義軍勇軍之辣手而已。

丁、英國方面的意見。英國保守黨對日本持妥協態度，報告書之精神，係勸告雙方互相調解，故保守黨頗爲滿意。自由黨希望李頓報告書，對日本能出以威嚇態度，故認報告書過於溫和。英國輿論中甚至有認爲報告書偏向中國者，每日郵報說：「該報告書中之反日，雖不若前傳之盛，但確有偏向中國之色彩。惟該報告中，對於最重要之事實，卽苟非一九〇四年日本對俄國之犧牲作戰，東三省久已成爲俄國領土一事，並未注意及之。該報主張外長西門不可贊助任何促成日本退出國聯之行動；因日本之退出，將引起各種糾紛；日本之在東三省，實與英國之在印度埃及相同云。」

惟泰晤士報持論公正而深刻，謂「李頓報告書其大體已受大不列顛、日內瓦及有關係各國除日本外之良好的容納。其審查復雜之國際問題，公認其爲聰明坦白而誠懇。日本責報告書偏袒中國之言，實不能須臾容忍。近今發生之任何事變，亦不能搖動報告書所根據之原則。報告書眞正之價値，第一爲暴露爭持土地內之狀況，其次爲合於實際之諸條陳。日本將來必有一日覺悟，征服三千萬與其祖宗種族毗連而居之敵對民衆，實非有利之事業；而侵略的日本，今亦未見其有所得也。國聯會員宜勿深究以往，而當聚精會神以求公允之解決，至於所樹之原則，則決不能再有遷就。」

戊、我們現在的意見。一、報告書觀察的事實，大體上是正確的。李頓調查團所述：中國是有組織的國家，滿洲是中國的領土，滿洲國是日本以武力造成的，今天事後觀察，不能不說報告書的公正。二、報告書的建議，是維持東三省的門戶開放，這當然爲美國贊成，英國歡迎，而爲日本所反對的。中國在向國聯申訴時，已聲明服從國聯的決定，政府當然不便表示反對的意見。三、平心而論，調查團的建議，是當時環境的產物；因爲當時中國不阻止日本的侵略。美國除宣布不承認主義外，並沒有實力干涉的表示。英國在保守黨執政之下，對日本採取姑息政策，而國際聯盟又僅虛有其名，自然不能威嚇日本退讓。所以美國若干人士之意見，「以為欲使日本贊成建議書之唯一希望，厥在其應付滿洲義勇軍之辣手」，問題的根本解決，還是要靠中國人的本身。四、報告書的建議，還是要由中日兩國交涉，由此可知當時國人反對直接交涉的失策。一個國家對付敵國，不外「戰」「和」「拖」三途。能戰則戰，不能戰又不願和，只有用拖延政策，不能戰又不能拖，則只有和之一途。假使當事變發生時，備戰言和，與日本政黨內閣交涉，同時利用國聯道義的力量以壓迫日本，所得的結果，或不會比報告書建議的更壞。但我們先誤於張學良的不抵抗，次誤於信賴沒有實力的國聯，既不能戰，又不願和，結果拖來拖去，愈拖愈壞。日本民政黨倒臺之後，中日和平已趨黯淡，犬養毅被刺之後，中日和平更屬絕望。在日本軍閥橫行之下，對報告書的建議自然不會接受。

第七節　國聯大會通過報告書

一九三二年十二月六日至九日的國聯大會，討論李頓調查團報告書，中國代表顏惠慶首先發言，日本代表松岡繼續起發言後，由各國代表發表意見。各小國的意見，都主張正義，他們確認為日本的行為違反國聯盟約，非戰公約和國聯決議；滿洲國是日本違背條約所生的結果，不應承認；盟約對全體會員應一致的適用，決不能因所謂特殊情形而異；和解不能離開盟約的原則；該報告書的考慮和建議，可作調解的基礎。但英法意三國代表的意見，有坦白的態度。英國代表西門（John Simom）發言，主張改進滿洲的現狀，國聯對於中日事件之處理，應如實行家的注意實際，本友誼的精神，實際上求和平的解決。西門所謂實際的解決，暗示不顧盟約和其他國家條約的解決。法國代表彭古（Paul Boncouy）意國代表亞內西（P. Aloisi）先後發言，都着重實際問題的解決；亞內西甚至說：「大會的集議，並不爲創設學院的原理，而是爲求得基於實際的解決」。討論的結果，決議將李頓調查團報告書交十九國特別委員會研究，提出建議提案，再交大會討論。

一、特委員會擬定大會報告書草案

大會休會後，特委員會根據大會十二月九日決議，起草大會決議草案和說明書一件，預作中日和解的基礎，送交中日雙方，徵詢意見。決議草案是根據調查團報告書的意見，協助中日兩國談判調解，並以爲美俄兩國能加入談判，最爲合宜。說明書是對決議草案加以申釋，於最後一段特別提明報告書的兩個原則：不能恢復九一八前原狀，亦不能維持和承認滿洲國，十二月十五日草案和說明送達中日雙方後，日本態度蠻橫，特委會幾次對日讓步，結果毫無效果，特委會已覺調解絕望，把已擬就的報告書提交大會。

大會報告書草案全文共分四部。第一部說明遠東事變的事實和報告書的要旨，採用調查團報告書的首八章，總提各部內容的概要。第二部敘述國聯對中日爭端處理的經過。第三部說明中日爭端的事實，係根據調查團報告書的觀點叙述。第四部叙述各種建議，共分三節。第四部最重要，分述於次：

第一節提出建議所根據的原則和條件：（一）遵守國聯盟約和九國公約的規定；（二）依照一九三二年三月十一日大會決議案第一二兩節；（三）遵照李頓報告書所規定的十項原則。

第二節提出建議：（一）因爲滿洲主權屬於中國，所以有兩建議：（１）爲求符合解決的合法原則，日軍應行撤退，今後會商的第一步目的，爲解決撤兵的方法步驟和期限。（２）爲顧及滿洲的特殊情形，日本的特殊權益，應予保障；滿洲應在中國統屬之下，成立一種廣義的自治政府。（二）建議爭持的雙方根據調查團提出的十項原則，以求糾紛的解決。（三）因爲會商實行上述的建議，所以建議：「請當事雙方各向秘書長通知，是否以對方接受爲唯一的條件，而接受大會的建議。」並建議雙方的談判，必由大會組織一委員會輔助之。該委員的組織，由大會邀請若干會員國各派委員一人，美俄兩國如願參加，亦請各派委員一人。

第三節解說以上的建議，不是爲恢復九一八以前的原狀，亦不維持和承認滿洲現有制度。並聲明國聯會員國於通過本報告書之後，決定制止任何行動，足以妨礙或延宕建議的實行；尤其對於滿洲的現行制度，無論在法律上事實上繼續不予承認。對於滿洲之時局，決定不採取任何單獨的行爲，並繼續取一致的動作。

二、大會通過報告書後日本退出國聯

一九三三年二月十四日國聯大會，討論特委員會提出大會報告書，中國代表顏惠慶聲稱：中國無條件接受該報告書。日本代表松岡宣言：日本不接受該報告書，並請各代表不予通過。主席把議案付表決，結果，到會會員四十四國，除日本一票反對，暹邏一票棄權外，其餘四十二票一致贊成。主席即依據盟約宣布該報告書已正式通過，並宣讀盟約第十五條第六節，聲明凡遵守報告書建議者，各盟國不能向該國採取敵對行動；在三個月內，根據盟約第十條，無論如何不能有戰爭行爲，希望中日雙方接受和解建議，切勿再有行動，致使糾紛延長。

大會報告書通過後，日本在外交上完全失敗。日本代表團當時憤然退席，日本政府決定實行退出國聯，正式退盟通於三月二十七日電達國聯。秘書長即日電復接悉，並於復電中引述盟約第一條第三節全文：「會員以兩年的預告，得退出國聯，但迄退出時，其一切國際上和盟約上之義務，必須履行」。

本章參考書

（一）陳紹賢著：中日問題之研究第十章。
（二）李執中著：日本外交第十四章。
（三）W. W. Willoughbg 著薛素衡等譯：中日糾紛與國聯第一編各章。
（四）Stimson: The Far Eastern Crisis, Recollections and Observations (1936)
（五）國聯調查團報告書。
（六）重光葵著：日本之動亂第一章。
（七）張其昀著：中華民國史綱（三）第廿六章。

第十二章　抗戰前我國對日的抵抗和交涉

第一節　日軍侵入長城與塘沽協定

一、僞滿洲國的成立

九一八事變以後，我遼寧省政府暫設於錦州，吉林省政府暫設於賓縣，黑龍江省政府暫設於海倫縣。二十一年一月錦州失陷，二月賓縣失陷，六月海倫失陷。日軍佔領一地之後，即將該地行政機關改組，日本發表佈告，其內容儼如第一次世界大戰中德國佔領比利時之所爲

日軍既佔我東北，爲敷衍國際耳目計，於二十年十一月由土肥原勾通漢奸，自天津英租界挾清廢帝溥儀東去。二十一年一月十六日，復嗾使漢奸鄭孝胥、臧士毅、金梁、熙洽、張景惠等，在瀋陽舉行所謂「滿洲善後會議」。二月十九日又召開所謂「東北行政委員會」，決議解散各地維持會，籌備組織僞滿州國。三月九日僞滿州國成立於長春，以溥儀爲元首，鄭孝胥爲內閣總理，定年號爲「大同」，一切設施均由日人主持。二十一年八月日本政府任命武籐信義爲駐滿全權大使，武籐信義係以關東廳長官的名義，管轄南滿鐵道公司，同時兼行外交代表及駐軍總司令職權；侵佔東北的日軍，已改稱爲駐屯軍。九月十五日，

「日滿議定書」簽字，日本認此項條約的締結，爲對滿洲國的正式承認。同時由僞滿洲國出面，聲稱此後滿洲國對中國完全以外國待遇。在李頓調查團提出報告以前，日本已在中國東北構成一種事實上的狀態。

在日本侵佔錦州以後，美國國務卿史汀生已宣布不承認主義。李頓調查團報告書證實日軍在東北行動，軼出自衞範圍，滿洲國的樹立，非出人民公意。日本於九月十五日正式承認僞國，十六日日本代表正式在國聯行政院宣布，我代表即向國聯特別大會議長提出抗議，請其速採適當手段，保持大會決議的尊嚴。我政府外交部於同日向日本提出抗議，並向九國公約簽字國分致照會，請各採取適當而有效之方法，應付目前之局面。

二十二年二月廿四日國聯大會通過關於解決滿洲問題的報告書，我國代表表示無條件接受，日本代表則宣告不能接受，並憤然退席，報告書建議部份遂無從實行。三月二十七日日本復正式請求退盟，表示決絕。國聯處理中日糾紛，至此遂成僵局。日本退出國聯後，一意孤行，對中國侵略益爲猛烈。

二、日軍侵佔熱河後侵入長城

日軍於二十一年一月二日佔領錦州後，我東北軍隊退入關內，北寧鐵路通車僅至山海關。是時東北義勇軍四處崛起，日軍屢受鉅創，無力積極內犯，山海關苟安狀態，得延長一年之時日。日軍挫折我義勇軍後，已無後顧之憂，開始發動對我次一步侵略。二十二年元月一日夜十時，日軍向我山海關駐軍提出條件四項，限即時容覆。二日即以重炮協同陸空軍對山海關猛烈攻擊。我駐軍血戰三日，傷亡過半，山海關陷落。此長城第一要塞陷入敵手，關外義勇軍與關內我軍的聯絡，遂被截斷。

敵軍既得山海關，決定進攻熱河，先由僞滿州國發表攻熱聲明。二月二十三日敵軍三路並進，攻取熱河，北路攻開魯，中路攻北票朝陽，南路攻凌原凌南。駐防東北軍不戰而退，各地相繼失守。熱河省主席湯玉麟於三月三日竟扣留軍用汽車，滿載私產逃遁，軍心渙散，敵軍遂於三月四日進入承德、熱河全省隨之淪陷。

敵軍佔領承德後，繼續向我長城各口進攻，時中央軍已北上增援，遂發生長城戰役，敵軍遭受淞滬戰役後的第一次打擊。喜峰口之役，宋哲元軍浴血抗戰，奪回失地頗多。古北口之役，黃杰軍屢挫強敵，犧牲壯烈。冷口之役，商震軍驅敵至三十里外。自三月十日起，至五月中旬止，我軍與日軍大小數十戰，我軍雖傷亡三萬人，日軍亦傷亡七千餘人。敵軍見正面無法取勝，乃改變作戰計劃，由山海關進攻灤東，動搖我軍後方，長城各口我軍因後援斷絕，不能不向北平撤退，日軍遂逼進北平天津。

三、塘沽停戰協定

五月中旬，中央命黃郛主持華北政務，另派熊斌爲代表與日方代表進行交涉，此時我方尚無長期作戰的準備，日本亦因長城戰役遭遇堅強抵抗，均利於暫時的停戰。五月三十一日雙方遂在塘沽簽訂停戰協定五條，原文如下：

一、中國軍即撤退至延慶、昌平、高麗營、順義、通州、香河、寶坻、林亭口、寧河、蘆臺所連之線以西以南之地區。爾後不越該線前進，又不行一切挑戰擾亂之行爲。

二、日本軍爲確悉第一項實行之情形，隨時用飛機或其他方法以行視察。中國方面，對之應加保護，並日、日本軍如確悉第一項所示規定，中國軍業已遵完時，即不再超越該線追擊，且自動概歸還於長城之線。

與以各種便利。

四、長城線以南，及第一項所示之線以北及以東區域內之治安維持，以中國警察機關任之。

五、本協定蓋印之後，發生效力。

塘沽停戰協定公布後，行政院院長汪精衞發出通電，說明經過，先言日軍器械之精良，中國抗日官兵之犧牲，以及人民之橫遭屠戮；次言：

「五月二十二日與二十三日等，日本軍隊逼近平津，該處居民稠密，外人雜處，對於此種殘暴行動，一夕數驚，流亡載道，切盼有緩和辦法，以期免於災難。政府除一面激勵將士，繼續努力，盡力抵禦外，一面對於休戰運動，確立最低限度；倘無害於中國之領土主權，及關於世界和平之各種公約，容許為局部之休戰。現在河北停戰談判，已由前方軍事代表簽訂。核其文字，隱痛實深，惟僅屬軍事，不涉政治，於政府向來所持根本方案，不生影響。當此存亡危急之際，政府唯有益自淬勵，督率軍民，根據已定方針，在外交國防為種種努力，以期得正義之解決。」

觀停戰協定原文，確僅屬軍事，不涉政治。中國此時既不能得國聯或任何國的積極援助，對日軍的侵略又不能有效之抵抗，停戰協定之簽訂，實屬兩害相權取其輕。中國雖簽訂停戰協定，在外交上仍不斷努力，以期得正義之解決。二十二年九月國聯舉行第十四屆大會，我國代表顧維鈞對此問題有長篇之演說。顧代表宣言：二月二十四日大會決議案，確認日本不僅違反國聯盟約，且違反非戰公約及華盛頓九國公約，復云：

「國會大會通過上項報告後，日本之參謀本部為表示其對國聯之頑強，且蔑棄盟約第十二第十五兩條日本所應負之義務，爰進而攻佔熱河。且將侵略之行動，遠擴至長城以南，以威脅平津之安全；前者原係中國之古都，後者亦華北之巨埠也。中國政府萃其全力，奮勇抗拒，顧以彼武器優良，多年準備，處心積慮，力事征伐之日本軍隊相遇，遂終覺僅恃自力，無以制止其侵入。血戰五旬，傷亡三萬，五月三十一日，卒不得不忍痛簽訂塘沽協定。此後日本軍隊雖逐漸自平津附近撤退，遼、吉、熱、黑四省，至今仍在日軍佔領之中，而顯與盟約第十條之規定相抵觸。中國政府認為該四省之情勢，對於世人依賴以維持安全軍縮及和平之各條約，實為顯著之違犯。中國政府業已決定堅持其權利與要求，對於此項非法之既成事實，決不承認，決不同意。試項既成事實，要不過於中國物質上能力或國聯其餘會員國政治上能力，不能維護條約尊嚴之時，暫聽任其存在而已。」

由我國行政院之通電，和顧維鈞之演講，可知日本雖侵佔東北四省，逼簽塘沽停戰協定，仍不能使中國表示屈服。（註一）

第二節　日本排斥各國援華

一、日本狂妄的天羽聲明

日本退出國聯，逼簽塘沽協定後，更不顧一切，企圖獨霸亞洲，由民國二十三年四月十七日外務省正式發言人天羽發表的聲明，和四月二十二日日本駐美大使齋藤接見記者的談話，可以證明日本當時的狂妄。

甲、天羽的荒謬聲明。日本外務省正式發言人天羽，於二十三年四月十七日所發的公開聲明說：

「因對華關係之特殊地位，日本對於中國事件之意見與態度，或有與各國不能一致者。惟日本必當盡其力之所能，履行其使命，並完成其在東亞之特殊使命。日本之被迫退出國聯，實因日本對於保持東亞和平基本原則之見解，與國聯意見相左，有以致之。日本對於中國態度有與外國未能一致者；然此種參差，係由於日本之地位與使命，固屬無可避免者。……

因此，吾人反對中國利用他國勢力排斥日本之任何企圖，並反對中國以夷制夷之任何行動。列強之任何聯合行動，縱令其名目上爲技術的與財政的援助；然於此滿洲事件與上海事件後之特殊時期，必然的具有政治上之重要意味。此類性質之舉動，如任令助長，必致引起混亂之情勢，以致促使如瓜分中國等類問題之討論。此不僅爲對中國具有可能的最大不幸，即對於日本及東亞，亦有嚴重的影響。

日本在原則上必須反對此類舉動，惟各國各別與中國自財政上或商業上進行交涉，如此項談判有益於中國，並不危害東亞之和平，日本亦認爲無對此實行干涉之必要。但供給中國軍用飛機，在中國建築飛機場，派遣軍事教練員與軍事顧問至中國，及供給政治借款等事，結局顯然離間日本與中國及其他各國間之友好關係，且足以擾亂東亞和平與秩序，日本定必反對此類計劃。

日本上述之態度，觀日本過去所採之政策，即可明瞭。但日本因聞列強正在各種藉詞下，積極策動在華共同行動之說，故認爲日本於此時重行申明政策，實無不合。」

天羽聲明雖不是日本政府的正式聲明，然其實效上可認爲日本的正式聲明。當聲明發表時，日本政府會將此項聲明，訓示其駐外使節，並謂此項宣言不過是日本政策之重申與說明。所以五天之後，有日本駐美大使齋籐接見記者的談話。

乙、齋籐對記者的談話。四月二十二日日本駐美大使齋籐接見華盛頓星報記者時，發表談話，無異將天羽聲明作更露骨的表示。他說：

「日本政府較世界任何他國能了解中國。中國目前之紛亂情況，乃爲一種直接對日本之威脅。職是之故，日本爲熱烈希望其鄰國領土內和平與秩序之重行建立，故決定阻止西方各國以借款給予中國之許多領袖，以致增加其野心，而使現在之困難，愈益加重。

日本之所要求者，乃中國政府與外國商人訂立任何重要契約時，須於事前商之日本耳。如外國商人忽略此種要求，則中國政府應負忽視吾國警告之責任。一切新近購買之飛機，乃中國意欲以最後對付日本者，故日本不能容忍此類情事。……日本必須單獨行動，並單獨決定何者有益於中國。合法之商業不致爲東京政府所干涉。但任何對華援助，日本認爲足以助長中國之內亂，或準備對日作戰者，日本必須予以制止。」

日本此項聲明，明白指明中國已不復具有主權國的權利，甚至不能依照自己的意志，以處理與他國的商業和財政事項；其他國家須於事前商之日本，無權決定關於此等事項與中國應具之關係。日本此時對於華府海軍比例條約，堅持廢除五、五、三的比例，在一九三四年十月倫敦海軍預備會議時，日本正式提出軍備平等之要求，會議未獲結果。是年十二月二十九日日本外務省命令日本駐英美法意各國大使，向各該國政府通告日本廢棄華府海軍條約；至此，維持太平洋和平十三年之華府海軍條約，爲日本一手撕毀。

二、中國對於日本聲明的反應

天羽聲明發表後，我國外交部於四月十九日在南京發表聲明如下：

「中國深信國際和平之維持，端賴世界各國之羣策羣力，國際間茍欲維持長期之和平，尤須促進互相諒解之誠摯精神，與剷除可成爭端之根本原因，世界無一國家得在任何地方，主張有獨負維持國際和平之責任。

中國旣係國聯會員國之一，對於提倡國際合作，促成國際和平與安全，認爲其應有之義務。中國於努力達到此項目的之際，從無欲中傷任何他國之意，更無擾亂東亞和平之念。中國因實行上項目的，而與他國發生之關係，一如任何獨立主權之國家間應有之關係。中國尤須說明者：中國與他國之合作，不論其爲借款或技術援助，常限於不屬政治之事項。至購買軍用品如軍用飛機等，及雇用軍事教練官或專家，亦僅爲國防上之必要，大都爲維持本國之秩序與安寧。他國對中國茍無野心，則對於中國力謀建設及安全之政策，殊不必有所顧慮也。

至中日間現有之情勢，有不能不鄭重申述者：則兩國間猶如任何國家間，眞正與永久之和平，總須建築於善意與互相諒解之基礎之上。倘現有不幸之事態，可予糾正，中日間之關係，可令改善，而顧及兩國間之共同願望，則上述和平基礎之設立，事半而功倍矣。

中國外交部聲明，措詞和婉。巴黎中國使館於四月二十日發表聲明，對天羽聲明則作顯明的駁斥，原文如次：

「東京對華政策之宣言，露日本在亞洲大陸，尤其在中國之傳統的侵略與膨脹政策，其情形較前益形明顯。此項聲明，更足以證明其抱有不顧中國主權，排斥他國利益，而統治並獨佔東亞巨大資源與無限希望之中國貿易市場之慾望。此項政策，乃直接背反東亞和平與秩序之增進，中國人民自覺其獨立與主權國之權利與義務，對於日本領袖亞洲之主義，認為毫無根據，不能承諾；且深知列強亦決不致於被迫接受之也。中國政府與訓令駐東京中國公使向日本提出此事，並要求予以解釋。

近三十年來，遠東之和平未受擾亂，唯日本之大陸政策，如田中奏摺中所敘述者，始為眞正之擾亂因素，證之過去許多事件，與最近一九三一年九月之突然襲擊瀋陽，一九三二年之炮轟上海，及其後之佔據全滿與熱河等事實，可以知之。遠東和平之最確實保障，不在列強放棄其與中國之友誼及有益合作，而在日本放棄其對亞洲之帝國主義政策，並能嚴格尊重其條約上之約束耳。」（註二）

三、日本廢棄華府海軍條約

天羽聲明發表後，日本駐美大使齋籐根據外務省之訓令，發表談話時，曾謂：「日本雖不欲干涉在華之合法商務，但願意各國之欲與中國締結商業契約者，能於事前與日本商議。各國如未能於事前商之日本，則日本認為一種非友誼之行為」。日本此種口氣，直以中國的太上政府自居。日本此時雖不敢推翻九國公約，但在半年後即通告美英法意四國，宣告日本廢棄華府海軍條約，日本欲以武力實行所謂亞洲門羅主義，獨佔亞洲一切權益，已甚明顯。重光葵敍述日本廢棄華府海軍條約的影響說：

「外務當局默察世界大勢，仍主張維持華府會議舊體制；但無力的岡田，終不敵海軍強硬派的壓迫，於一九三四年十二月倫敦會議開幕前夕，宣佈廢除華府海軍議定書。雖然日本仍派代表出席，但這僅是一個形式，會議之無結果，已為一般人所預料。果然日本於會議中途，因與英美意見無法調和，而宣告退出了。日本前次為了東北問題退出國聯，此番又破棄海軍縮已成立的約束，決意與英美展開擴軍競賽。日本在世界中，無論在軍事上與政治上全面陷於孤立，孤立產生不安，不安產生焦燥，全國國民疑神疑鬼，以為大戰即將來臨，惶惶不可終日。軍部便利用這個心理，從事全面擴軍。

倫敦會議的脫退，於對華府策上，也產生了不良影響。陸軍方面認為軍縮協議的廢棄，即是意味着自從華府會議以來，遠東新體制的結束，因此九國公約等等，不再顧慮，在中國可以自由行動了。」（註三）

民國二十三年天羽聲明就是日本想獨霸東亞的試探，排斥各國援華，使中國不能建立國防。天羽聲明發表，美英法三國即向日本質問，可知各國是不允許日本獨霸東亞，建立所謂亞洲門羅主義的。但日本還不覺悟，竟於同年十二月宣布廢棄華府海軍條約，欲以武力威脅英美退讓，強欲實現其不可能的野心。日本對於中國的觀察，又完全錯誤；他輕視中國，以為中國軍隊沒有國家觀念和民族意識，不能和外國打仗，對中國逐步進逼，毫不放鬆。結果，中國被逼而應戰，中國在日本侵略下，不能建立國防，但日本利於速戰速決，中國只要堅決的步步為營，長期抗戰，必可使日本師勞無功，遭遇最後的失敗。七七事變後中國抗戰，就是實行長期抵抗的策略，獲得了最後的勝利。（註四）

第三節　蔣總統試探日本態度

孫中山先生主張中日合作，認為「日本與中國之關係，實為存亡安危兩相關聯者，……必使兩國能相調和，中國始蒙其福，兩國亦賴其安。」（註四）但在民國十六年後，田中奏摺決定積極侵略中國政策，中日邦交日趨惡化。到了二十三年，日本發表天羽聲明，企圖獨霸東亞，日軍在華北更狼奔豕突，為所欲為，中日邦交益趨惡劣。蔣總統於二十三年秋，於中日局勢更趨危急之時，極思設法打開僵局，乃在病榻分章口述，由陳布雷筆錄，向中日兩國朝野作最後之忠告，期其警覺，以免同歸於盡之浩劫。惟以當時政治關係，蔣總統不能署名發表，陳布雷名義亦不便發表，乃託徐道隣於二十四年春印行。茲將重要內容節錄於次：

（一）中日間的僵局。兩國公私各方對於中日問題的見解，真能從國家終極的利害上打算，不為感情或意氣所驅使，或一時錯誤所蒙蔽的，實在太少。……為打開中日兩國徬徨的僵局，免使愈走愈趨絕路，也為確奠東亞和平，消弭世界戰機起見，對於中日問題，實在有作一番忠實的檢討，無避忌無隱諱的下一番坦白的批判之必要。

（二）中國方面之錯誤與失計。失却時機的錯誤。……九一八事變既起，彼時中國輿情昂奮異常，但也有一部分人燭及危機，主張相機及早解決。例如胡適之先生等即有不惜依據日本所提五項原則，毅然直接交涉的主張。當局終於遲迴審顧，堅持不撤兵不交涉之原則，致使日本緩和派不能抬頭，軍人氣勢日張，問題愈陷僵化。就是瀋陽陷落尚未侵入關內的時候，也還有使日本止於錦州，以徐圖轉換局勢的可能。可惜步步錯誤，……當時中國自政府以至人民，總以為國聯盟約具在，日本為聯盟之一，如其悍然不顧，聯盟必能依照約章，實施經濟的制裁。同時又以爲英美或其他國家，如友誼的斡旋無效，亦必能保障盟約尊嚴，或保障世界和平，起而作有力之干涉。不知英美諸國方各有本身之困難，蘇俄亦埋頭作外交內政之準備，顯然不能有積極的行動。世界經濟凋弊之秋，各國益惴惴和平破裂，日本愈無顧忌。其後英美之干涉固然不見事實，而國聯除幾次決議以外無表示，除所謂道義同情以外，亦更無力量，當時這種判斷的錯誤，三年後的今日，也已說明。

（三）日本對中國認識之錯誤。……對中國歷史時代認識的錯誤。日本人自命能通中國的歷史，以爲漢族爲主的中國，在六百餘年前可以亡於蒙古人，在三百餘年前可以亡於滿州人，何嘗不可於今日亡於日本人之統治，此又爲一種觀察之錯誤。……日本人不應該只看見宋明亡國的情形，而不看見元末清末中國民族再起時的情形；不應只看見宋朝的秦檜張邦昌，而不見岳武穆與文文山；不應只見明末的洪承疇吳三桂，而不見史可法鄭成功，到了近二十年民國時代，日本一般後起的中國通，更不應只看見袁世凱等帝制自私的軍閥行逕，而忽視了孫中山先生等革命救國的犧牲精神。要知道這種精神和正氣，向來瀰漫於中國民族之間，更加以近代民族主義的灌輸，使這種精神更有所寄託，而爲更大的發揮。所以觀察中國民族，決不能以少數無恥軍閥官僚作代表，而以爲一概可以威脅利誘的。……

（4）對當代人物認識的錯誤。……即以日本外交時報等刊物屢次對於蔣氏的論評爲例，在日本人的評論中，常以與中國過去人物如李鴻章袁世凱等相提並論，這眞是擬於不倫。……袁李兩氏是帝制時代或科舉時代出身的，蔣氏自幼年時代，即已參加革命組織，以後三十年間，在人生可型性最豐富的期間，始終不會離開革命的事業，其教育其思想可以說一手由孫中山先生所陶鑄，其生涯始終沒有脫過革命環境。

……吾人觀察蔣氏對日本用兵，自上海長城戰役，以至最後密雲之抗戰，可以說是濟南事件以來之一貫精神。這至少可以表示革命軍力量所在之地，不能無代價的放棄。日本欲以垂手而得瀋陽的先例，應用到全國，到底爲不可能。……

（五）中國所應認識及應取之途徑。打開中日僵局的主動，當然在日本，但假定日本誠意表示時，中國方面應當怎樣。我以爲中國所應認識者，虛驕不是辦法，拖延不是辦法，僵化不是辦法，期望或依賴他人不是辦法，爲感情而犧牲理智也不是辦法。過去的事就誤於虛驕，所以今後舉國上下應認淸事實，自已將來應有自信，自已的弱點不可忽視。再則國家民族的生命是千年萬年的，一時的榮辱得失，只要不碍及根本，在歷史上也是常見的。所以只要日本有誠意謀解決，中國只須要求放棄土地侵略，歸還東北四省，其他方式，不必拘束，過去懸案，應以誠意謀互利的解決，一掃國交上的障礙。人民應洞明大義，不作苛求；當局應忍辱負重，揭示忠誠。至於期望國際間發生波瀾，以爲中國可乘此以求收獲，則須知日本戰勝非中國之福，日本戰敗以至滅亡，也非中國及東亞之福。

（六）日本所應認識及應取的途徑。日本所應首先語識者，第一應有獨立的中國，始有東亞人的東亞可言。……第二應知時代變遷，明治當年的政策，不復適用。爲澈底更新中日關係，應拋棄武力而注重文化的合作，應捨棄土地侵略而代以互利的經濟提携，應唾棄政治控制的企圖，而以道義與感情與中國相結合。第三應知過去中日關係的緊張，中國方面有十分之四的責任，日本方面至少也應有十分之六的責任。而九一八事變以來，日本爲貫澈主張，更由中日間緊張關係，而造成與國際間的緊張關係。此種原因，實由日本對遼遠而未實現的企圖太樂觀，而對於切近可能的解決，又太悲觀之故。吾人相信國際間動盪的風云，實起於中日問題，而中日問題的解決，只須日本一念的轉移。日本如眞能覺悟長此僵化以共趨危亡之非計，……斷然歸還東北四省，使歸屬於中國的版圖，一面解決中日兩國間的懸案。這種交涉，當然應由日本率先提議，但無妨由兩國直接談判。定議以後，即由中國報告國聯，以消除因退出聯盟而引起諸般困難問題的存在。

（七）結論。……我以為日人應知前路荆棘，皆由日本所自造，及此囘頭，坦途立現于俄頃。中國古語說：解鈴即須繫鈴人，所以打開難關的責任，畢竟還須日本來承當。總而言之，中日兩國在歷史上，地理上，民族的關係上，無論那一方面說起來，其關係應在唇齒輔車以上，實在是生則俱生，死則俱死，共存共亡的民族。究竟是相互為敵，以同歸於絕滅呢？還是恢復友好，以共負時代的使命呢？這就要看兩國，尤其日本國民與當局有沒有直認事實，懸崖勒馬的勇氣，以廓清障蔽，謀及久遠的和平。（註五）

敵乎？友乎？一文，於二十四年春發表於南京外交評論雜誌，發表以後，各報競相轉載，日本之報紙雜誌，亦紛紛譯載，傳誦一時。此文雖以徐道隣名義發表，但當時吾人已知係 蔣總統的授意，至少可代表 蔣總統對於中日問題解決的態度。此時中國已願意與日本直接交涉，對日本要求的唯一條件，就是「歸還東北四省，使歸屬於中國的版圖」，至中日兩國間的懸案，均可開誠商議。這正是日本懸崖勒馬的機會；但當時日本軍閥狂妄的行動，已到了不可理諭的程度，日本政府在軍閥刼持之下，竟錯過這個機會，中日糾紛更益演益烈。

第四節　日本策動華北獨立與所謂何梅協定

一、所謂河北事件

塘沽停戰協定以後，中國事實上放棄武力收復東北的企圖，但日本軍閥仍不滿足，時時挑起事端。二十四年五月，日人藉口天津日租界新聞社長被暗殺事件，及孫永勤匪部在遵化附近搗亂事件，五月二十九日日本駐屯軍參謀長酒井等訪問我國駐北平軍分會何代委員長應欽，口頭申述謂孫永勤匪部在遵化附近搗亂時，中國官憲有援助之嫌，因責我破壞塘沽停戰協定。又謂天津日租界震報社社長白逾桓，國權社社長胡恩溥（均係親日份子）被暗殺事件，與中國官廳不無關係，因又責我有排日舉動。並謂若中國官方不加以注意解散，日方將取自衞行動。

駐津日軍提出要求後，何代委員長電京報告，中央於三十一日一度會商，電何主持應付。六月四日酒井等至居仁堂訪何，由何親自延見，當對酒井等口頭表示，關於天津胡白兩社長暗殺事件，以發生於租界，我政府無法知其詳情；但因租界毗連天津市，已令河北省政府轉令天津市政府協同緝兇。至孫永勤匪部問題，當其竄擾敦化遷安附近時，軍分會即令省政府警團，協同圍剿，業已將其消滅。至謂曾受遵化縣接濟一層，已令河北省政府轉飭嚴查，如果查有實據，自當照律嚴處。最後何氏並謂中日親善提携，為我中央既定之根本方針，個人自當遵守此方針努力進行。何氏並於六月八日下令，嚴令平津各機關取締有害邦交之秘密團體。

六月九日晨日武官磯谷訪問何氏，傳達日本軍部提出要求。同日酒井對日本電通社記者談話云：「此次晤談，乃明確告以關於澈底解決河北問題之日方態度，要求華方三日答復。」此即含有最後通牒的作用。日方提出之要求如下：一、罷免河北省政府主席于學忠，河北省政府遷移保定；二、中央軍第二十五師及第二師撤出河北；三、天津市長張延諤公安局長李俊襄即行更換，憲兵第三團團長蔣孝先，及北平軍分會政訓處長曾擴情予以免職；四、河北省市黨部停止活動，北平軍分會政訓處取消，並解散各抗日團體；五、親日新聞社長之暗殺人犯逮捕嚴罰，及被害者之損失賠償；六、取締排日書籍。

二、所謂何梅協定

何氏接獲日方要求後，即電中央請示。十日何氏得行政院長汪精衛復電，下午五時日武官高橋進謁何氏，聽取我方答復，何氏將中央意旨轉答，以書面形式全部承認日軍要求條件。但日方猶不滿意，強欲何氏簽定書面協定，何氏斷然拒絕，十三日即離平赴京。

查國際法通則，類此形式協定，不得逕謂爲條約或協定，其性質僅爲地方性的「約定」，約定事項實現後，即無拘束能力。但此後日方每藉口何應欽梅津協定，動輒越出常態，如任意派飛機往返平津，甚至飛往內地等。茲將日武官磯谷送梅津致何氏覺書照錄如下：

（一）中國方面對於日本軍曾經承認實行之事項如左：

（1）于學忠張延諤之罷免。（2）蔣孝先、丁昌、曾擴情、何一飛之罷免。（3）憲兵第三團撤去。（4）軍分會政治訓練處及北平軍事雜誌社之解散。（5）所謂藍衣社復興社等有害於中日兩國國交之秘密機關之取締，幷不容許其存在。（6）河北省內一切黨部之撤退，勵志社北平分社之撤廢。（7）第五十一軍撤退河北省外。（8）第二第二十五師撤退河北省外，第二十五師學生訓練班之解散。（9

）中國內一般排外排日之禁止。

（二）關於以上諸項之實行，並承認左記附帶事項：

（1）與日方約定之事項，完全須在約定之期限內實行，凡有使中日關係不良之人員及機關，勿使從新進入。（2）任命省市等職員時，希望容納日本方面之希望選用，不使成為中日關係不良之人物。（3）關於約定事項之實施，日本方面採取監視及糾察之手段。

以上為備忘起見，特此筆記送達，此致

何應欽閣下　昭和六年六月九日華北駐屯軍司令官梅津美治郎。

三、偽冀東自治政府

日人發動所謂河北事件後，中央軍隊南調，地方官員調動，冀察形勢，益見惡劣，地方交涉迭起，應付更為艱難。最可注目的是關東軍方面策動的華北自治運動。二十四年九月二十日，日本駐津司令官多田駿少將招待日記者聚餐時，分發一小册，題為「日本對華之基礎觀念」，主旨在分裂華北，及暗示所謂自治運動。十一月上旬，日方在華要人，羣集天津，土肥原、竹下，及松井大將等均蒞會。土肥原於集會後，即奔走濟南平津之間，威脅利誘促使地方獨立。十一月十二日遂有韓復渠宋哲元通電，要求公布憲法，開放政權；一時華北獨立之聲，甚囂塵上。中央於韓宋通電後，派參謀次長熊斌北上，宣達中央意旨，綏撫地方官吏，於是原定於十一月廿一日宣佈之冀察魯三省獨立運動，化為泡影。日方見大勢已去，乃在冀東一隅，先行發動。十一月廿四日原任薊密行政督察專員殷汝耕，甘為日人傀儡，以戰區促進會名義發表宣言，次日即有所謂冀東防共自治委員會的成立。

冀東偽組織設於北平附近之通縣，純在日人指使及卵翼下成立。最高行政機關聘有日本顧問，為該組織之實際統治者；各縣設日籍顧問，負各縣統治實權；資源產業表面上由日人投資，實際上任由日人掠取。偽組織自成立以來，殷逆憑恃外援，截留稅收，並扣留北寧路唐榆段收入。日人對華大量走私，即以冀東為策源地。

殷逆汝耕宣言獨立後，國民政府於十一月廿六日晚即予免職查辦，以遏亂萌，原文如下：

「近年以來，國家多難，憂患頻仍，所恃全國人心一致團結，含辛茹苦，共濟艱難；凡屬血氣之倫，無不深明此意。河北為形勝之區，關係尤重，各界人士均能堅忍自持，力謀支柱，風聲所樹，動繫安危，矧在公務人員，職有專屬，更宜如何激發天良，竭志效忠，共圖捍衛。乃查有河北省薊密區行政督察專員殷汝耕，於二十五日妄自宣言，組織冀東防共自治委員會，自為委員長，勾結奸徒，企圖叛亂，於國家危難之中，為乘機擾亂之舉，喪以病狂自絕人類，一至於此。該逆殷汝耕着由行政院令飭河北省政府，迅予免職，嚴行緝拿，依法懲辦。所有灤榆薊密兩行政督察專員，着即撤消其一切職務，由河北省政府直接處理，迅遏亂明，以固羣志，此令。」

國民政府對殷逆免職查辦，同日行政院議決：(一)撤消北平軍事委員會分會。(二)特派何應欽為駐平辦事長官。(三)特派宋哲元為冀察綏靖主任。十一月三十日何應欽北上，與宋哲元等商議安定華北辦法。何氏抵平後，與宋哲元秦德純等詳細磋商，決定成立冀察政務委員會，處理河北省察哈爾省天津市北平市政務，設委員十七人至二十人，由中央指定宋哲元為委員會委員長。日人策動華北獨立的陰謀，終於遭受失敗。

重光葵日本的動亂敍述所謂何梅協定前後的華北情形說：

當時華北駐屯軍的司令官是梅津，參謀長酒井，駐華大使館武高高橋旦大佐，遙在北平策應，再加上土肥原到處活動。這四個人配搭在一氣，將華北局面又鬧得動盪起來。其中態度最積極的是酒井。……中國方面鑒於日本軍人對華北的策動，顯然要裝造第二個滿州國，不得不策劃應付，因此派兵北上增強兵力。國民黨得力黨員，也紛紛進入華北，展開對抗的形勢。自此華北風雲日緊，中日兩軍隨時有直接衝突的可能。

酒井參謀長向梅津司令官建議，擬向當時駐在北平的何應欽上將，用懇談方式，口頭建議撤出國民革命軍，及宣傳排日的國民黨組織，藉以緩和事態，當時得梅津的口頭許可。時梅津因事赴東北，酒井在梅津不在期間，訪問何將軍，提出請國軍撤離河北的要求，何將軍同意了。這便是一九三五年六月何應欽梅津協定的骨幹，實予中國政府與何將軍以難堪。尤其酒井向何將軍交涉時，態度很壞，也不是梅津所指示的口頭懇談方式。戰後酒井被中國方面逮捕，明正典刑。

中國政府在華北勢力，逐步後退，日本所希望的政權，先後成立。一個是以宋哲元為中心，和日本軍部及土肥原機構有聯絡的政權，名曰冀察政務委員會，其範圍自河北省的平津以迄察哈爾。一個是以殷汝耕為首的冀東反共自治政府，於一九三五年十一月成立，以去北平約十哩的通州為其首府，介在滿洲國與東部河北省之間，成了從東北進入關內的走私機構，藏垢納污為世所詬病。」（註七）

宋哲元在華北的政權，是日本人希望建立的；但中國民族思想已極普遍，宋哲元等還是不願為日本傀儡，仍然聽從中央的命令。七七事變發動後，宋哲元部奮起與日軍抗戰，燃起了中日八年血戰。日本人妄認中國人都是張邦昌吳三桂，實是極大的錯誤。

第五節　廣田三原則與中日交涉的擱淺

廣田於一九三三年九月繼任內田爲日本外相後，改變內田的焦土外交政策，講求改善對美俄中三國的關係。二十四年五月互換大使，十月二十八日廣田向我國駐日大使提出對華三原則，與我國進行交涉，但我國的目的在收回東北四省主權，日本則要求中國承認僞滿洲國，交涉未得結果。

一、中日互換大使

中日使節升格問題，肇於民國十七年，是年日本議會曾將駐華大使館預算通過。民國二十年中日兩國復擬將使館升格，繼以九一八事變，此事又告停頓。廣田繼任外相後，企圖轉變中日惡劣的外交形勢，積極促使兩國使節升格問題實現。五月七日廣田提出閣議通過，並向我政府徵求同意，我政府答復應允，遂於五月十七日正午十二時南京東京同時發表中日使節升格爲大使。我國以駐日公使蔣作賓遞升爲駐日首任大使，日本亦升有田爲駐華首任大使。中日使節正式升格，我外交部發言人同日發表談話於次：

「此次中日使節升中格，爲兩國邦交好轉之明顯表示。中日使節升格問題自十七年起，已開始談判，惟中間因種種波折，迄未實現。此次雙方以最短促之時間與最簡單之手續，將彼此所派使節同時升格，使多年懸案得圓滿之解決，實堪欣幸。同時以日外相廣田之努力及誠意，使中日邦交之增進，以互相尊重爲原則，而此次使節升格卽爲互相尊重之最明顯表示。嗣後中日兩國之一切問題，均可依據此種精神，以期達到互利目的而解決之。此不僅爲兩大國之光榮，實爲全世界之福利。故今日實爲中日邦交上最有意義之一日。又新大使有田民，過去對於中日邦交卓著勞績，此次榮膺新命，吾人深表歡迎。

中日互換大使時，蔣總統「敵乎？友乎？」一文業已發表。英美法日四國中，首先與中國互換大使的又是日本，中日外交似有好轉希望。但日本政府已不能支配日本軍人，中日互換大使未及一月，梅津酒井等軍人已在華北蠢動，企圖排除國民政府在華北的力量，實現華北五省的自治運動。

二、廣田對華三原則

民國二十四年春，我國駐日公使蔣作賓會向日本政府轉達 蔣總統意旨，略謂：「中國之容忍亦有其限度，迫至最後無法容忍之時，中國終將不惜一切犧牲，起而抗戰。設若中日戰事延長，勢將擴大發展而爲世界戰爭。倘世界大戰發生，中日兩國必將同歸於盡。」是年夏，蔣大使返國後，又携中日和平提案赴日商談，卒因日本軍部之反對而擱置；因軍部必欲我國承認僞滿洲國，而中國斷無承認之可能。

二十四年十月廿八日，日本外相廣田與我國大使蔣作賓會晤。廣田提出對華新政策，卽所謂廣田三原則，請蔣氏返國轉達我國政府討論；因蔣大使將回國，出席十一月一日開幕之國民黨五次全國代表大會。廣田三原則之內容如次：

（一）中國政府須積極實行鞏固中日友誼關係之計劃。

(二)中國承認滿洲國實現中日滿在華北之合作

(三)中日滿共同防止共黨在中國之蔓延。

三、中國政府對廣田三原則的態度

二十四年十一月十九日，蔣總統在五全大會作對外關係之報告：建議大會授權政府，在不違背「和平未到絕望時期，決不放棄和平，犧牲未至最後關頭，亦決不輕言犧牲。」的原則下，應有進退伸縮之權。此項建議，經全場一致通過。蔣總統向中央建議的意義，於二十五年七月十三日在國民黨二中全會演講禦侮之限度，加以說明說：「中央對外交所抱的最低限度，就是保持領土主權的完整。任何國家要來侵擾我們領土主權，我們絕對不能容忍。我們絕對不訂立任何侵害我們領土主權的協定，並絕對不能容忍任何侵害我們領土主權的事實。再明白些說，假如有人強迫我們簽訂承認偽國等損害領土主權的時候，就是我們不能容忍的時候，就是我們最後犧牲的時候」中國是絕對不承認偽滿洲國的，而廣田三原則的大前提，是要中國承認偽滿洲國，所以中日的交涉自熱沒有結果。

四、中日外交調整的擱淺

廣田對華三原則發表後不久，張群繼任中國外交部長，以調整中日邦交為主要工作。民國二十五年二月日本發生「二二六」事變，外相廣田升任首相，駐華大使有田調任外相，川越繼任駐華大使。是時日本軍人叛變成功，日本的態度益爲強硬。在二十五年八月以前，中日兩國尙未正式談判。張外長二十五年五月二十四日演講「中日邦交」說：

「中國之於鄰國，願以最大之努力，輯睦邦交，乃勢所必然。而中日兩國間，以同種族同文化之關係，亟應互相提携，共謀發展，更不待言。乃自九一八以還，歷史上罕見之國際風雲，紛至沓來，致兩國國民間之感情，漸形疏遠。……自日本廣田前外務大臣於六十八屆議會創導對鄰國不侵略不威脅主義，年餘以來，雖其實施改善之計劃，未見十分明確，實際上亦未收若何成效；而其維持和平之苦衷與努力，一般人士深爲了解。目前廣田大臣升任首相，駐華有田大使調任外相，日本對外政策似未有根本變更。最近有田外相在第六十九屆議會揭櫫之策略，乃欲確保東亞之安定，以貢獻於世界之和平；由國際信義之確立，以增進人類之福祉。此不獨爲日本帝國之國策，亦爲我東亞人民共同之願望。中日兩國處於今日之情勢，若不速謀國交之澈底調查，不獲爲兩國本身之不利，卽東亞和平亦將受其影響。故本人受任外交部長以來，卽具有充分決心，主張由外交途徑調整中日關係。日本對此主張，似具有同樣決心，惜乎調整之方法與調整之問題，兩方迄未進行具體討論。……」

八月二十四日成都事件發生（成都市民反對日本強自設領，毆斃日本新聞記者二人），日本堅持須由中國外長張群與日本駐華大使川越作決定性的交涉，日本當局正欲藉反日事件向中國提出新的要求，包括對於華北五省自主的承認。日本當局初以爲中國將因此而屈服，但張外長態度堅強，提出許多對案，要求日本廢止塘沽協定，撤退其駐東北及察哈爾的軍隊，取消冀東僞政權，並停止對於走私的協助，反使川越大使處於防守的地位。張外長與川越的長期會議，經過了整個秋天，最後的結果還是一個僵局。張氏在「

中日關係與美國」一文說：「二十四年奉令入長外交，是時日本軍隊已在華北自由行動，中日關係極度惡化。我仍本着一貫國策，與日本有田大使與川越大使直接談判，希望解決懸案，調整關係。不幸是時日本軍部份子，操持對華國策，談判失敗」。二十五年十二月我外交部發言人發表中日兩國邦交的談話，說明交涉經過說：

「……張部長就任後，本年三月中旬即與日現任外務大臣前駐中國大使有田迭次會談，懇切說明調整中日邦交之必要，而其最正當之辦法，應自東北問題談起，庶中國領土之完整得以恢復。彼時有田大使認為東北問題之解決，尚非時機。張部長遂主張第一步至少限度，亦須先行設法消滅妨礙冀察內蒙行政完整之狀態；雖經一再討論，終以日方未準備作澈底之調整，未見效果。

近年來中國人民感情，雖因種種事實日益激奮，中國政府為保持兩國之和平，以期待發現正當的外交解決之途徑，故力為誥誡取締，幸得人民之了解，相安無事。不意八月間成都事件突然發生，中國政府當局即表示準備依照國際慣例予以解決之意。日方則於開始談判之時，提出若干問題，要求先解決其中一部分。中國固願隨時進行國交之調整，惟不欲徒有調整之名，而不能收調整之實，以恐轉貽糾紛，更增困難。

日方既提出若干問題要求解決，我國外交當局始終以誠懇坦白精神，與之討論，並對於各問題逐一說明中國立場。中國所處立場始終以平等互惠，互尊領土主權完整之原則為其出發點。同時我方依據此同樣原則，在最小而可能之範圍內，亦曾提出若干事項要求合理之解決，而日方看法未盡同。討論中之各項問題未得結果，殊為可惜。……」

當時日本提出若干問題要求解決，我國亦提出若干事項要求合理解決，外交部發言人談話中，未見具體說明。據吾人所知，當時日本所提問題共有六項：（1）在中國北方五省創立一緩衝區，實行五省自治；（2）中日共同防共；（3）減低中國關稅，中日兩國交通合作。（4）國民政府應盡量聘用日本顧問。（5）日本得在長江各重要口岸及潮汕海南島等地，享有駐兵權；（6）開除主張抗日最力之中央委員六人。我國提出解決事項則爲：（1）廢除塘沽停戰協定；（2）撤退駐東北及察哈爾的日軍；（3）取消冀東僞組織；（4）停止對於走私的協定。

日本要求擴大長城以南的勢力範圍，中國則不僅不承認，且要求日本撤退其在僞滿洲國的軍隊，雙方條件無法在外交上妥協；因中國在　蔣總統領導下，已有堅決抵抗日本侵略的決心，在外交上自不願再讓步。日本在軍人支配橫行之下，輕視中國，硬想用武力解決中國問題，中日兩國的悲劇遂無法避免。（註八）

（註一）參閱：1章羅貝：中日糾紛與國聯第一編號二十章。2吳頌臯：十年來之中國外交。3張其昀：中華民國史綱（三）第二十六章。4李守孔：中國最近四十年史第十一章第八節。

（註二）本節（一）（二）二段參閱章羅貝前書第二編第二十八章。

（註三）重光葵：日本之動亂第二章。

（註四）中國存亡問題第九章。

（註五）蔣總統言論彙編卷四。

（註六）（1）吳頌臯前文。（2）外交大辭典：河北事件，何梅協定，冀東問題，冀察政務委員會各條。

（註七）重光葵前書第二章。

（註八）（三）參閱：1 蔣總統言論彙編卷第十二。2 董顯光：蔣總統傳（二）第十七章。3 李守孔前書第十一章第十節。4 張其昀前書（三）二七六——二八〇頁。5 張群：中日關係與美國。

第十三章　九一八以後的中俄、日俄關係

第一節　蘇俄的兩面外交

一、九一八後蘇俄宣稱嚴守中立

九一八事變後，日本駐俄大使廣田每隔幾天便和李維諾夫、加拉罕等會談一次。廣田爲消除蘇俄的恐懼起見，發表一篇明確的聲明說：日本的軍事行動將限於南滿，決不侵入中東鐵路範圍。蘇俄得到日本這項保證後，決定在中日衝突中採取中立政策。蘇俄報紙沒有攻擊日本這一侵略行動，並且暗示說：眞正的罪犯是日本以外的其他國家。共產國際的官方出版物明白的說：「遠東危機後面隱藏有英美的敵對態度」。共產國際更發表一篇宣言說：「法國帝國主義已爲日本的佔領祝福，……國際聯盟籌劃瓜分中國，美國帝國主義堅要分得一杯羹。……」蘇俄的這些指摘，是毫無根據的，不過藉此反對西方國家，並緩和對日關係的政策。

日本很滿意蘇俄的中立態度，民國二十年（一九三一）十月廿八日，日本廣田大使告訴蘇俄外交部說：「我們之間並沒有發生足以影響兩國關係的任何事實，這應該認爲一大幸事。」但日本並沒有誠意信守

對李維諾夫的諾言，不侵入蘇俄的勢力範圍。十一月起，日軍已侵入北滿；日本恐怕日軍進入北滿時，俄軍可能進入北滿；於是日本外交部便向莫斯科送出一封照會，對蘇俄提出若干指責。照會中說：蘇俄正援助在北滿抗日的馬占山將軍，最後並指出一點措辭鋒利的威脅說；如果俄軍進入中東鐵路區，日本將不得不保護其本國僑民，並保護洮安、齊齊哈爾間的鐵路。第二天莫斯科便回復一封令日本安心的復文。加拉罕告訴廣田說：蘇俄不僅沒有協助馬占山將軍，而且大體來說，根本無意干涉滿洲事件。民國二十年十二月三十一日李維諾夫向日本提出締結互不侵犯條約的建議，但日本足有一年左右沒有答復蘇俄的建議，等到二十一年十二月提出答復時，也是一種拒絕的形式。

二、蘇俄對日本讓步

二十一年三月九日偽滿洲國宣告成立，三月二十一日在蘇俄同意之下，偽滿洲國的新國旗就在哈爾濱中東鐵路局懸掛起來。日本又得蘇俄的同意，可以利用中東路運兵。二十一年四月二十日國聯決定派李頓調查團到滿洲去時，國聯秘書長德魯蒙（Sir Eric Drummond）邀請美俄兩國參加調查工作，美國答應參加，蘇俄則順從日本的意願，拒絕參加。李頓調查團工作結束時，向有關國家的政府提出報告，在建議中提及蘇俄說：「滿洲問題的任何解決辦法，如果忽視蘇俄的重要利益，必定冒未來破壞和平的危險，決不會持久。……如果蘇俄希望參加這一條約的互不侵犯和互助部份，可將適當的條款納入另外的三國協定中。」蘇俄消息報主筆拉達克（Karl Radek）著文批評這項建議，是「有意轉移陣線應付蘇俄」，是「暗中企圖離開日俄兩國」，是「一面使日本對抗蘇俄，但亦不憚故意留一線出路，企圖引蘇俄加入反日陣線。」二十二年二月間，德魯蒙再度邀請蘇俄參加國聯關於滿洲問題的常設委員會，李維諾夫又拒絕了，他的理由是「蘇俄政府已採取嚴守中立的方針。」

日本政府雖贊成蘇俄的中立政策，但日本軍人並不服從政府的指示，常採取行動，造成既成事實。所謂關東軍自從侵佔滿洲後，二十一年開始後不久，便有人提出立即進攻俄屬遠東的計劃，這不僅見諸秘密文書，而且見諸公開演說，主張對蘇俄作戰。二十一年三月四日消息報發表一篇文章，第一次說到「日本人的挑釁」，其中引用了日方要求對俄作戰，並佔領貝加爾湖以東的西北利亞全境的文件。蘇俄爲預防日本的突擊，增加其在沿海省的兵力，並秘密的成立一個遠東臨時政府，一俟日人切斷俄屬遠東與莫斯科間的聯繫時，可以開始活動。但蘇俄雖作軍事準備，對日本妥協政策並沒有放棄，二十一年九月雙方成立一項協定，規定蘇俄於五年內交付日本相當數量的汽油；同年八月蘇俄又和日本訂立新漁業協定，對日本表示讓步。

三、向日本表示和平，對中國鼓勵抵抗

二十一年十二月十二日中俄恢復邦交，李維諾夫曉得將引起東京的不滿，所以立即安慰日本說：「和一國改善關係，並不足使對另一國的關係惡化」；他說蘇俄並沒有和中國訂立任何秘密協定，事實上只是兩國交換使節而已。中俄兩國自十六年十二月後，國交業已破裂，中俄五年間的衝突，雖因日本的侵略而緩和，中俄恢復邦交，事實上確無其他商議。二十二年一月我國新任駐俄大使顏惠慶，自日內瓦啓程赴俄履任時，特向新聞記者發表談話，指出「中俄兩國邦交，在經濟方面，自然日益發展；但除此之外，別無

他種政治合作之可言」。但蘇俄却把握這個機會，大肆宣傳「中俄友誼」。蘇俄新任駐華大使鮑格莫洛夫於二十二年四月二十三日到達上海時，對新聞記者强調稱：「本人此來，唯一任務，在於促進中俄交好關係，並當努力求其實現」。五月二日蘇俄大使呈遞到任國書，强調中俄友誼時；李維諾夫即在莫斯科約晤日本大使廣田，正式提議讓售中東鐵路與日本卵翼下的僞滿洲國；並謂蘇俄雖加入國際聯盟，不受國聯通過的「不承認滿洲國」決議的約束。

蘇俄此時提出「和平與抵抗」兩個口號。由共產國際出面，主張「抵抗日本的侵略」，鼓勵中國的抗日運動，攻擊我國政府與日本締結塘沽停戰協定，並在不能抵抗時有妥協的傾向。同時攻擊西方國家的姑息日本，而且沒有阻遏日本侵略的浪潮；並且譏笑國際聯盟的無用，籲請全球人民參加抗日戰爭。但在蘇俄本身則主張和平，儘量對日本讓步，甚至表示退出北滿，使日本攻擊的箭頭，不至指向蘇俄，鼓勵日本對中國放手的侵略。蘇俄這種兩面外交，是在愚弄日本；而蠻橫的日本軍閥，竟中蘇俄的詭計。所以達林在蘇聯與遠東一書說：「抵抗與和平兩種見解的同時提出，似乎有點矛盾；實際上，這個口號只是同一政策的兩面；這一政策就是讓其他國家抵抗，盡量削弱日本的力量，使他無法進攻蘇俄；蘇俄則向日本讓步以保持和平。兩種方法都爲了同一目的，便是使蘇俄不致失敗於日本之手。」

第二節　蘇俄擅自出售中東鐵路

蘇俄爲對日本表示讓步，避免與日本武力衝突，擅自將中俄共有的中東鐵路，出售與日本卵翼下的僞滿洲國。

一、二十二年六月蘇俄與僞滿開始談判

日本强佔滿洲的工作於民國二十一年完成，可是中東鐵路在僞滿洲國中，仍是一個外國的機構。自二十二年開始，滿洲各地和日本便謠傳中東鐵路將被清理，日本與僞滿方面有人主張像四年前中國的行動那樣，强行接收中東鐵路；也有人主張以購買方式，作一種商業性的轉移。二十二年四月，日本停止滿洲與西北利亞的鐵路運輸；五月又將鐵路東端的出口封閉。日本總領事與蘇俄鐵路局長交換照會時，威脅說：「如果俄軍開入滿洲，日本將予保衞」。但蘇俄決定不接受挑釁，五月二日李維諾夫便向日本駐俄大使提出下列建議：(1)由日本或僞滿收購蘇俄在中東鐵路百分之五十的產權；(2)價款分期繳付；(3)蘇俄在事實上承認僞滿洲國。五月底日本接受蘇俄的建議，主張由蘇俄與僞滿兩國政府進行談判，日本以僞滿盟國的地位參加。六月廿六日蘇俄與僞滿開始在東京談判。

五月二日蘇俄向日本表示出售中東路，八日，我政府即電令顏惠慶大使向俄政府提出抗議。九日，我外交部發表正式聲明，大意謂：「對於中東鐵路非得中國政府同意，任何方面無權處分該路；中國因迫於武力暫時不能在東三省行使職權，絕對不能影響其對於中東鐵路的法定權利。」但蘇俄對於我國抗議書，採取拖延政策，遲至日本通知俄國，決定由僞滿洲國收買中東路後，方於六月十九日答復我國說：「中國權利不及於東三省，今日之與滿洲國談判買賣中東路，與昔日之與張作霖簽訂奉俄協定情形相同。」

二、二十四年三月成立出售協議

蘇俄與偽滿在東京開始談判，蘇俄第一次要求鐵路股權的售價，是二億五千萬金盧布，當時等於六億五千萬日元，偽滿的還價是五千萬日元。因售價的相差太遠，在東京開了五次會議，都毫無結果，談判因之中斷。在談判中斷四個月後，蘇俄知道用拖延政策，不能避免與日本的衝突，又建議恢復談判。二十三年二月廿六日會議中，蘇俄代表表示讓價，要求二億日元的售價，另須付給公司人員的退職金，總數為三千萬日元。四月間，偽滿出價到一億日元，包括退職金在內。最後在九月廿一日，雙方商定鐵路價款一億四千萬日元，另加三千萬的退職金。二十四年三月廿三日，關於中東路買賣問題才成立完全協議，由雙方簽字，規定鐵路上蘇俄的部份產權作價一億四千萬日元，再加上退職金三千萬日元，由偽滿負責支付。價款方面，三分之一分三年以現金支付，其餘的以財物計算。簽字時，偽滿以二千三百五十萬日元的支票，交給蘇俄代表團，蘇俄鐵路局長遂把中東路移交偽滿所派的繼任者。從此，蘇俄的勢力完全退出滿洲；而沒有一國承認的偽滿洲國，已由蘇俄首先予以事實上的承認。

蘇俄與偽滿在東京簽訂中東路讓渡協定後，我外交部發表聲明，重申我國對蘇俄歷次抗議的立場，並宣稱中國在中東鐵路的一切權益，絕不因此種非法買賣而受絲毫影響。（註一）

第三節　蘇俄轉向蒙古新疆侵略

一、民國二十五年的俄蒙互助協定

蘇俄為避免與日本衝突，退出北滿。但在蘇俄一面高倡對日抵抗，一面主張和平之時，竟轉向我國外蒙和新疆侵略。

民國六年俄國革命後，外蒙取消自治，重回中國。民國十年七月俄軍進入庫倫，卵翼所謂外蒙人民革命黨，成立「蒙古人民革命政府」。十一月發表「俄蒙條約」，由俄蒙雙方互相承認為合法政府，另外還訂有商約礦約。當時北京政府曾聲明外蒙行動為不法，決定由張作霖前往討伐，但張氏始終未有行動。民國十二年一月孫中山越飛聯合宣言，由越飛聲明蘇俄決無亦從無意思與目的，在外蒙古實施帝國主義之政策，或使其與中國分立。十三年五月中俄協定成立，蘇俄承認外蒙為完全中華民國之一部分，及尊重在該領土內中國之主權；並承認撤退在外蒙所有俄軍。蘇俄表面上承認中國在外蒙的主權，事實上則慫恿外蒙獨立；十三年七月外蒙竟召開國民大會，公布憲法，改稱「蒙古人民共和國」；外蒙所謂人民革命黨，公然加入共產國際。十五年蘇俄通知中國，說業已撤兵，但中國的政治權力，已不能在外蒙行使。

二十四年蘇俄在日本壓迫之下，退出北滿；日本此時企圖侵入外蒙，由偽滿洲國向外蒙政府交涉；准偽滿派一代表團至庫倫。日本這一要求，遭外蒙堅決的拒絕。二十五年春，蘇俄召外蒙傀儡赴莫斯科，商討外蒙防務，成立移密協議。二十五年三月十二日，公然與外蒙正式簽訂互助協定，規定蘇俄軍隊得隨時駐防外蒙，實行攻守同盟，其協定對象泛指第三國，並未提及宗主權的中國，蘇俄儼然以外蒙為其保護國。

四月二日蘇俄駐華大使以俄蒙互助協定面交我國外交部，我政府即提出嚴重抗議，指出依照中俄協定第五條，外蒙係中國之一部，任何國家自不能與之締結任何條約或協定。現「蘇俄政府不顧其對中國政府所爲之諾言，而擅與外蒙簽訂上述協定，顯係侵害中國主權，違犯中俄協定，中國政府斷難承認，並不受其拘束。」四月九日俄國答復：竟謂對於中國政府抗議不能認爲有根據；並強辯：議定書內容條款均無絲毫損害中國主權之處，蘇俄之簽訂俄蒙互助議定書，對一九二四年在北京簽定之中俄協定，並無損害，且仍保持其效力；並再三強辯這一行動是援奉俄協定的先例。四月十一日我政府再向俄大使提出抗議：對於蘇俄政府重行確認外蒙爲完全中華民國之一部分，及尊重該領土內之中國主權，表示業經閱悉；惟對俄蒙訂約之解釋，中國認爲「並無充分理由，所引奉俄協定，尤不能作爲先例；因奉俄協定原爲俄國違犯國際慣例之不合法行爲，業經中國政府糾正。」

中國此時對蘇俄一再抗議，但因日本侵略日亟，無力取消違法的俄蒙協定。此時蘇俄尚承認中國對外蒙之主權，但十年之後，根據雅爾達密約，中國被逼承認外蒙的獨立，外蒙事實上變爲蘇俄的屬國。

二、蘇俄侵入新疆

甲、民國十九年，新疆發生內亂。一八七一年俄軍進佔伊犂，一八七六年左宗棠平定新疆內亂，一八八一年曾紀澤與俄國改訂伊犂條約，一八八四年中國改建新疆爲行省。

民國十三年中俄締結協定，邦交恢復，蘇俄一面在中國指使共黨，作奪取政權的企圖，一面又進行侵佔新疆的活動。十五年十二月三日蘇俄正式通過建造土西鐵路，達林在蘇聯與遠東一書說：

一九二六年蘇聯政府決定建築一條鐵路，這條鐵路似乎必將使整個中亞細亞的情況，發生革命的變化；正如二十五年前，西北利亞鐵路使遠東發生革命性的變化一樣。這條鐵路是從西北利亞通到土耳其斯坦，稱為土西鐵路；其起點是西北利亞鐵路支線上的森米巴拉丁斯克（Semipolatinsk），向南通到佛倫茲（Frunge），幾乎和中國邊界平行。其建築開始於一九二七年，完成於一九三〇年。建築這條鐵路的目的，有一部是經濟方面的；發展其附近各共和國的工業；可是也有一項極具政治性的目的；反抗英國的滲入新疆。……蘇俄築了幾條很好的公路，使土西鐵路和新疆西北部的伊犂區，南部的喀什噶爾取得聯絡，不久向新疆的前進便告開始。」

土西鐵路完成，蘇俄對新疆的交通便利，而新疆省與國內各地交通，仍然沒有改善；國民政府對於新疆省的監督支持，均感困難，遂予俄人操縱侵略的便利。民國十七年七月，新省主席楊增新於經過十七年太平無事的統治之後，突被部屬暗殺。民政廳長金樹仁繼起主政以後，新省局勢便起了變化。民國十九年六月，金樹仁採取改土歸流政策，引起了回民暴動的哈密事變，回民與漢人移民之間，發生鬬爭。叛變回民暴動失敗，便向甘肅酒泉的回民領袖馬仲英請援，馬氏便率部入新疆作戰，這事逐漸擴大，造成全省回教人反對漢人的大叛亂。

乙、金樹仁與蘇俄擅訂通商協定。金樹仁因叛亂範圍擴大，不得不走上向蘇俄求援的路途。民國二十年十月一日蘇俄逐乘機迫金樹仁簽訂「新蘇臨時通商協定」七條，並附件四號，係採用換文方式。協定內容：(1)新疆允許蘇俄國民享有在喀什噶爾、伊犂、塔城、阿山、廸化各區自由執行交易之權；(2)允許在上述各區內享有派遣代理人前往莎車、吐魯蕃、焉耆、和闐、阿克蘇與各地商民訂立買賣契約，及督促其履行之權；(3)允許蘇俄國民在上述各地享有自由往返通行之權，其納稅義務與中國商人平等。從此，俄人在新疆享有商業特權，逐漸控制全省商業。達林敍述此事的經過說：

> 新疆的叛亂是一種廣大的民衆運動，莫斯科似應和反抗政府的叛軍聯合一致。實際上莫斯科則同情金樹仁的請援，其理由不止一端。莫斯科因反對蔣介石之故，所以希望援助新疆的少數漢人，反抗當地的國民運動以及中央政府。這是取得這一廣大區域控制權最容易和最不花錢的辦法。……金樹仁和蘇俄於一九三一年十月三十一日締結一項秘密協定，金氏爲換取蘇俄的商品和軍需品起見，給予蘇俄公司以重要商務讓與權和特權。蘇俄政府答應派遣專家到新疆去，其中包括電氣、通訊、農村、經濟以及畜牧各方面的指導員。蘇俄對新疆的諾言中，包含有軍事支持金樹仁政府在內。
>
> 根據這一協定的條款，新疆與蘇俄的貿易，全部集中於蘇俄代表之手，其他國人民的活動都受限制，實際上成爲不可能。例如中德兩國合辦的歐亞航空公司，已開始經營一條由廸化到上海的航線；該公司於一九三二年經過幾度試飛成功之後，仍不得不停辦業務。有一個中國汽車運輸公司辦理新疆和內蒙間的運輸，可是其路線只能以新疆東部邊境的哈密爲限。整個新疆商業都在蘇俄控制之下。」

金樹仁於簽約後，知道他的行動是違法亂紀喪權辱國，既不敢呈報中央政府，又不在新省公布，以保守秘密。但俄人則於簽字後不久，即將其公開，並催促金氏公布。二十一年春金氏始通令全省知照。二十二年四月盛世才發動政變，驅走金樹仁，由盛氏取得新疆實際的政權。盛氏握權以後，曾遣使與馬仲英議和。國民政府於六月九日先後派遣宣慰使黃慕松外交部長羅文幹赴新省宣慰視察，曉諭盛馬停止戰爭，團結一致建設新疆，以免強隣侵略。但因盛氏疑心太大，一切調解工作均歸失敗，盛馬內戰又起。十月國民政府宣布「新蘇臨時通商協定」無效，並明令拿辦金樹仁。

丙、盛世才擅與蘇俄締結秘密協定。盛世才因馬仲英軍隊進逼廸化，竟向蘇俄求援，不惜以「在新疆施行共產主義」爲條件，換取蘇俄的迅速援助。二十二年十月二十三日盛世才派員與俄人接洽時，我駐俄大使顏惠慶曾向蘇俄政府抗議；二十三年六月十二日我外交部復照會蘇俄駐華大使聲明：「嗣後各機關無論以何項名義所締結之借款契約，凡未經國民政府核准者，一律無效。」中國政府雖屢次向蘇俄政府抗議，但蘇俄悍然不顧。二十二年十二月盛世才和蘇俄代表締結一項秘密協定，盛氏得到蘇俄的軍事援助，而以新疆的獨立爲代價。自二十三年以後，蘇俄卽完全控制盛世才，比較重要的事務，盛氏均無法自主，須通知蘇俄駐廸化總領事徵求同意；如俄領不能解決，則轉請莫斯科決定。但蘇俄表面上是否認控制盛氏的，達林敍述此事說：

日本曉得這一協定的詳情之後，外相廣田便以「新疆赤化的報告」告知議會。新疆省政府爲了辯明這一點起見（顯然是莫斯科所授意的），便電蔣介石，鄭重否認新疆受外國顧問控制。蔣氏的答復是抗議蘇俄在新疆的活動；他說：「中央政府最近頒布的法律規定，聘用外國部問和向外借款，須經中央當局核准。」至於擬議中向蘇俄借款協定一事，蔣氏的復電指出，新疆方面未向中央政府提過一個報告，請求考慮和核准。蘇俄向新疆的滲入，使中俄關係更增一層惡感。」

丁、德蘇戰爭發生，盛氏歸向中央。新疆在蘇俄控制之下三年後，中日戰爭發生，二十六年八月廿九日中國與蘇俄簽訂中蘇不侵犯條約，中國自無法向蘇俄提出要求，只有默認新疆的事態。民國三十年六月廿二日德蘇戰爭發生後，蘇俄自顧不暇，聲威降落，情勢一變。同時，盛世才對蘇俄的控制，漸感不耐，三十一年四月盛氏逮捕所有在新疆共黨黨員，取消「蘇新公司」，表示歸向中央，中央的大批官吏由重慶飛到新疆，新疆始重由中央統制。(註二)

第四節　蘇俄在中國策動抗日統一戰線

一、策動抗日統一戰線的陰謀

中國共匪的言論和行動，是完全聽命於莫斯科的。在民國十八年中俄兩國因中東路發生衝突時，共匪袒護蘇俄，不願中國收回中東路，寧願中東路入於蘇俄之手。九一八事變發生後，共匪仍繼續叛亂，企圖推翻國民政府。民國二十三年共匪在江西已將崩潰，十月共匪自江西突圍，向西北流竄，希望與俄國國土接近，可以隨時接受蘇俄的一切援助。二十四年夏共匪竄達陝西延安時，人數減至五千，已面臨消滅的危險。

二十四年七月至八月，共產國際第七屆大會在莫斯科開會，通過一項議決案，號召各國共黨，假借維護和平，反對法西斯及日本軍閥侵略的美名，爲保護他們的祖國蘇俄而鬭爭；並特別指示：中國共黨應策動「抗日統一戰線」。蘇俄所以有這一個策動的原因有二：第一，因日本是時反共的態度極明顯，蘇俄雖出賣中東路表示退讓，仍不能阻止日本的進攻。第二，因共匪逃至陝北後，已臨崩潰邊緣，藉此可分散及緩和國軍的攻擊，作保存實力及擴大實力的準備。共匪在蘇俄這一指示之下，遂分遣黨徒在國內活動，提出「停止國內一切戰爭」、「建立民族統一陣線」、「組織抗日聯軍」、「組織國防政府」等口號，以阻撓政府的剿共行動。

共匪的這些宣傳，影響了坐鎭西安的張學良，二十五年十二月十二日張學良竟有刦持最高統帥蔣委員長的事變，脅迫蔣委員長「組織抗日聯軍」。以不抵抗而使東北淪陷的張學良，竟與共匪勾結，而有此荒謬禍國的行動，殊堪痛恨。但蔣委員長不因被刦持而屈服，中央在居正、葉楚傖、何應欽等主持之下，毅然對張學良等下令討伐，中央二十萬大軍已向陝西包圍；此時全國輿論一致痛斥張學良，中央軍隊義憤塡膺，蔣委員長萬一發生危險，實不難將張學良及共匪澈底解決。此時日本報紙刊載西安事變，是張學良在蘇俄支持下成立獨立政權的開始；莫斯科消息報迅速反駁，妄謂這一事變是親日份子主謀。蘇俄知西安事變後果之嚴重，遂指使共匪表面上參加調停，欲藉此與中央達成協議，以繼續培植力量。十二月二十五日蔣委員長脫險飛返洛陽，次日返抵南京，全國人民聞訊熱烈慶祝，蔣委員長中國領袖的地位，反因西安事變獲得全國一致的公認。

二、共匪利用抗戰發展武力

二十六年初周匪恩來曾兩次來京，表示不再以武力作傾覆國民政府之行動，並表示盡力實行三民主義；要求中央停止剿共軍事，召集各黨各派商議救國方案。中央此時積極籌備抗日工作，因共匪表示改悔，遂停止對共匪之軍事行動。蘇俄卵翼共匪政策，遂得第一步的成功。

二十六年七七事變發生，中央堅決對日抗戰，共匪發表共赴國難宣言說：

「當此國難極端嚴重民族生命存亡絕續之時，我們爲挽救祖國的危亡，在和平統一團結禦侮的基礎上，已經獲得了中國國民黨的諒解，而決心共赴國難了。……因此，中共中央特再向全國宣告：一、中山先生之三民主義，爲中國今日之必需，本黨願爲其澈底的實現而奮鬪；二、取消一切推翻中國國民黨政權的暴動政策及赤化運動，停止以暴力沒收土地的政策；三、取消現在蘇維埃政府，實行民權政治，以期全國政權統一；四、取消紅軍名義及番號，改編爲國民革命軍，受國民政府軍事委員會之統轄，並待命出動，擔任抗戰前線的責任。……」

蔣總統爲共黨共赴國難宣言發表談話說：『此次中國共產黨發表之宣言，卽爲民族意識勝過一切之例證。宣言中所擧諸項，如放棄暴動政策與赤化運動，取消蘇區與紅軍，皆爲集中力量，救亡禦侮之必要條件；且均與本黨三中全會之宣言及決議案相合。而其宣稱願爲實現三民主義而奮鬪，更足證明中國今日只能有一個努力之方向。余以爲吾人革命，所爭者不在個人之意氣與私見，而在三民主義之實行。在存亡危急之秋，更不應計較過去之一切，而當使全國國民澈底更始，力謀團結，以共保國家之生命與生存。』中央對共匪的共赴國難，是毫不懷疑的；除同意共匪擴充一萬五千人外，每月付給六十萬元法幣的糧餉，並供給其武器。但共匪並不是眞正的與中央合作，而是借此擴大武力。共匪當時所訂的策略，是「七分發展，兩分敷衍，一分抗戰。」他以七分的力量來發展其武力，以兩分力量來敷衍中央，實際用於抗戰的力量僅有一分，藉以欺騙人民。這種狀態維持了兩年，共匪的實力已有相當的發展。

二十八年八月德蘇互不侵犯協定簽字，三星期之後，蘇日邊境的戰事也告終結。蘇俄在德蘇協定簽字後，使德國攻擊蘇俄的箭頭，轉向英法。同時蘇俄因中日戰爭已到難解難分的程度，又與日本妥協，坐視中日的苦鬭。蘇俄策動歐洲的戰爭，狡猾的作壁上觀，想坐收漁人之利。原來在中國對日抗戰之前，各方面盛傳中國對日作戰，莫斯科答應在三個月內參加戰爭。及抗戰軍興，所傳蘇俄參戰之說，又延長到六個月。最後才了解蘇俄眞正的態度，莫斯科是極力避免對日作戰的。蘇俄所以慫恿中國作戰，完全爲避免日本對蘇俄的衝突。及德蘇協定締結，蘇俄的眞正態度，遂完全暴露。共匪在蘇俄指揮之下，遂改變兩年來對中央敷衍的態度，二十八年六月共匪要求：「一黨專政應即結束」，立即成立中國聯合政府；共匪的槍口從此由對外轉而對內，在各地與抗日軍隊發生摩擦。

共匪不以實力抗日，專事擴大力量，已違反二十六年九月共匪的宣言，但中央爲顧全大體，二十九年七月中央與共匪成立協定，在前線和敵後劃定共匪作戰區域，以避免抗日軍隊與共匪的衝突。但共匪於抗戰三週年紀念日發表宣言，反誣陷國民黨摧殘共黨。二十九年十一月共匪在安徽的新四軍越出所劃定的防區，十一月中央命令新四軍撤回其防區，共匪不僅不遵行，反向中央提出抗議。三十年一月共匪與中央軍隊激戰，共匪新四軍長葉挺被俘，並受軍法審判。三十年四月蘇俄與日本締結中立協定。從此，共匪遂公開反抗中央，使中央軍隊不能以全力攻擊日軍。(註三)

第五節　中蘇不侵犯條約

二十四年七月蘇俄以第三國際名義，策動中國抗日統一戰線。在二十五年二十六年兩年間，中國抗日運動的宣傳，達到最高潮。西安事變後，盛傳中國只要抗戰三個月，蘇俄必參加作戰。二十六年八月廿一日，卽中國發動對日全面抗戰四十日後，中國外交部長王寵惠與蘇俄代表鮑格莫洛夫簽訂中蘇不侵犯條約四條，原文如下：

第一條　兩締約國重行鄭重聲明，兩方斥責以戰爭爲解決國際糾紛之方法，並否認在兩國相互關係間以戰爭爲施行國家政策之工具；並依照此項諾言，兩方約定不得單獨或聯合其他一國或多數國家，對於彼此爲任何侵略。

第二條　倘兩締約國之一方，受一國或數個第三國侵略時，彼締約國約定在衝突全部期間內，對於該第三國不得直接或間接予以任何協助，並不得爲任何行動或簽訂任何協定，致該侵略國得用以施行不利於受侵略之締約國。

第三條　本締約之條款，不得解釋爲對於在本條約生效以前，兩締約國已經簽訂之任何雙面或多邊條約，對於兩締約國所發生之權利義務，有何影響或變更。

第四條　本條約用英文繕成兩份。本條約於上列全權代表簽字之日發生效力，其有效期間爲五年。兩締約國之一方，在期滿前六個月，得向彼方通知廢止本條約之意思；倘雙方均未如期通知，本條約定爲第一次期滿後，自動延長二年；如於二年期間屆滿前六個月，雙方並不向對方通知廢止本條約之意，本條約應再延長二年。以後按此進行。

兩全權代表將本條約簽字蓋印以昭信守。

一九三七年八月廿一日訂於南京，王寵惠，鮑格莫洛夫。

中蘇不侵犯條約簽訂後，我外交部發言人發表談話說：

中蘇二國已於八月廿一日簽訂不侵犯條約。此舉不獨對於中蘇兩國間之和平多加一重保障，且爲太平洋各國以不侵犯之保證共謀安全之嚆矢。……此項條約之內容，極爲簡單，純係消極性質，卽以不侵略及不協助侵略國爲維持和平之方法。約文簡賅，而宗旨正大，實爲非戰公約及其他維護和平條約之一種有力的補充文件。

世界各國在最近十年間，締結不侵犯條約者，不知凡幾，卽雙方所抱主義廻然不同之國，亦多締結此約者。中蘇二國簽訂之不侵犯條約，與各國締結者，並無異致。雖在太平洋各國尚屬創例，而與世界確保和平之主旨正相符合。中國今日雖受外來極度之侵凌，不能不以武力抵抗武力，然酷愛和平爲我國人之特性；今日以武力侵凌我者，苟能幡然覺悟，變更其國策，則我人亦深願與之簽訂不侵犯條約，共維東亞之安全，而謀人類之幸福。是中蘇二國不侵犯條約之締結，或爲東亞大局好轉之朕兆。我人所企望，在於此耳。

王寵惠二十九年在中央訓練團演講「抗戰以來的外交」，論及對蘇俄之外交說：

「蘇俄爲遠東關係最密切之國家，對於中日問題關懷最切。日本侵略中國，無時不以反共爲名；而實際上，日本進行侵略政策，對蘇俄亦有不利。七七事變後，蘇俄卽與我簽訂互不侵犯條約。在抗戰後一個多月，卽八月廿一日成立此種互不侵犯條約，實有重要意義。除消極方面互不侵犯外，締約國之一方受第三國之侵略時，他方不得對於該侵略國予以任何協助，或有不利於被侵略國之舉。簡言之，在中日戰爭期間，蘇方不能援助敵人。在實際上，抗戰以後，蘇俄以物資助我已屬不少。又如在國際歷屆會議，蘇俄代表對我多所援助。去年六月簽訂中蘇商約，九月簽訂中蘇通航協定，從此兩國商務上及交通上之關係益形增進。」

中國為國家的生存和獨立，不能不奮起以與日本抗戰。在抗戰發生時，凡有利於我抗戰時，無不盡力以圖實現。我國深知與蘇俄「所抱主義迥然不同」，但為減少抗戰阻力，與蘇俄簽訂不侵犯協定；同時期望日本幡然覺悟，以共維東亞之和平。觀外交部發言人談話，我國態度實極審愼。蘇俄促成中日戰爭，但在戰爭爆發後，蘇俄除與中國簽訂不侵犯條約外，對中國之援助僅限於物資方面，對日本仍保持聯繫，期望避免日本的攻擊。二十八年七月德蘇互不侵犯條定簽訂後，蘇俄與日本的衝突即告停止，對中國物資之援助，即逐漸減少。三十年四月十三日，日蘇簽訂中立協定後，蘇俄又與日本妥協，對中國物資援助遂完全停止。

查中蘇不侵犯協定，規定在中日戰爭期間，蘇俄不能援助日本，條約有效期間為五年。但中蘇簽訂不侵犯條約僅有三年又八月，蘇俄即違反條約，與日本簽訂日蘇中立協定；而蘇俄卵翼下的共匪，即開始作阻撓抗戰的行動，蘇俄的不信無義，純以他國為犧牲，由此可見一斑。（註四）

第六節　日本外交徘徊歧途

一、日本決策的錯誤

我們忠誠的明智的為日本設計，日本的敵人，不是中國，不是英美，而是蘇俄。日本變成世界一等強國，是在一九〇五年戰勝俄國之後。日俄戰爭日本能夠獲勝，是因英國的軍事同盟，美國的經濟援助，和中國人民的實際支持。日本在日俄戰爭後，與俄國妥協，先後訂立四次密約，均以侵略中國爲目的，而以美國爲假想敵人，已是決策的錯誤。九一八事變以後，中日兩國簽訂塘沽停戰協定，中國事實上已放棄武力收復東北的企圖。中國政府是時全力肅清江西共匪，共匪於二十三年底，已靠流竄以維持生存。日本宣稱反共，廣田三原則並以共同防共爲目的；照理而論，日本應與國民政府合作；但日本軍閥竟再三進逼，迫使中國不能不奮起抗戰。

日本的最大敵人是蘇俄。日本縱欲征服中國，必先打倒蘇俄；蘇俄被打倒之後，中國自然易與日本合作。日本縱欲與英美作戰，也必先打倒蘇俄；蘇俄被打倒之後，日本始進可以戰，退可以守。三十年六月德國進攻蘇俄之日，正是日本打擊蘇俄之時，而日本坐視同盟德國之苦鬬，堅守所謂日蘇中立協定。及日本戰敗，請求蘇俄調停之時，蘇俄先之以廢棄日蘇中立協定，繼之以對日宣戰。日本鑄成大錯，國破地削，中國亦因蘇俄之強大，而不能自保。

二、中俄惡劣關係因日本侵略轉變

民國十六年四月國民政府清除共黨，十二月因廣州共匪在蘇俄領導之下暴動，國民政府驅逐在華蘇俄領事及商務人員。十八年中俄因中東路的衝突，蘇俄與中國絕交，當時中國之反共，舉世皆知。二十年日本發動九一八事變，侵佔我國東北，始促成二十一年十二月中俄邦交之恢復。二十四年蔣總統發表「敵乎？友乎」一文，在設法打開中日的僵局，日本的答覆，是逼簽所謂「何梅協定」，欲使華北五省特殊化。

十二月廣田提出三原則（禁止反日運動，承認僞滿洲國、共同防共），共同防共在中國絕無問題；日本放棄侵略政策，反日運動亦可根本消滅；但承認僞滿問題，中國是絕不能承認的。日本强欲逼迫中國承認絕不能承認的滿洲國，交涉自然陷於僵局。

二十四年三月蘇俄擅自出售中東路，中國當時之視俄國，與日本不過一丘之貉。共匪雖在蘇俄指使之下，發動所謂「抗日統一戰線」，並未發生重大影響。二十五年十二月西安事變發生，蔣總統脫險後，對於中國根絕赤禍的根本主張，並未改變。假使日本不再以武力進逼，使中國視爲和平尚未完全絕望，犧牲未至最後關頭，則中日大戰絕不至在二十六年爆發。因爲中國是被侵略的，是被動的；中國是時只有抵抗日本繼續侵略的決心，並無武力收復失土的準備；日本不發動蘆溝橋事變，中國是時決不會起而抗戰。

中國自十六年至廿五年，不僅澈底的反共，而且明顯的反俄，日本的中國通，不應說毫無所知。日本如果堅決反共，中國正是日本忠實的盟友。但日本軍閥輕視中國，以爲在三個月之內，即可解決中國問題；而且錯視蔣總統爲李鴻章，以爲中國遭受嚴重打擊，必向日本求和。殊不知首先建議長期抗戰，使日本「速戰求成」詭計不售的，正是李鴻章。蔣總統認爲對日本可以有效打擊的，也就是長期抗戰。日本軍閥狂妄無知，以日本精銳的部隊，長期的在中國戰場消耗，陷於泥淖而不能自拔。

中國抗戰四十日後，才在南京與蘇俄簽訂不侵犯條約。中國期望的外援，不能得之於英美，反得之於蘇俄。民國二十一年中俄復交後，因蘇俄擅自出售中東路，私訂俄蒙條約，侵略新疆等事，中俄關係迄未改善。自抗戰軍興，蘇俄態度轉變，爲支持中國抗戰，先後與中國訂立信用借款三次：第一次在二十六年十一月一日，金額美金五千萬元；第二次在二十七年七月一日，金額美金五千萬元；第三次在二十八年七月一日，金額美金一億五千萬元。按照協定，蘇俄以特種物品（軍火武器）交付我國折價計算，我國以礦產品農產品各半在十年內償還。我國抗戰初期的一部武器如飛機大炮等，係以信用借款購之於蘇俄。（註五）

三、日本反共政策的動搖

甲、張鼓峯事件日本退讓。二十五年十一月日本與德國締結反共協定，意大利隨後參加，此時日本正壓迫中國，成立中日「滿」共同防共陣線，日本以亞洲反共領袖國家的姿態出現。中國於發動全面抗戰一年之後，二十七年八月一日，日俄因張鼓峯事件，發生軍事衝突。此時蘇俄避免對日衝突，日本也因侵華而實力削弱，無力進攻蘇俄，八月十二日日俄兩國訂立停戰協定，恢復邊境對恃狀態。重光葵敍述此一事件說：

「自從日德締結防共協定以來，蘇俄對國境的警戒，比前嚴重，現在趁着日軍傾全力攻略武漢之際，蘇俄軍突然佔據了張鼓峯，日軍動員一師團，以櫻會會員長勇一團做先鋒，附以砲兵，企圖奪還。蘇俄方面出動大批坦克及機械化部隊，並以飛機轟炸我後方交通線。雙方大規模交戰，日軍不能取勝。筆者當時方任駐蘇大使，幾度和蘇俄交涉，總算做到兩方停戰。但是蘇俄的答允停戰，是因爲已經得到前方報告，俄軍已達到預定國境線，故不再繼續前進。日軍從戰爭地帶自動撤退，實際上等於承認了蘇俄的主張。軍部對俄這樣軟弱，是因爲受了中國軍的牽制；當時日軍忙於華中進軍，無暇他顧。軍部受此教訓，仍不更改其南進姿態。」

乙、諾門坎事件日本失敗。日本因侵華而削弱其對俄的力量，重光葵已坦白承認。二十八年五月十一日日俄兩國又因滿蒙邊界問題，發生諾門坎事件，日俄兩軍此次係大規模的作戰，日軍苦戰六個月，未得絲毫便宜，小松原師團全軍覆沒。在日軍苦戰之時，八月廿四日，德俄兩國簽訂十年互不侵犯協定，更予日本精神上之打擊。九月十五日，日俄始成立停戰協定，無異日本的承認失敗。重光葵敍述此次事件說：

「諾門坎事件，仍然因國境不明確而引起的糾紛。自日本擔任滿州國防務以後，蘇俄也和外蒙訂結條約，擔起了外蒙古的防衞責任。外蒙與滿州國間的境界糾紛，直接引起了日蘇兩國的軍事衝突。諾門坎介在滿蒙之間，日本方面認爲以哈魯哈河爲界與外蒙接壤，外蒙則指界線在哈魯哈河以東平野，兩者各執己見，互不相下。

一九三九年五月日軍佔領了哈魯哈河一線，俄軍卽予反擊，衝突激化。蘇俄集結機械化部隊，出動空軍，粉碎了日本第六軍。八月末，小松原師團全滅，關東軍極度憤慨，擬集中大軍反攻，被天皇勅令所制止。關東軍司令官植田及參謀長磯谷，並因此調差。諾門坎衝突後，經東鄉大使與蘇俄外長交涉，返還屍體及俘虜，組織國境確立委員會，九月十五日成立停戰協定。其時德蘇締結互不侵犯條約，德國侵入波蘭。國境委員會協議結果，大體照蘇方主張，劃定界線，於一九四〇年八月正式予以認定。」

丙、日德意三國同盟成立。日本在與蘇俄諾門坎戰爭時，正期望德國的援助。而德國的答覆，是不顧德日防共協定，簽定德蘇十年互不侵犯條約。日本平沼內閣在此變幻莫測的時候辭職，一方面證明了日本當局的迷茫，同時也可以說是向日本國民暗示：大局已到了另一階段，必須重新檢討過去的一切，再作從頭做起的準備。

阿部內閣繼平沼內閣登臺，日本從德日防共協定的束縛中解放出來，對世界政策恢復了獨立自由的立場。此時日本與英美法雖有芥蒂，尚未到破臉的地步。自英德宣戰以後，英國竭力拉攏日本，甚至應日本之請，封鎖滇緬交通，以助日本解決中國問題。且英法遠東的實力，都調至歐洲戰場，遠東成了日本獨佔的舞臺。假使日本能放棄對華侵略政策，與中國澈底合作，日本將成爲東亞的不倒翁，甚至可進而爲有色人種的領袖。日本縱不能放棄對華侵略政策，假使能對歐戰採取中立政策，保持實力，亦可達到防共的目的，亞洲大陸決不會被蘇俄征服。日本對華放棄侵略，對歐戰嚴守中立，是爲上策；對華不放棄侵略，對歐戰嚴守中立，亦不失爲中策。乃日本在此重大關頭，舉棋不定。二十八年九月阿部繼平沼組閣，二十九年一月米內繼阿部組閣，米內任職僅有半年又宣告改組，七月由近衛再起組閣。日本不採用上策，也不採用中策，竟採用繼續侵略中國、介入歐戰的下策，成立日德意三國同盟。

二十九年（一九四〇）九月二十七日，日德意三國盟約在柏林正式換文公布。從此，世界顯然劃分爲二：英美法民主陣線，和日德意三國軸心，互相對立，壁壘森嚴；而蘇俄却佔在鬬爭圈外，維持中立，左右逢源。日本竟將「共同防共」的主張，完全擱置。

四、日蘇中立協定，日本與蘇俄妥協

甲、日本侵華失敗，轉向蘇俄妥協。日德意三國同盟簽訂後，重光葵敘述近衛在樞密院解釋說：『有了這個盟約，德國便可憑着和蘇俄訂有不侵犯條約的關係，幫助日本勸導蘇俄，和日本締結互不侵犯條約；一方因爲軸心關係的建立，可以壓制美國，使之不敢輕舉妄動。因此，三國同盟，對於改善日蘇和日美關係，也有裨益。』蘇俄從二十年十二月起，即提議與日本簽訂互不侵犯條約，均遭日本拒絕；但在中國抗戰三年餘之後，日本想與蘇俄簽訂不侵犯條約，並想藉重德國來勸導蘇俄就範，可知日本對於蘇俄的地位，已由堅強轉爲薄弱，竟想放棄心腹大患的蘇俄，以與英美決戰。

日本此時最希望的是蘇俄的未來中立；企圖在日本捲入太平洋戰爭時，可無後顧之憂。日本所需要的是和蘇俄訂立互不侵犯條定，以得到蘇俄中立的最大保證。二十九年（一九四〇）十月二日東京外務省宣布：日本準備和蘇俄締結互不侵犯協定。三十年（一九四一）三月日本外相松岡歐洲之行，就是爲打開僵局，和蘇俄成立協定。重光葵敍述松岡在蘇俄接洽的經過說：

「三月下旬，松岡到達莫斯科。時建川中將新任駐蘇大使，受松岡之命，業已開始進行和蘇俄締結互不侵犯條約的商談。蘇俄要求的代價很高，沒有談妥。松岡自己自蘇方，重申前請，蘇方表示不如締結中立條約，並仍請給予相當代價。松岡一看情形並沒有像預期的順利，乃表示見過希特勒，回來再談。

松岡到了柏林，見了希特勒等重要首長，並託德國外長從旁協助，促進日蘇中立條約的交涉。可是出於意外，德國的態度，非常冷淡，甚至表示反對之意。松岡赴羅馬訪問墨索里尼等首要，重返柏林，又住了幾天，回莫斯科，再與蘇方交涉。這次蘇俄態度忽然好轉，表示如將北樺太島的石油權利，還給蘇俄，即可訂立中立條約。松岡同意了，於是日蘇中立條約迅速成立。蘇俄這一次爲什麼提出極少要求，即訂中立條約呢？原來史達林當時已得到秘密情報，德國即將發動對蘇攻擊。……史達林於松岡返國時，親到車站送行，並擁抱着松岡說：「我也是亞洲人呀！」這個親密的鏡頭，可以證實史達林對於這次外交的成功是非常滿意的。

松岡在莫斯科，對美國駐蘇大使帶有威脅性的誇示說：三國同盟和日蘇中立條約的成立，是今後日本對外政策的基礎，希望美國勿參加歐戰。羅斯福當時確實擔心蘇俄倒到軸心方面。日蘇中立條約的成立，認爲將挑動日本向南猛進，太平洋上的危機，眞是十分迫近了。」

乙、松岡欠缺智慧，簽訂日蘇中立協定。當日本未與蘇俄簽訂中立協定之前，德國已決定進攻蘇俄，不過希特勒爲保持極度機密，不願告知松岡；他還贊成日俄改善關係，以欺騙蘇俄和世界。達林敍述此一事實說：

「這時希特勒對蘇俄作戰的計劃業已完成，……他預期對蘇的戰爭能很快結束，是以完全秘密以及出奇的因素，爲其最強有力的武器。他誤信自己必能在他所喜歡的閃電戰中獲勝。他並向意大利和日本隱瞞他眞正意圖。……一九四一年三月底，松岡和里賓特洛甫及希特勒會晤時，蘇日關係是他們討論的一項最困難問題。希特勒不願向日人透露他對於蘇聯的眞正意圖，也不能向日人保證德國對蘇俄的持久友誼。松岡所必須曉得的，是如果日本在太平洋上作戰，蘇俄是否會拖日本的後腿。里賓特洛甫對於這問題的答復是：『他不曉得情勢將如何發展？可是有一件事是必然的，便是如果蘇俄攻日，德國也將立即攻蘇。他準備給松岡這項具體的保證，使日本可以向南進攻新加坡，不必恐懼和蘇俄發生糾紛。德國陸軍大部分都在東疆，準備隨時發動攻擊。』希特勒也和松岡討論這一問題，……他告訴松岡說：『蘇俄如果遵守條約，行動友好，我們不會動他；否則我們保留自由行動的權利。』」

松岡如果有較高的智慧，可以由希特勒和里賓特洛甫的對話中，了解德國隨時有進攻蘇俄的可能。但松岡回至莫斯科後，與蘇俄於三十年（一九四一）四月十三日迅速的簽定日蘇中立協定，其要點如下：

一、兩締約國相約保持彼此間的和平與友好關係，尊重另一締約國的領土完整和不可侵犯。

二、如果有一個締約國，和一個或數個第三國發生敵對狀態，另一締約國在衝突期間須守中立。

三、本條約自兩締約國家批准之日起生效，其有效期間爲五年。

條約後面附有一項疆界宣言說：「蘇俄保證尊重滿洲國的領土完整和不可侵犯，日本保證尊重蒙古人民共和國的領土完整。」

日本此時完全放棄「共同反共」的主張，且進一步與蘇俄妥協，承認蘇俄在外蒙的僞組織，以交換蘇俄之承認僞滿洲國。中國於日蘇中立條約的反應，是對於有關滿洲和蒙古附件的抗議。三十年四月十五日外長王寵惠發表聲明說：『東北四省和外蒙是中華民國的一部份，且將永爲中國的領土，乃是無可置辯的事實。中國政府和人民不能承認第三國之間損害中國領土與行政權完整的任何約定。』蔣總統爲此事曾發表感想說：『蘇俄外交方針，漸漸顯白矣！其偏袒侵略國，反對英美，且誘引日寇，使加入彼之集團，左日右德，輔佐其稱霸歐亞兩洲之企圖；其素所自詡扶助民族獨立之口號，至是乃完全放棄而不提矣。』蘇俄對中國抗議的答復：認爲日蘇中立協定對於中國並無約束力量，中國仍可自由索回滿洲，並爲此而戰。莫斯科並再度聲明：日蘇中立協定並不防止蘇俄幫助中國。蘇俄對日本妥協，却鼓勵中國對日戰爭；從此，蘇俄對中國援助完全斷絕，未及四年，且進一步侵略中國。（註六）

第七節　日本鑄成大錯

一、三十年日本錯過攻俄機會

蘇俄無論如何，是日本心腹的大患；日本縱欲與英美戰爭，必須先解決後顧之憂，始能避免兩面作戰的危機。日本在德蘇互不侵犯條約簽訂之前，是有攻俄的決心；但日本雖然狡猾，仍不夠機智，他不知道德國與蘇俄簽訂不侵犯條約，是爲避免東西兩面作戰，反怨恨德國之違反德日反共協定，而倉惶失措。及德國在歐洲初期勝利，又欲搭上「勝利火車」，締結日德意三國同盟；且不知德國「袖裡乾坤」，欲得德國之協助，與蘇俄締結互不侵犯條約。德國已暗示有與蘇俄衝突之可能，松岡竟貿然與蘇俄簽訂日俄中立條約，並以此向美國驕傲。日蘇中立協定簽訂後八十日，三十年（一九四一）六月二十二日德國發動攻擊蘇俄，日本又倉惶失措，擧棋不定。

此時國際形式壁壘森嚴，日本既與德國同盟，必使德國强大，日本始可發展；乃因德國之小怨，遺誤日本之大計。日本坐視德國之苦鬬，德國失敗，日本亦隨之失散；而坐大之蘇俄，在日本最危急之時，不僅不守中立協定，反對日本投井下石。

甲、蘇德戰爭後日本採靜觀政策。重光葵、達林敍述德國進攻蘇俄後，都說松岡立刻進宮謁見天皇，建議日本有和德國採取一致行動的必要。就日本遠大利害說，松岡的建議是値得採納的；松岡並不因親自簽訂日蘇中立協定，對德國有所不滿，對蘇俄有所顧慮；其爲日本設計，不可謂不忠。但天皇召見近衞，查明政府的意向；近衞表示日本嚴守日蘇中立條約，並無對俄採取行動的意思，松岡所呈，完全係私人意見。達林敍述日本政策決定的經過說：

「七月一日即德國攻蘇的九天之後，里賓特洛甫電松岡，邀請日本佔取海參威，並盡量向西推進，以便在冬季來臨之前，和德國在半路上携手。第二天東京開御前會議，會上反德情緒很强，其原因不僅是日本受其盟國欺騙，而且因爲日本攻蘇，可能同時引起對英國的戰爭，連美國也可能同時捲入戰鬪。英國已經是蘇俄的盟國，美國也答應給蘇俄大規模援助，並可能捲入戰爭。日本本已極力使蘇俄中立，以便在蘇俄以外的戰場上作戰。如果這麼一來，不久便捲入全球性的戰爭。因此御前會議決定拒絕德國的要求，而採一種靜觀政策。」

德國一再要求日本攻俄，日本總是採用靜觀政策。松岡在七月二日御前會議中，極力主張攻蘇；但是他失敗了；兩星期後，他不能不辭職，由豐田繼任外相。八月三十日德國大使訪問新外相豐田，率直的詢問：「日本參加德蘇戰爭是否還有可能性？」豐田閃爍其詞，沒有給他確切的答復。日本這樣重要關頭，竟喪失了攻俄的最佳機會。

乙、日本遭受蘇俄間諜的毒害。日本不進攻蘇俄，採用靜觀政策，就應靜觀到底，俟德蘇戰爭勝負判定後，再決定次一行動。因爲日本不向美國突擊，美國是不容易宣戰的。然日美談判不成，日本在德國進攻蘇俄停頓，無力助攻英美之時，日本竟不能稍事忍耐，於三十年（一九四一）十二月八日偷襲珍珠港，甘冒與英美兩國同時作戰之危險。考查日本孤注一擲的原因，雖由日本決策之錯誤，實受蘇俄間諜之毒害。重光葵敍述蘇俄間諜的活動說：

「近衞對三國同盟，並不十分重視；以爲美日關係，尚有改善餘地。松岡既如此堅決，非排除松岡，則本案（日美諒解案）無法推動；乃於七月十七日（一九四一）提出總辭職。天皇仍令近衞組閣，外相由豐田海軍大將繼任，以便與海軍出身的野村（駐美大使）配合，近衞自任指導，……企圖改善日美外交。……

蘇俄企圖通過第三國際情報組織，破壞日美談判，那是當然的事。蘇魯幹間諜團在東京活動，便是以這個目標爲其中心任務。第三國際爲牽制日本，使日本的力量消耗在對中國問題上，因此早在週密的部署下，誘導中日間的衝突，使其逐漸擴大，使日本的北進，慢慢改向南進。最後使日美直接發生衝突。……蘇魯幹間諜團，在日本迷失了方向以後，滲透了日本政府最上層，並透過德國駐日大使舘，直接獵取希特勒的最高機密。……

蘇魯幹間諜團活動的成功，證明了日本政治組織的脆弱，日本指導者對於國際智識的缺乏，和日本政府保密工作的不夠。本案於一九四二年，始由日本司法機關公開發表。……這個間諜團的領導者，是德國駐日大使舘顧問蘇魯幹，和近衞的機要秘書尾崎秀實。近衞於第三次內閣交卸後，曾對筆者述懷，提到尾崎在檢察處的供詞說：『這實在可怕得很，本人決定了各項方案，得到海陸軍方面的贊成，以爲付諸實施，應該沒有問題了。可是在執行的中途，常常發生意外的障礙，我再三考究原因，當時探索不出來，現在我明白了。』

蘇魯幹自一九一九年以來，加入德國共黨，……到了東京，即與當時德國駐日大使舘武官歐德接近，獲得歐德的最大信任。及歐德升任大使，即被聘爲大使舘的顧問並秘書，參與最高機密。他在歐德那裡，探知德國機密；又在尾崎那裡，獲得日本方面的秘密。他將這兩方最有價値的情報，用弱音短波無線電，直接向史達林報告，成了克里姆林宮最珍貴的資料。……

蘇魯幹間諜團對外任務，是擴大中日事變。對內則以挑撥海陸軍間的矛盾，激化三菱的海洋進出與三井的大陸侵略爲其活動方針；而以陷日本於全面混亂，以達共產革命爲其目的。七月二日的御前會議，決定日本進兵越南，不惜與英美挑戰。此事的決定，松岡指爲南北兩面放火，但蘇魯幹的判斷，認爲南方業已起火，北方則不會延燒，曾將會議經過，詳報史達林。史達林根據這個情報，因得安心與德國作戰。果然，「關東特演」動員了大軍百萬，始終沒有用上。蘇魯幹這個情報，解除了蘇俄東西兩面作戰的危機。

比上項情報發生更大作用的，是一九四一年四月德國歐德大使已知道德國進攻蘇俄的計劃，蘇魯幹將此項情報通知史達林，並將攻擊的時間，在六月二十日前後，正確的事前報告了克里姆林宮。因此，松岡外相向蘇俄談判日蘇中立條約時，蘇俄已預知德國的動向，迅速的把握機會，簽訂中立條約，阻止了日軍配合德國的動作。在松岡還洋洋得意，不曉得正中了蘇俄的計呢。……

蘇魯幹一案，僅是第三國際破壞活動中，已被破獲的一個實例而已。其未被破獲者，尚不知有幾許。」

二、日本再誤助德攻俄的機會

日本於三十年蘇俄危急之時，不進攻蘇俄，援助其盟友德國；而向英美發動突襲，激怒英美兩國之國民，已屬失策。在三十一年德國再大擧進攻蘇俄，是時英美被打擊後，在太平洋採取守勢；而蘇魯幹間諜團在日本業已發現，蘇俄對日本陰謀業已暴露；此時是日本最强之時，蘇俄又係日本同盟德國的敵人，日本敵國英美的同盟；爲援助德國計，爲日本自身安全計，都有攻蘇的必要；但日本不接受德國的要求，反促德與蘇俄媾和，眞是日本最大的錯誤。達林敍述此一事實說：

「一九四二年七月里賓特洛甫告訴日本大使大島說：「如果日本自覺軍事力量已經夠强，其進攻蘇聯的時機也許便是現在。他認爲日本如果現在進攻蘇聯，可促成蘇聯民氣和士氣的最後崩潰，至少可以加速其現行制度的崩潰。無論如何，目前是日本一舉消滅東亞蘇聯一切勢力的千載一時機會。……」日本政府因爲傾全力於太平洋上的作戰，且因初步成功而志得意滿，所以不理德方的要求。軸心東西夥伴間的關係又開始惡化，尤其在德軍於史達林格勒一役（一九四三年三月二日）遭受挫折之後爲然。……

德國要求日本攻蘇時，日本却反而時時勸柏林早日結束對蘇戰爭，和日本聯合一致，集中全力對海權國作戰。……日本爲德蘇兩國拉攏的努力，開始於一九四二年三月，在全部戰爭期間一直這樣做。……一九四三年五月，日本外相重光葵告訴德國大使斯塔瑪說：德國可以停止以其一切可能的力量攻蘇，藉以保全實力，爲對英美作戰之用，他暗示日本可以出任調人，重建德蘇之間的關係了。……

一九四三年九月十日，日本再度建議派遣一位高級官員，偕助理人員先往莫斯科再到柏林。三天之後，莫託洛夫拒絕其建議，並以這事通知美國政府。蘇聯給赫爾的這一照會，恰在莫斯科會議和德黑蘭會議的前夕提出，其中並不缺少威脅意味；他暗示蘇聯政府如果和西方盟國發生裂痕，則可能採取什麼途徑。……一九四四年四月莫斯科通知美國政府說，日本又自請調處德蘇戰爭，蘇聯已加拒絕。這一照會到來時，西方盟國剛完成其開闢第二戰場的準備。……

日本不攻蘇俄，反建議不可能的德蘇妥協；這僅是給予蘇俄向英美勒索的機會。結果，日本危害了同盟的德國，德國崩潰，日本隨之而崩潰。日本信守日蘇中立協定，蘇俄並不感謝，蘇俄在他有利的時間，竟撕毀了日蘇中立條約，對日本宣戰。（註七）

三、蘇俄對日本落井下石

甲、蘇俄廢棄日蘇中立協定。民國三十四月二月，日本企圖由蘇俄調停，而與盟國媾和。日本前首相岡田在戰後報告說：一九四五年二月間，外相廣田曾向蘇俄大使馬立克（ Yakov Malik ）接洽，並和他舉行了四次和平會議。前兩次會談表現一些希望，其經過情形已電告莫斯科；可是後兩次會談沒有結果。此時正是雅爾達會議開會的時候，史達林知道日本已不能繼續戰爭，請託蘇俄代爲求和；但史達林不僅不將日本求和情形，通知羅斯福邱吉爾，反向羅斯福勒索，簽訂了雅爾達密約。

蘇俄於雅爾達會議以後，對日本請求調停的答復，是廢棄日蘇中立協定。這一條約原定有效期間爲五年，應於一九四六年四月滿期，可是其中一個締約國如不在一年以前提出廢約通知，則該約將繼續有效。一九四五年四月五日雅爾達會議二月以後，莫托洛夫以廢棄該約照會一件，送交日本大使。照會中指出：該約是德國攻蘇以及日本攻擊英美之前締結，並且說：『德國進攻蘇俄，日本以德國盟邦之地位，也在德國對蘇俄戰爭中協助德國。此外，日本又對蘇俄的盟邦英美作戰。在這種情勢之下，蘇日間的中立條約，已失去意義，這一條約延長已不可能。根據上述各點，以及規定在該約五年有效期間滿期一年前通知廢約的第三條，蘇俄政府茲向日本政府聲明其廢棄一九四一年四月十三日條約的意願。』

蘇俄這一照會的文字，使日本及世界各國猜測，日蘇中立協定將繼續生效到一九四六年四月爲止，在是時之前，蘇俄無意參戰。日本接獲蘇俄照會之後，還不覺悟，東鄉外相還主張與蘇俄加強連繫，要求前首相廣田與蘇俄駐日大使馬立克接觸，以交換大陸利益爲條件，想加强日蘇關係，並請近衞參加奔走。但馬立克對之，至為冷淡。

乙、蘇俄對日本宣戰。日本正希望蘇俄出面調解之時，蘇俄反乘日本之危，對日本宣戰。重光葵敍述此一事實說：

「天皇看情形不能再拖，命令鈴木考慮結束戰爭方針。六月二十二日（一九四五），鈴木將此意轉告作戰指導會議。……鈴木奔走結果，根據軍部建議，請近衞携帶天皇親函，赴莫斯科，託蘇俄出面斡旋和平。近衞感泣，決以一死完成大任。東鄉乃令駐莫斯科的佐藤大使，將近衞赴俄之意，轉達蘇俄。俄外長莫託洛夫謂史達林卽將赴波茨坦開會，且等會後再議。七月十七日史達林赴波茨坦。蘇俄的拖宕，顯然別有用心。……當時日本仍寄望於莫斯科方面，關於周旋和平的答復，又是靜候三週，杳無音訊。木戶內府詢筆者意見，蘇俄會不會答復。筆者說：答復是有的，可是內容恐與日本預期相反。

八月六日，日本還在企首西望，等待蘇俄的好音，而原子彈已在廣島投下。八月八日莫託洛夫在莫斯科接見佐藤大使，謂……蘇俄無法代謀和平，蘇俄為促進世界和平，不得不向日本宣戰。同日，俄軍侵入滿洲國，勢如潮湧。……九日，長崎投下第二顆原子彈，蘇俄軍以破竹之勢，侵入南庫頁島及千島。」

日本誤信蘇俄的友誼，拒絕德國的要求，在有利時期不進攻蘇俄，以解決後方心腹之患。在蘇俄宣布廢棄中立協定，德國於五月九日無條件投降後，日本若自省不能繼續作戰，應直接向英美表示投降，或可得較佳講和條件。乃向蘇俄乞憐，遭受白眼之後，還有遲徊審顧，必待蘇俄對日本落井下石，始決心無條件投降。我們痛恨蘇俄的狠毒，同時不能不嘆惜日本之失策。（註八）

丙、蘇俄對日宣戰的收獲。俄軍進入東北後，日軍不戰而降，軍用物資全被俄軍所繳收。根據我國政府所得資料，自日本投降後一個月內，俄軍在東北擄獲日本戰俘五十九萬四千名，飛機九百二十五架，坦克車三百六十五輛，裝甲車三十五輛，野炮二千六百六十二門，機槍一萬三千八百二十五挺，擲彈筒一萬一千零五十二具，步槍三十萬枝，無線電機一百三十三座，汽車五千三百七十八輛，拖車一百二十五輛，騾馬十一萬六千五百二十六匹，補給車二萬二千零八十四輛，特種車八百一十五輛，指揮車二百八十七輛。此種裝備和補給品，蘇俄於擄獲之後，供給共匪使用。日本準備攻俄所用的軍用品，竟一變而為共匪叛亂的武器；日本不僅自害，而且遺害於中國。（註九）

（註一）一、二兩節參閱：⑴達林 Dacid Dalin 著，潘崖譯蘇聯與遠東第一章。⑵吳相湘：俄帝侵略中國史第三章。

（註二）（三）段參閱：⑴達林前書第六章。⑵吳相湘前書第二編第三章四五兩節。⑶胡秋原：俄帝侵華史綱第九章。⑷傅啓學：六十年來的外蒙古。

（註三）（四）參閱：⑴達林前書第八章。⑵吳相湘前書第二編第三章（六）。⑶抗戰五週年紀念冊；中國共黨共赴國難宣言，總裁為共黨共赴國難發表談話。

（註四）參閱：⑴抗戰五週年紀念冊：中蘇不侵犯條約、外交部發言人為簽訂中蘇不侵犯條約發表談話。⑵王寵惠：抗戰以來之外交。

（註五）吳相湘前書第三編第四章（一）。

（註六）參閱：⑴重光葵：日本之動亂第七章。⑵達林前書第九章。⑶張其昀：中華民國史綱（五）四十五章。

（註七）參閱：(1)重光葵前書第七章。(2)達林前書第十章。(3) C. A. Willoughby: Shanghai Conspiracy 彭思衍譯：上海大陰謀第三章。

（註八）甲、乙兩段參閱重光葵前書第九章。(2)達林前書第十一章。

（註九）見中國控蘇案全文。

第十四章　中國對日應戰與當時外交形勢

第一節　中國被迫應戰

一、七七事變、中日戰爭爆發

甲、蔣總統對蘆溝橋事變的嚴正表示。民國二十五年九月，日本以外交方式提出共同防共與華北五省特殊化要求，迫我承認，被我政府嚴詞拒絕。日本因外交方面不能達其侵略目的，乃進一步施展武力侵略手段，以遂其佔領華北的迷夢。二十六年六月，日軍按照預定計劃，先集中兩聯隊以上之兵力於北平郊外豐臺一帶。七月七日夜，故意在蘆溝橋附近演習，藉口搜查失踪之一士兵，襲擊我宛平城，我駐軍宋哲元部馮治安師之吉星文團，以守土有責，奮起抗戰，演成蘆溝橋事變。

事變發生後，日本卽調豐臺附近之全部駐軍，圍攻宛平縣城，同時照預定計劃，分兵三路侵入華北。七月十六日，敵軍入關兵力已達五師團，總數在十萬人以上，乃以斷然手段，先後佔領豐臺宛平等地。日本軍閥敢於發動侵佔華北的軍事行動，完全是對華估計的錯誤，他們以爲軍事發動之後，三個月內就可解決中國問題。

七月八日蔣總統在蘆山牯嶺，得日軍在蘆溝橋挑釁之報告，乃決心應戰，準備動員；一面召集全國各界領袖在蘆山開談話會，決定抗戰大計；一面電告宋哲元秦德純以不屈服不擴大方針，命其就地抵抗。七月十七日蔣總統在蘆山談話會演講，對於蘆溝橋事件嚴正表示說：

「中國正在外求和平，內求統一的時候，突然發生了蘆溝橋事變，不但我舉國民衆悲憤不置，世界輿論也都異常震驚。此事發展結果，不僅是中國存亡的問題，而將是世界禍福之所繫。……前年五全大會，本人外交報告謂：「和平未到根本絕望時期，決不放棄和平，犧牲未到最後關頭，決不輕言犧牲。」……如果臨到最後關頭，便只有拼全民族的生命，以求國家生存；那時節再不容許我們中途妥協。……萬一眞到了無可避免的最後關頭，我們當然只有犧牲，只有抗戰。但我們的態度，只是應戰，而不是求戰；應戰，是應付最後關頭，必不得已的辦法。……至於戰爭既開之後，則因我們是弱國，再沒有妥協的機會，如果放棄尺寸土地與主權，便是中華民族的千古罪人！那時只有拼民族的生命，求我們最後的勝利。

蘆溝橋事件能否不擴大爲中日戰爭，全繫於日本的態度；和平希望絕續之關鍵，全繫於日本軍隊之行動。在和平根本絕望之前一秒鐘，我們還是希望和平的；希望由和平的外交方法，求得蘆事的解決。但是我們的立場有極明顯的四點：（一）任何解決，不得侵害中國主權與領土之完整；（二）冀察行政組織，不容任何不合法之改變；（三）中央政府所派地方官吏，如冀察政府委員會委員長宋哲元等，不得任人要求撤換；（四）第二十九軍現在所駐地區，不能受任何約束。這四點立場，是弱國外交最低限度；如果對方猶能設身處地，爲東方民族作一個遠大的打算，不想促成兩國關係達於最後關頭，不願造成中日兩國世代永遠的仇恨，對於我這這最低限度之立場，應該不致於漠視。……」

蘆山談話會中，全國各界領袖均一致主張抗戰；蔣總統此項嚴正的表示，說明中國已到最後關頭，中國已不能再忍受日本的侵略；若日本再漠視中國最低限度的立場，中國決心犧牲到底，抗戰到底。此時蔣總統希望日本軍閥在此最後關頭，能夠懸崖勒馬，勿使中日兩大民族，陷入萬刼不復之境地。七月二十日蔣總統回南京，注重於日本撤兵的交涉問題，仍希望華北事變能夠和平解決。然日本近衞內閣不僅不了解當時嚴重的局勢，制止日本軍閥的行動；而且發表比軍部更強硬的論調。重光葵敍述此事說：

「當時中國的情勢，只要稍有國際政治常識，便會判斷一定要對日軍抵抗的。近衞內閣對軍人的行動不加節制，以致後來演變到無法收拾，這是日本政治的破產，及日本國民政治力量的欠缺所致。軍部首腦還不認識事件的嚴重性，竟而大言欺人，說是幾個月裡，就可結束中國事變。近衞內閣鑒於九一八事變，政府被軍部拖着走，成了關東軍的尾巴。所以這次趕在軍部前面，竟發表比軍部更強硬的論調。所謂「支那膺懲的聖戰」，所謂「建立東亞新秩序」等口號，一股腦兒都搬了出來。一方面仍以不擴大的方針，號召國內外，這不是自欺欺人嗎？……

蘆溝橋事變發生當時，中國派的杉山陸相，態度非常強硬。近衞接任首相不久，對於軍部內情也不十分明瞭，以為杉山現任陸相，定可代表軍部全體的意見；並不曉得參謀本部的蘇俄派，另有一種看法。因此，和軍部全幅「協力」，同意軍部的意見，派了對華積極主義的寺內大將，繼任華北統帥；華北中日軍事衝突，遂致迅速全面化。其後近衞接受了石原部長的意見，花了最大的力量，把杉山換掉，想向中國政府講和；但為時已晚，中國方面未予置理。」

日本近衛內閣漠視蔣總統的呼籲，向華北大舉侵略，八月四日佔領我北平天津。我軍自平津撤退後，日本復擴大軍事行動，北攻南口，南侵冀南。八月十三日又發動上海事變，迫使中國不能不奮起應戰。

乙、國民政府自衛抗戰聲明書。七七事變發生，中國已臨最後關頭。八一三淞滬戰爭發生，八月十四日國民政府發表自衛抗戰聲明書，說明九一八以後中日交涉的經過，痛斥日本對中國之侵略，宣佈實行天賦之自衛權。原文節錄於次：

「中國爲日本無止境之侵略所逼迫，茲已不得不實行自衛，抵抗暴力。……

自九一八以來，日本侵奪我東四省；淞滬之役，中國東南重要商鎮，淪於兵燹；繼以熱河失守；繼以長城各口之役；屠殺焚燬之禍，擴而及於河北；又繼之以冀東僞組織之設立，察北僞軍之養成；中國領土主權，橫被侵削。……此外無理之要求，片面之自由行動，不可勝數。受一於此，已足危害國家之獨立與民族之生存。……及至蘆溝橋事件爆發，遂使中國幾微之希望歸於斷絕。……

中國政府於蘆溝橋事件發生後，猶以誠意與日本協商，冀圖事件之和平解決。七月十三日我外交部曾向日本大使館提議，雙方卽時停止軍事行動，而日本未予置答。七月十九日，我外交部復正式以書面重提原議，雙方約定一確定日期，同時停止軍事動作，同時將軍隊撤回原駐地點。並曾聲明：中國政府爲和平解決此次不幸事件起見，準備接受國際公法或條約所公認之任何處理國際糾紛之和平方法，如雙方直接交涉，斡旋，調解，公斷等等。然而以上種種表示，均未得日本之置答。

於此之際，中國地方當局爲維持和平計，業已接受日本方面所提議之解決辦法。中央政府亦以最大之容忍，對於此項解決辦法，未予反對。乃日本軍隊於無可藉口之中，突然在蘆溝橋廊坊等處，再行攻擊中國軍隊，於本年七日二十六日致哀的美敦書，要求中國軍隊撤出北平。此則於雙方約定解決辦法以外，橫生枝節，且爲吾人萬萬不能接受者。日本軍隊更不待答復，於期限未至之前，以猛力進撲中國文化中心之北平，與中外商業要樞之天津。南苑附近，我駐軍爲日本轟炸機及坦克車所圍攻，死亡極烈。天津方面，人民生命橫遭屠戮，公共建築文化機關以及商店住宅，悉付一炬。自此以後，進兵不已，侵入冀省南部，並進攻南口，使戰禍及於察省。凡此種種，其橫生釁端，擴大戰域，均於就地解決不擴大事件語調之下，掩護其進行。……迨至昨日（十三）以來，日軍竟向我上海市中心區猛烈進攻。此等行動，與蘆溝橋事件發生以後向河北運送大批軍隊，均爲日本實施其傳統的侵略政策整個之計劃，實顯而易見者也。……

中國今日鄭重聲明：中國之領土主權，已橫受日本之侵略；國聯盟約、九國公約、非戰公約，已爲日本所破壞無餘。此等條約，其最大目的，在維持正義與和平。中國責任所在，自應盡其能力，以維護其領土主權，及維護上述各種條約之尊嚴。中國決不放棄領土之任何部分，遇有侵略，惟有實行天賦之自衛權以應之。日本苟非對於中國懷有野心，實行領土之侵略，則當對於兩國國交謀合理之解決，同時制止其在華一切武力侵略之行動；如是則中國仍當本其和平素志，以挽救東亞與世界之危局。」（註二）

二、日本初期勝利的狂妄——第一次講和條件

甲、七七事變後的戰爭情形。當蘆溝橋事變發生時，日本在華北之駐屯軍爲河邊旅團，駐北寧鐵路沿線及北平豐台附近；我軍爲宋哲元部之二十九軍，分駐於冀察及平漢線北段。事變發生後，日軍卽調豐台

駐軍之全部，圍攻蘆溝橋我守軍吉星文團，同時按預定計劃分三路侵我華北。第一路由關東軍派遣鈴木、酒井兩混成旅團，經熱河向北平北側地區前進；第二路由朝鮮軍派遣川岸之第二十師團入關，向北平南側地區前進；第三路以平津駐屯軍河邊旅團爲基幹，在北平東側地區，對北平包圍攻擊。

另由日本派出板垣四郎之第五師團經朝鮮入關，會合敵海軍而圍攻天津塘沽。七月十二日，平郊豐台通縣等地之敵軍，即到處向我挑釁，在天津集結飛機二百餘架助戰。七月十六日，敵軍入關部隊已達五師團之衆，兵員計十萬人以上。敵軍集中完畢後，乃以迅雷不及掩耳之手段，先佔據豐台，以進攻宛平。十八日，敵軍設最高司令部於豐台，三路並進，攻取北平。我宋哲元軍在平郊豐台一帶，曾作堅強之抵抗，終以情勢不利，於七月二十八日被迫放棄北平。七日三十日天津亦陷於敵手。敵軍於攻佔平津後，以寺內壽一爲華北派遣軍總司令，其軍事目標，爲佔領河北山西兩省。八月廿五日南口失守，廿七日張家口失守，九月二十四日保定失守，十月十日我軍退出石家莊。南口、張家口、保定、石家莊相繼失守後，敵軍即以全力進攻山西，十一月九日太原淪陷。敵軍在華北發動攻擊，我軍純處被動，加以敵軍以機械化部隊作戰，以飛機轟炸我各地部隊；但以我軍堅決抗戰，浴血苦鬬，每次戰役均予敵軍以重創，敵軍所佔區域，僅係點與線，廣大的區域仍在我軍控制之下。

日軍發動華北事變，進攻河北山西之時，同時於八月十三日發動淞滬戰爭，以威脅我國民政府。八月十五日敵機首次襲擊南京，此後每日來襲，幾無間斷。淞滬戰爭發生時，敵軍首遭挫敗，戰爭至九月底，敵軍迭遭痛擊無法進展。至十月初，敵軍一再增援達三十萬人，由松井石根指揮，大舉進犯。我軍亦增援至五十餘師，不顧一切犧牲，血戰八十日，寸土必爭。十一月初，敵軍不能取勝，遂由杭州灣北岸之金山衛全公亭登陸，以擊我軍側背。十一月九日我軍爲避免敵人包圍，始全面向浙贛皖邊境撤退，準備作長期之抗戰。十二月十三日我軍放棄南京。

淞滬戰役，我軍傷亡總數已達三十萬人以上，人民生命財產之損失，更不可以數計，犧牲之壯烈，實爲中國有史以來抵禦外侮所罕覯。敵軍集中全國兵力三十萬，輔之以大炮飛機，僅能擊退我軍，不能消滅我軍之主力，而其損失亦極慘重。此次戰役後，各國對我國英勇抗戰之精神，均表示欽佩。十月二十八日英國倫敦泰晤士報，對淞滬戰事有所評論：『先謂本報對於此次上海作戰中國軍隊之英勇智謀，表示最大敬意。繼謂日軍欲使上海華軍局部而有計劃退却，變爲總崩潰，殆將感力盡精疲之苦。日軍之最大與唯一目的，在摧毀中國陸軍，使之不復有堅強有效之戰鬬力；苟無以達此目的，則土地縱有所得，亦無大關係。以目前所知，日軍殊未有達此目的之可能；日軍縱謂殺死華兵甚多，縱謂上海戰事此後不再延長，然實則未必如是。華軍現已從滑稽故事之迷霧中，脫穎而出，此爲近世史中之第一次。雖華軍大部隊係訓練未充足，武裝未齊備，並因無力置雨衣，猶携傘與俱，然外人所謂爲不能支持一週之陣，竟能支持十週之久。而其退却，在任何新式陸軍不能抵抗的猛烈砲火轟炸之下，仍能有秩序作整齊之退却。吾人於此可知上海華軍之抵抗，將在中國各處發生精神上影響，不獨今日如是，卽將來亦然云。』（註三）

乙、南京失陷後，日本第一次提出的講和條件。二十六年十二月，日本乘攻陷南京之機會，由德國駐華大使陶德曼進行中日和平談判。陶氏自稱奉其政府訓令，願以雙方傳言人資格，斡旋中日和平。十二月二十二日深夜，陶德曼轉達日方所提條件四個原則如下：一、中國政府放棄其抗日反滿政策，須與日本共同防共；二、必要地區劃爲不駐兵區，並成立特殊組織；三、中國與日滿成立經濟合作；四、相當賠款。此外另附二件：一、談判進行時不停戰；二、須由我派員到其指定地點直接交涉。日本此種狂妄態度，係根本不知中國長期抗戰的決心，視國民政府爲滿清政府，以爲中國必可向日本屈服。日本請託陶德曼提出條件，自然遭受國民政府的拒絕。

丙、日本迫和無效，宣佈今後不以國民政府爲對手。二十七年一月十六日，日本因中國拒絕屈辱的條件，竟狂妄的發表聲明，宣佈「今後不以國民政府爲對手。」大意謂：『日本政府於南京陷落後，對於中國國民政府予以其反省態度之最後機會。而至今日，國民政府依然不了解日本之眞意，策動抗戰，對於東亞全局和平毫無顧慮。因此，日本政府今後不以國民政府爲對手，期望眞能與日本提携之新政府成立與發展，而擬與新政府調整兩國邦交，並協助建設新中國。』日本這次聲明，眞是狂妄荒謬。他們號稱對中國情報精通，竟不知西安事變後蔣總統已爲全國一致公認的領袖；也不知道中國抗戰，是全國有識人民一致的主張。他們這次聲明竟欲消滅國民政府，否認蔣總統的地位，而妄想在中國建立溥儀式的傀儡政府。

董顯光蔣總統敘述陶德曼調處的情形說：

「此時會努力經由外交步驟而終止戰爭者，爲德國駐華大使陶德曼。日本當局曾與陶氏接觸，請其將他們認爲可以終止戰爭之條件轉達　蔣總統。　蔣總統對於日本當局提議的誠意向不深信，但此時仍願聽取陶氏之言。

陶德曼於十二月間和蔣總統商談，　蔣總統首先說得很明白，他只有在中國主權與領土完整獲得嚴格尊重的條件下，始能同意調停。其後據陶氏所轉達者，日本的條件有承認僞滿洲國，在必要的區域成立不設防地帶，在此等地帶內成立特殊政權，中國與反共集團合作，中日滿三國締結經濟協定，修改關稅稅則，並由中國支付必要的賠款於日本等。此外還附有兩條件：甲、談判進行時不停戰，乙、須由我國派員到其指定地點直接交涉。

蔣總統獲此等條件，反覺心為之慰曰：其條件與方式苛刻至此，我國無從考慮，更無從接受，可決置之不理，而我內部亦不致引起糾紛了。……由於　蔣總統之拒絕屈服，日本遂於民國二十七年一月十六日發表不以國民政府為對手之聲明。

丁、日本請德國調停的原因。當時有調停中日衝突資格的，英美比較德國合適，何以日本不請英美調停，而請德國調停呢？重光葵敘述說：

「從華北問題，擴大到中國全面抗戰，這和日本政府原來不擴大方針，本有未合。參謀本部石原第一部長，希望戰禍不要延及華中，早日成立和平協定，俾日本實力，不致在中國浪費，以便對蘇。近衞認石原的主張很有見地。又想運用參謀本部，來抑制陸軍省。當時軍部大多數意見，以為只要條件合適，也不妨談和。因此參謀本部派了馬奈木中佐，陪同駐日德國武官歐特，到了上海，和駐華德國大使陶德曼會商，出面斡旋中日和平。同時駐日英美大使，向廣田外長表示，願意調停中日糾紛。外務省頗表歡迎，外務當局的看法，以為要調解中日問題，只有英美合適；以德國在華的經濟政治關係，單獨來挑起這個擔子，是不會成功的。

可是自九一八事變以後，英美一貫反對日本，軍部對於英美，已具深刻反感。因此，以為談和工作，如經由英美之手，則日本一定要大大吃虧，堅決表示反對由英美調停。近衞也同意與軍部接近的德國出面，廣田外相乃不得不改變方針，正式邀請駐日德國大使，向陶德曼提出妥協方案，共內容為共同防共，停止反日，經濟提携，及損害賠償四點；至於承認滿洲國，也知道中國方面決不會接受，所以暫不提及。參謀本部並通過歐德武官，向中國方面秘密表示，損害賠償一項，也可取消。多田參謀又電駐柏林的大島武官，請在華德國顧問團團長福開霍大將，從旁協助。可是退駐漢口的中國政府，對於廣田的提案，甚表懷疑，通過陶德曼大使，要求詳細說明。而對於日本要求將華北劃爲非武裝區域一節，則自始卽表示不能同意。軍部自攻佔南京以後，態度比前強硬，認爲所提條件，不能再有變動。廣田外相以中日兩方距離過遠，終無成立之望，不如趁早終止。此種建議，獲得閣議同意；於是軍部強硬派的佔領中國政策，越發具體化了。

一九三八年一月十六日，近衞發表不以蔣委員長爲交涉對手的聲明，謂日本將另找交涉對手，以貫澈對華政策。廣田外相在國會中加以說明，指此項聲明，比正式宣戰尤爲強硬，獲得全場鼓掌。爲了執行佔領中國政策，因有新設「興亞院」之組織。」

由重光葵敍述，可知日本當時的情況：一、日軍侵佔南京，重光葵稱爲「軍部攻佔南京」；軍部反對英美調停，只好請德國調停。可知日本的最高決策，不由天皇主持，不由近衞主持，而純由軍部主持。二、軍部荒謬的侵略中國，而日本國會以至近衞廣田等，不僅不予以糾正，反熱烈的推波助瀾，日本侵略中國的行動，已不能諉爲軍部的單獨行動。三、第一次中日戰爭，從宣戰（一八九四年八月一日）到締結馬關條約（一八九五年四月十七日），爲時僅有八個半月。日俄戰爭從宣戰（一九〇四年二月十日）到締結樸資茅斯和約（一八〇五年九月五日），爲時僅有一年七個月。第一次世界大戰時，日本對德宣戰，在奪取膠州灣、及太平洋德屬島嶼後，日本卽按兵不動。「久戰而國不利」的道理，日本不應說不了解。而近衞竟宣稱不以

國民政府爲對手，企圖侵佔中國，使日本陷於泥淖而不能自拔。所以近衞之罪，實不在軍部之下。（註四）

第二節　日本陷入中國泥淖

一、日本無法結束侵華戰爭

孫子說：「知己知彼、百戰不殆」。甲午戰爭時，日本了解中國實情，所以敢於同中國作戰；日本又了解清廷急於求和，所以敢於堅持講和的苛刻條件。七七事變發生時，日本狂妄虛驕，不了解中國抗戰的決心，更不了解中國決不求和；竟於南京陷落之後，向中國提出無法接受的條件。在中國予以拒絕之後，竟妄想征服中國，宣布不以國民政府爲對手。日本的戰略政略完全失敗，此後雖能再侵佔中國土地，已完全陷於被動，陷入中國泥淖而不能自拔。民國二十七年一月蔣總統演講「抗戰檢討與必勝要訣」說：

「我們先講敵情。要講敵情，一定要講到敵人的兵力和作戰的計劃。敵人的兵力總共預備了五十個師團來作基礎，其中預定用在中國的是十五個師團，用以對付俄國的共三十五個師團。他的作戰計劃，就是依據這個兵力分配來決定的。現在蘇俄雖然沒有參加戰爭，但敵人對蘇俄的防禦決不能放鬆，因此他預定用來防俄而配置在西北利亞與北滿邊境的軍隊，也就不能調來中國。但是敵人現在已經用之於我國的正式部隊共有十六個師團，還有補充師十個師團，總共二十六個師團，已超過預定的兵力十一個師團，可見他的兵力已經用盡，不能再派多的部隊來到中國。

至於敵人作戰計劃如何呢？他預定的計劃，就是想以少數的兵力，在最短的時間，一舉而消滅我們的軍隊，迫使中國屈服；然後回轉頭來，應付世界大戰。所以他預定的作戰目標，就是想佔據永定河到察綏一帶的防線。在這條陣線以北，堅築對俄陣地，積極向西北利亞採取攻勢。後來我們發動全面長期抗戰，使他後退不能，固守亦不可得，就不得不被動的伸張到黃河北岸。到現在他愈陷愈深了，愈深入，他的兵力愈要作無限的消耗。並且自從我們上海戰爭發動以後，按照他原定計劃，絕對不能將他的兵力用在揚子江流域的；但是他現在亦不得不增加十師以上的兵力到長江來了。他原定的計劃，就要被動的爲我們所打破了。

大家都知道，一個國家和一個國家作戰，最後勝敗的關鍵，就是戰略與政略；如果戰略和政略失敗，無論他戰術如何好，武器如何精，最後一定是要失敗的。我們此次爲什麼要在上海作戰呢？就是要打破敵人的戰略，使他們不能按照原定計劃，集中兵力侵略我們華北。現在他這個戰略，已完全被我們打破了。至於敵人的政略，最初是想用不戰而屈的方式，威迫利誘，使我屈服。後來看見計不得逞，就想動員他新式的陸海空軍，遂行他速戰速決的詭謀。他以爲如果能在兩星期以內打潰我們，他的目的就達到了；兩個星期不能速決，如能在一個月內消滅我們，他的目的也就可以實現。他的政略就是這樣。但是他現在雖然佔據了我們太原、濟南、上海、杭州，甚至公然侵佔我們南京，我們仍不屈服，仍要抗戰下去，他這個速戰速決的政略，就完全被我們打破。我們六個月來，犧牲這許多官兵和人民的生命財產，所爭的就是在此。……他現在原定用以對我的兵力已經用盡，預定的戰略亦被我們打破，這就是我們抗戰的初步成功，我們最後勝利的把握，也就是在此。」

日本當時的戰略，是希望戰禍不要延及華中的；但在上海戰事發生後，日本的既定戰略完全打破。日本當時的政略，最初是想不戰而勝，其次是想速戰速決；但不戰而勝決不可能，速戰速決也不可能。在日本對華戰略政略完全打破，由主動變爲被動之時，還不急早回頭，竟宣布不以國民政府爲對手，遂使泥足越陷越深。

在日本的預計，以爲南京失陷之後，中國必被迫講和。日本請託陶德曼大使傳達和平條件，中國置之不理，已出日本預料之外。日本在攻陷南京之後，對中國之和戰方針，不能全盤決定；既不肯使用其全部軍力，以迅速解決戰爭；又不願以寬大條件，使中國獲得光榮和平。日本既不能達到目的，又不肯提出寬大條件，其行動遂陷於徬徨與燥急。二十七年三月五日，日本朝日新聞稱：「自七七以來，對華軍費之支出，較日俄戰費之總額，超過七倍云」。二十七年五月間，日本內閣局部改組，以宇垣一成爲外相。宇垣自述出任外相的經過說：『在我答應入閣以前，爲要獲得近衞總理確實的決心，曾經提出了四個條件：一、內閣的統一強化；二、外務與陸海軍分立的對華外交要一元化；三、與漢口的國民政府開始和平交涉；四、放棄一月十六日不以國民政府爲對手的聲明。這四個條件，近衞總理全部贊成了，於是我受命以解決中日事變爲主要任務，就任外務大臣。』宇垣出任外相，是爲謀求中日兩國的和平；但近衞缺乏堅強的信心和魄力，在宇垣開始與我國進行交涉之時，因軍部的反對而中止。至九月末，宇垣突然辭職，外相暫由近衞自兼；日本內閣又爲主戰派所壓倒，再向中國大舉進兵。

二、武漢廣州失陷後，日本第二次講和條件

二十七年十月二十二日敵軍侵入廣州，十月二十五日我軍撤出武漢。日本以爲迫我講和的時機又至。十二月二十二日，近衞發表所謂「建立東亞新秩序」的聲明，以「中日親善、共同防共、經濟合作」三原則爲基本條件。近衞所謂中日親善，是中日「滿」結合爲一總體，要中國承認僞滿。所謂共同防共，是要中國承認日本在內蒙與華北駐兵。所謂經濟合作，是要日本人在中國內地自由雜居。近衞所想建立的東亞秩序，就是日本爲東亞的主人，而中國爲日本的附庸和奴隸。由　蔣總統駁斥近衞聲明，可知日本於侵佔廣州武漢之後，提出的講和條件有六：一、不割地不賠款；二、承認僞滿洲國；三、華北五省特殊化；四、共同反共；五、經濟合作；六、日本臣民在中國內部有居住營業之自由。日本爲引誘中國講和，並表示可以取消治外法權和交還租界。近衞所提的這些條件，雖然荒謬；但比較陶德曼代提的和平條件，已取消賠款的要求，並且開上取消治外法權和交還租界的空頭支票。照普通情況說，日本於軍事勝利之後，本可提出更苛刻的條件，但此刻所提的條件反比一年前較緩和。這是因爲日本的戰略政略都被中國打破，她想早日結束中國戰爭，所以有比較緩和的表示。

近衞這樣表示，以爲中國必可考慮接受。殊不知中國在長期抗戰國策之下，在中國人痛惡日本之下，絕對是不能接受的。因爲中國接受所謂「東亞新秩序」，就是關閉中國門戶，打破九國公約；中國接受所謂「共同反共」，就是廢棄中蘇互不侵犯條約；中國在國際間將完全孤立，一任日本的支配和宰割。近衞所提出的「最低限度要求」，和以前廣田的三原則相對比，是更廣泛更毒辣。中國在開戰以前，尚且不能接

受廣田三原則，而在中國發動全面抗戰後，近衛妄想中國接納此等殘酷條件，自然是絕對不可能。

三、近衛不能結束戰爭，宣告辭職

日本在誘和失敗後，遂採取分化政策，利用汪精衛叛變，以削弱國民政府的力量。殊不知汪氏毫無力量，不僅不能幫助日本解決中國問題，反變成日本的累贅。二十八年一月四日，近衛內閣因中國事變擴大，內外政策無法推動，提出總辭職，由平沼組閣。發動中日戰爭的近衛，竟不能不辭職，可見日本政策的動搖。重光葵敘述此事說：

「近衛苦心改造內閣，以圖改變對華政策的努力，結果撲了一個空。可是近衛仍不死心，不久即有防共、經濟提携、善鄰友好三原則對華的聲明。這個聲明，實際上等於變更了不以蔣委員長為交涉對手的方針。軍部的一部人士，仍設法謀與重慶取得聯絡，蔣委員長不為所動，但却把汪精衛從重慶拉了出來。……近衛原想作為一番，結果事與願違，對政治頗感厭倦，於是以「中國事變擴大，內外政策無法推動，應該換一個人來幹，藉新人心」為理由，而提出總辭職。這總辭職的理由，除了充分表露近衛公子哥兒的性格外，也證實了日本這隻船，在大海洋中航行，已經慢慢地迷失了方向。」

四、日本徬徨燥急，改變防共政策

日本利用汪精衛成立偽組織，對於侵華戰爭毫無補助，對於侵華戰爭之結束，更是遙遙無期。到二十八年一月為止。日本在中國南北戰場死傷了七十萬以上的官兵，消耗九十萬萬日元的戰費，日本死傷的人數，已經到了他全兵力之三十五以上。日本的戰略政略完全打破，近衞內閣因無法結束對華戰事，不能不宣告辭職。日本國力大量消耗，他不僅是戰略政略完全打破，就是歷來宣布的「共同防共」政策，也不能不宣告破產。二十八年德俄訂立互不侵犯條約，日本舉國陷於徬徨，平沼內閣不能不宣布辭職。二十九年日本乘英法在歐戰挫敗之時，逼迫英國封鎖滇緬鐵路；但英國在三個月之後，卽不再顧忌日本之仇視，重開滇緬交通，英美兩國同時對中國表示援助。民國三十年四月十三日，日本竟根本放棄「防共」政策，與蘇俄簽訂中立條約。及六月二十二日德俄戰爭發生，正是日本攻俄的最好機會，也就是「防共」的最好機會；但日本徬徨無措，坐失千載一時的機會。因爲日本侵華戰爭損失慘重，陸軍實力大大削弱，已喪失「反共」的決心和勇氣了。此時日本海軍尙無損失，不於擊敗俄國鞏固後防之後，居然發動對英美之戰爭，使日本走入自殺之道路。日本在世界發生重大事變之時，徬徨燥急，不能爭取主動，完全陷於被動，就是對於中國估計之錯誤，和侵華戰爭之失敗。

第三節　日本分化政策的失敗

一、汪精衞叛國降敵

二十七年十二月二十二日近衞發表建立所謂東亞新秩序，及對華三原則。十二月十八日汪精衞秘密離開重慶，飛往昆明，策動龍雲叛變。龍雲不爲所動，汪氏於廿一日飛往越南河內，又轉飛香港，二十九日發表致蔣總統的「和平」通電，主張照近衞三原則的基礎，結束中日戰爭。二十八年一月一日中央常會決議永遠開除汪精衛黨籍，並撤除一切職務。汪氏竟倒行逆施，於二十八年五月五日赴滬，即轉赴日本，明白的叛國降敵。六月八日國民政府明令通緝汪逆精衛。董顯光在蔣總統傳內敘述汪氏叛變經過說：

「當汪氏於重慶任職政府時，日人究如何與之接觸，外間固無從知之。稍後，汪氏即作飛離重慶的長期準備，結果卒於民國二十七年十二月十八日成行。其時，　蔣總統因公離開陪都，汪氏遂藉詞主持軍校畢業典禮，飛往成都；事後乃乘一秘密準備之飛機，前往昆明。既抵該地，即與雲南省主席接觸，勸其領導一個叛變，以反抗國民政府。龍氏立即報告　蔣總統，汪氏始知所與接觸者不得人，乃繼續飛往越南之河內，深居簡出。稍後，又轉飛香港，旋由港發布其致　蔣總統之和平通電，主張按照日本近衛內閣的基礎結束中國事件。

蔣總統於民國二十八年一月七日作復，僅聲明汪氏向未對他提及與日媾和的主張。　蔣總統希望汪氏對其所採取的錯誤步驟，能重加考慮，故暫時不作任何措置。但他人却不讓汪氏如此過去，三十五名之高級將領聯名致電　蔣總統，指責汪氏；同時，中國報界亦痛詆汪氏之和平建議，為是年第一件的自殺新聞。其次的消息，即為汪氏親往東京，與敵人商議，一意叛國不顧。國民政府乃於二十八年六月八日下令通緝歸案懲辦。」

汪精衛領袖慾太大，作事常不擇手段，二十七年蔣總統被選為總裁，汪氏得副總裁地位，汪氏已內心不滿。二十八年汪精衛叛變，對於人心確有相當打擊。此時日本若能信任汪氏，對汪氏全力扶助，確係分化中國之一法。無如日本軍閥之利用汪精衛，係以溥儀第二視之，並不願扶植一個較有力量的政府；汪氏變為溥儀第二，日本的分化政策，不僅毫無效果，且消滅了與國民政府講和的機會。重光葵敘述日本利用汪氏的經過說：

「日本不能解決中國問題，實在因爲日本實力不夠。這需要日本自己反省，另想合理辦法。可是軍部誤認重慶之抗戰到底，乃由於英美的支持，對於英美的痛恨，日甚一日。計窮之餘，把汪精衞拖了出來，一直送到東京。汪到了東京以後，板垣陸相始向平沼報告，並請平沼和汪見面。平沼又吃了一驚，因爲這事和海南島攻略一樣，事前都蒙在鼓裡。汪的赴日，等於中國全面滿洲化的具體化，幕後策動者是土肥原和影佐，土肥原本是拉溥儀赴東北的導演者。

汪精衞對日向主妥協，國府遷都重慶以後，汪仍以欲安定東亞，必須中日協和爲言。汪在重慶受了近衞三原則的影響，和陳公博周佛海曾仲鳴等，先後由重慶潛赴河內，影佐迎至上海，轉赴東京。汪到了東京以後，見過平沼和近衞，探悉了日本方面妥協條件的內容，開始作在中國佔領區域內樹立統一政權的準備。

汪的準備工作着實費了不少時間，第一要和日本方面達到諒解，即須具備高度的忍耐。日本一部人士對汪的出主新政權，表示反對，認爲不會成功，反而阻塞了與重慶談和之路；不如暫維南北兩政府的現狀，以留將來談判餘地。可是汪已經到了東京，軍都竭力主張建立中央新政權，以實施佔領區行政；這個主張最後得到了勝利。

支持汪政權者，又有兩派不同的意見。一派比較了解中國內情，主張給汪以充份發展其多年抱負的機會，藉以收拾中國人心。一派則主建立純粹滿洲式傀儡政府，在中國確定日本特殊權益。後者的主張，以軍部與興亞院爲其背景，當然又獲得通過。」

二、汪精衛爲日本軍閥欺騙

汪精衛的叛國，是受近衛三原則的誘惑，但汪氏叛國後，受了日本軍閥的欺騙；他到了日本，平沼事先毫無所知；他所得到的，僅是一個滿洲式的傀儡政府。日本軍閥的蠻橫無信，日本政府的沒有一貫政策，自從汪氏受騙後，不能再欺騙任何有頭腦的人，就是跟從汪氏的人如陶希聖高宗武等，都不願再盲從汪氏，棄暗投明，回轉頭來擁護國民政府。汪氏既倒行逆施，甘爲日本軍閥的傀儡，國民政府爲正人心，懲奸僞計，於廿八年六月八日發表通緝汪逆令，原文如次：

汪兆銘違背國策，罔顧大義，於全國一致抗戰之際，潛離職守，妄主和議，並響應敵方謬論，希冀煽惑人心，阻撓大計。經中央加以懲戒，猶復不自醒悟，倒行逆施。似此通敵禍國行爲，顯屬違犯懲治漢奸條例第二條之規定。比來海內外民衆同深憤慨，先後呈請通緝嚴辦者不下千餘起之多；政府如尚曲予寬容，其何以伸張國法，慰我軍民；應卽由全國軍政各機關一體嚴緝務獲，依法懲辦，以肅紀綱！此令。

三、南京僞組織成立增加日本負擔

二十八年八月二十八日汪逆在上海召開僞代表大會，選汪逆爲主席。二十九年三月廿九日汪逆在南京成立僞組織，三十日我外交部特照會各友邦否認汪逆僞組織。二十九年十一月三十日，日本始正式承認南京僞組織。三十年七月一日，德意兩國承認南京僞組織，我國民政府卽斷然與德意兩國絕交。汪逆僞組織雖在南京成立，僅變成日本的負擔，對於藉此分化中國的陰謀，完全失敗。汪逆組織對日本之無用，陶希聖在「日汪僞約十論」中說得很透澈，他說：

「我會說日本軍人對汪有兩重用途，一是作爲手段用，一是作爲目的用；前者可以說是活用，後者可以說是死用。何以說活用？日本軍人用汪爲脅制的手段，想中國國民政府與之議和。這時候，汪組織在議和之前，是一個手段，在議和之時，是一個條件。故作爲手段用的汪，乃是活用。何以說是死用？日本軍人用汪爲目的，以期建設「東亞新秩序」。於此時期，日本對中國的外交攻勢與和平攻勢，都歸無用，所餘的乃止有軍事進攻。故作爲目的用的汪乃是死用。

何以日本軍人兩年來要用汪爲手段，又想用汪爲目的？我們可以從兩方面來觀察。一方面是日本對中國的政治攻勢與軍事攻勢互相並用的歷史經過。我們記得民國二十六年之末，日本經由德國大使陶德曼之手的和平攻勢失敗，於是有二十七年一月十六日的宣言，不以國民政府爲對手。此後便一方在北平南京樹立所謂「臨時」「維新」兩組織，一方面有徐州的會戰，企圖打通南北兩戰區，而統一淪陷區域。徐州會戰告一段落後，近衛起用宇垣一成爲外相，想着手於第二度的和平攻勢。可是宇垣受板垣派的牽制，始終沒有什麽實際的活動，終於下野。於是有板垣的「長期戰爭與長期建設論」，他想在攻下武漢之後，改攻擊戰爲掃蕩戰。換句話說，他主張建立戰區的治安秩序，而停止其對於自由中國的進攻。近衛聲明所謂建設東亞新秩序，就是這樣來的。這個事件以後，日本軍人又想借汪來一面統一淪陷區，一面又復活其對於中國的和平攻勢。隨着汪等無用之事實證明，後一方面的企團（即以汪爲手段而誘和），日益有力。這一次的和平攻勢，荏苒經年，仍然失敗，乃承認汪政權。和平攻勢之活塞既已釘死，則賸有的只有軍事進攻。

另一方面是日本軍人在中國陷於矛盾的狀況。我們很容易知道，假如日本純用軍事攻勢可以征服中國，則政治外交攻勢，必為他們所不取。只因他們征服中國的夢想，已經打破；却不願退轉，而放棄侵華的野心。所以兩年以來，他們無論如何，總想活用汪以言和，死用汪以「建設東亞新秩序」。簡單的說，「汪政權」的存在基礎，就是日本侵華軍人既不能進，又不願退的矛盾狀態。……無論日本軍人對於汪組織想用作手段或為目的，有一個決定的事實：汪是織是兩皆無用。」（註十）

第四節　日本求和的失敗

日本九一八以後對中國侵略政策，最初是想中國不戰而屈，但中國戰而不屈。七七事變以後，日本發動軍事攻勢，是想速戰速決；及速戰速決失敗後，又想速和速決；近衛發表對華三原則聲明，就是想速和速決。日本不能速和速決，遂採用分化政策，利用汪逆以向國民政府迫和。到汪逆偽組織證明無用之後，還是想利用各種關係，以向國民政府求和。但日本軍閥既不能進，又不願退，其求和的條件，雖然一天比一天讓步，其對華信用已喪失無遺；最後雖然提出恢復七七事變前狀態，已不能得中國的信任。國民政府為澄清一切謠傳，表示與英美各國一致合作，於民國三十年十二月九日對日本正式宣戰。

一、近衛二度組閣，第三次提出講和條件

民國二十九年七月近衞繼米內內閣之後，再度組閣。此時汪逆僞組織雖已成立，近衞仍願與國民政府談判和平，外相松岡也派人到香港，與張季鸞往還，想透過張氏，進行與國民政府的妥協工作。董顯光重光葵對當時接洽情形均有敍述，董顯光說：

「日本海軍大將米內的內閣執政約六個月，即於一九四〇年辭職，繼而組閣者仍爲近衞。新內閣總理亟欲與 蔣總統達成協議，以結束長期的消耗戰爭。 蔣總統不爲近衞內閣的緩和態度所動搖，對其所提的新和平方案，如察綏冀晉魯北方五省樹立特別地位，及承認汪精衞政權，而將滿洲國地位暫從緩議者，斬釘截鐵予以拒絕。……但日本却繼續派出和平試探者，以謀解決戰爭，甚至比諸較早被拒絕者尤爲懇切。彼時之外務大臣甚至派遣外務省之東亞局長來香港，欲與中國政府代表獲致直接的交涉。在莫洛託夫於一九四一訪問希特勒以後，彼時的德國外長里賓特洛甫，竟願出爲中日兩國調停。這當然是被拒絕的。民國三十年終，有一外籍友人詢 蔣總統，日本方面曾否以和平之事來商。蔣總統答稱：他們至少每月一次間接的及非正式的表示其求和之意；他們日益提出較優的條件，甚至表示願從華北將日軍撤退。但我方仍拒接考慮此類提議。

日本既不能達其目的，乃請求一位中立朋友，傳達他們欲與中國政府開始直接商討和平的願望。遲至民國三十年七月四日，距日本進攻珍珠港時僅數月，一個很寬大的和平方案，即由日人提經這位友人轉請 蔣總統考慮，這次的提議亦與他們過去的企圖，遭遇同樣的命運。現在回想起來，日本顯然急欲結束中國的戰爭，俾傾其人力與資源從事於龐大的南進運動。……

民國二十九年十一月， 蔣總統達成一個有重大意義的決定。他決定中國與英美直接採取一致行動，以對抗軸心國的侵略。從此以後，中國對於日本企圖與中國單獨解決的一切和平條件，概置之不理。此一決定為　蔣總統部下所有將領與顧問一致贊同，因為動搖份子早已絕迹於中國之陪都了。那時的標語便是：「民主國家必須共存共亡」。重慶當卽宣布，國民政府將直接拒絕甚至可以獲得光榮和平的條件。此一宣言可以振奮中國人民的士氣；因為日本歷來的和平攻勢，都是具有分化的影響的。」

董顯光所謂日本請求一位中立朋友，傳達他們願意直接商討和平的願望；這一位中立朋友，據重光葵所述，是張季鸞。重光葵敘述此事說：

「軍部多數雖一方主張利用汪精衞，但也有一部分人始終不肯放棄和重慶的聯絡。一直到二次近衞內閣成立，松岡外相還派民間志士，到香港和中國新聞記者張季鸞往來；想通過張氏，進行與重慶妥協的工作。

可是日本政府，那時已派前任總理阿部信行任特使在南京和汪精衞談判「日華基本協定」。經過長時間的交涉，日本方面答應撤廢不平等條約；但同時要求設立各種特權。這種自相矛盾複雜而離奇的協定，居然宣告成立；並同時發表「日滿支共同宣言」，松岡撤回在香港的聯絡人員，於一九四〇年十一月四日，日本正式承認汪精衞政權。」

由重光葵的敍述，證明日本講和的願望，是缺乏誠意的。二十九年七月近衞再上台時，提出的和平條件如次：一、華北五省特殊化；二、承認汪精衞政權；三、滿洲國地位暫從緩議。近衞的這個提議，被國民政府斷然的拒絕；日本還是繼續試探和平，甚至願從華北將日軍撤退，放棄華北五省特殊化的要求。但日人的和平提議，是沒有誠意的，是想藉此分化中國的。二十九年十一月日本正式承認汪逆政權，是自動的關閉了和平之門。此時德意日三國同盟業已締結，日本與英美的敵對，已屬顯然。美國對中國貸款一萬萬元，英國對中國貸款一千萬磅，卽在這個時候。中國至此，已從孤軍苦鬬，得到英美的協助，外交上已不再孤立。所以「國民政府決心與英美一致行動，以對抗軸心國的侵略；從此以後，中國對於日本企圖與中國單獨解決的一切條件，槪置之不理」。

二、三十年七月第四次提出講和條件—所謂寬大的和平方案

三十年七月四日，日本提出一個很寬大的和平方案，這個方案的內容，董顯光沒有說明；但我們看日美兩國的交涉情形，可以推測這一方案的內容。

民國三十年珍珠港事變之前，美日兩國曾有半年的交涉，張其昀與重光葵都有叙述；玆將張其昀所述節錄於次：

「日本近衛內閣之對美交涉，自民國三十年四月起，繼續達半年之久。當初係在極秘密中進行，嗣卽漸被洩漏於外。……日美交涉開始，陸軍與海軍曾同樣希望交涉成功。然而到了八月左右，陸軍的熱誠，卽逐漸消失；惟海軍的意向尙依舊不變。直至十月近衛內閣總辭職以前，海軍首腦部之內心，依然主張繼續交涉。……日本曾經建議日首相近衛與美總統羅斯福在檀香山舉行會議。國務院方面從各方探聽之結果，對日本是否具有希望交涉成功之眞意，深表疑問，尤其對於松岡外相等氣燄的高張，頗感不耐。……

八月間格魯大使在東京，和日本當局不斷會商；日本駐美大使野村在華府，與美當局亦迭有接洽。據野村大使云，被所接觸之美國閣僚，咸充滿悲觀之空氣，僉認爲美國毋須參加無成功希望的兩國領袖

之會見。十七月羅總統自海上與邱吉爾舉行會談，發表羅邱宣言後，返抵華府，雖爲星期日，仍匆匆邀請野村大使，向之提出兩點：一爲對日本再作武力南進之警告，一爲對兩國領袖會見提案之答復。羅氏在愉快之情緒中，提到會見之地點以阿拉斯加爲佳，日期定十月中旬。但自羅邱宣告公布以後，日本輿論對之極爲激昂，反對日美交涉之聲浪已日高一日。

後來日政府特派來栖赴華盛頓協助談判。美日談判的中心問題，實在還是中國問題。美國表示要日本明白提出和中國談和的具體條件；在美國明瞭此種具體條件以前，美國不便作任何決定。九月二十二日豐田把日本對華談和的「基本條件」交給格魯大使，分爲九條：一、中日親善；二、主權與領土完整之尊重；三、中日之協力國防（co-operative defense）；四、撤退日本之軍隊；五、經濟合作；六、蔣汪政權之合併；七、無土地之割讓；八、無賠款；九、承認「滿洲國」。在三、四、五、三條之下，還附有較詳之說明。

當美日談判進行之際，日本又繼續派兵前往越南。同時日本國內的報紙，又紛紛對美大加攻擊，而尤以外務省英文機關報「日本時報」之言論爲最激烈。美國堅持必須日本立刻撤退在中國及越南之軍隊，才能談及其他。這是美日談判終無圓滿結果的癥結所在。十月二十六日美總統向日本提出十點建議，然而日本方面却說這是美國對日本所致送的「哀的美敦書」。……

十月十四日，近衞下臺之前，曾對陸相東條有四次的懇談，終未能邀其同意。近衞說：「余在中日事變中負有重大責任，此事變已遷延四年尚未解決。時至今日，如再捲入前途毫無把握之大戰中，無論如何難以同意。此際如暫時委屈，示人以撤兵之形式，則足以挽救日美戰爭之危機，又可利用此時結束中日事變。國家之發展希望，端繫於此。爲了將來重大之伸展，一時委屈，培養國力，更屬必要」。……

十月十六日近衞內閣總辭職，翌日召開重臣會議，授命東條陸相組織下屆內閣。……主張繼續交涉之首相，與主張停止交涉之陸相意見衝突，內閣總辭職以後，組閣之天命降於陸相，當然趨於日美交涉停止，進入日美開戰之悲運。美國獲得近衞內閣總辭之報告，相當震動。據野村大使歸國後所談，美國政府認爲近衞辭職，代以東條，日美交涉已無希望。」

日美交涉的中心問題，當然是中國問題。日本關於對華談和的基本條件，張氏業已指出；但美國向日本提出的十點建議，張氏除透露立刻撤退在中國之軍隊一點外，其他未加說明。重光葵對於美國向日本建議，則說得更明白，重光葵說：

「東條戰爭內閣的出現，掀起了太平洋的狂瀾。……日美交涉，由東鄉新外相作成甲乙兩個新對案，於十一月五日，經御前會議決定。甲案係根據過去接觸結果，擬成了一個日本最後妥協案。乙案則爲如果此項要協案不能成立時，日軍從西貢北撤，美國終止對重慶援助，並撤回凍結令，藉以緩和空氣。野村大使先提出甲案，與美方談判。至交涉最後期限，則定爲十一月廿九日。外相爲輔助野村，特派前駐德大使來栖，從香港飛至華府協同進行。野村提出甲案，沒有結果。

十一月廿日，野村和來栖，再向美國提出乙案。可是美國對日本外務省與野村往來密電，已一一截獲。在東鄉秘電中，美國已知日本並無妥協誠意。赫爾因此對兩大使的話，不予致信。來栖之來，並無新提案，認爲別有作用，因此對來栖的說明，反增加了許多猜疑。

赫爾召集中英法荷諸國代表，對日本最後提案，加以審議。結果，十一月廿六日美國提出答復，不但要求日本從中國本土撤兵，而且表示必須回復九一八事變以前狀態。其態度的強硬，爲從來所未有。日本當初以爲美國要求日本撤兵，還只限於中國本土，現在底牌攤開，才曉得還包括東北。這對於日本的激動，自然非常強烈。赫爾原備有比較緩和的暫定方案，以保留一些餘裕的時間，但經中國政府及英國代表的反對，該項暫定方案，卽予擱置。

日美交涉，日本方面最後的希望，是寄託美國事實上承認滿洲國這一點上。現在既要求日本從東北撤兵，等於瓦解「滿洲國」，因此，日本政府認美國的答復，無異最後通牒。美國方面，公布此爲最後方案，再無變更餘地。」

觀重光葵所述乙案，日本還是在甲午戰爭時，對他國讓步，對中國絕不讓步的態度。日本最後的希望，是保持滿洲國；但此時德俄戰爭發生，德國對於英美的壓力業已減輕，美國已有戰勝日本的把握，所以要求日本在中國撤兵，是包括滿洲在內。日本因此徬徨燥急，遂有行險僥倖的決心。近衞不願將日本孤注一擲，只有下野，由主戰的東條上台。

就作者所知，並就張其昀重光葵所述觀察，日本在三十年七月四日提出的「一個寬大和平方案」大致包含下列四點：一、不割地不賠款；二、撤退日本長城以南軍隊，恢復七七事變前原狀；三、汪精衞僞政權與國民政府合併；四、承認僞滿洲國。（註十一）

第五節　中國拒絕和談正式對日宣戰

一、中國拒絕日本和談的原因

三十年七月四日，日本提出一個寬大和平方案，似乎中國可以考慮接受。但中國不予考慮，堅持予以拒絕，理由如次：

第一、日本不統一又無誠意。日本當時並無悔禍之意，不過故示寬大，藉此分化中國。試看在五個月之後，日本竟敢與英美同時宣戰，擴大所謂「東亞新秩序」之範圍，就可知日本之狂妄。遲至十一月五日，所謂御前會議決定與美國交涉的甲乙兩案，乙案僅允在越南撤兵，還想佔據中國；這是日本對外國退讓，對中國決不退讓的老辦法。在日本沒有悔禍誠意以前，誰能保證日本實行其允諾的條件呢？而且日本係由軍人專權，元老重臣甚至日本天皇均不能指揮軍部，在日本軍人自認勝利之時，有誰能使妄狂的日本少壯軍人就範呢？汪精衛被近衞三原則誘惑，不惜叛國降日；但日本並不願給予權力，僅視之為溥儀第二。日本對於汪逆，就已喪失信用，如何再能欺騙堅決抗戰的國民政府呢？日本根本沒有悔禍誠意，而且沒有一個可以代表整個日本的代表，可與中國開始和談，這是中國不能不拒絕和談的第一個原因。

第二、國民政府與汪偽組織無合作的可能。國民政府於二十八年六月明令通緝汪逆，二十九年外交部照會各友邦否認汪逆偽組織，二十九年十二月一日外交部為日汪簽訂條約發表聲明稱：「汪兆銘為中華民國之罪魁，其偽組織全屬非法機關，為中外所共知，無論其任何行動，對於中國人民或任何外國完全無效。」愛國救國的國民政府，自然不能與叛國賣國的汪偽組織合作；日本希望國民政府承認汪偽組織，自屬絕無可能。且汪逆與日本簽訂各種條約，表面上是廢除不平等條約，實際上承認日本有各種特權，就是重光葵也稱之為「自相矛盾複雜而離奇的協定」。中國若承認汪偽組織，就不能不承認日汪偽約，也就是承認日本在中國享有各種特權。國民政府絕不能與汪逆合作，這是中國不能不拒絕和談的第二原因。

第三、中國絕不能承認僞滿洲國。中國與日本之衝突，是因爲日本侵佔滿洲。假使中國可以承認僞滿洲國，二十五年廣田三原則提出之後，中日糾紛卽可解決，不至有中日二次戰爭的發生。中日糾紛的中心問題，就是滿洲問題。民國二十六年中國奮起抗戰，英美雖對中國表示同情，但對日本並無實際的制裁。中國在抗戰十八個月之後，才獲得美國二千五百萬元的信用借款；抗戰二十二個月之後，才獲得英國五百萬磅的信用借款；中國並不因沒有外援，稍變堅決抗戰的決心。二十九年九月日德意三國同盟，日本已顯然與英美爲敵，英美也不再顧忌日本，顯然的援助中國。二十九年十二月一日美國貸我一億元，十日英國貸我一千萬磅，就是英美援助中國的事實。是時，中國已不是孤軍苦鬬，而日本正進退失據；中國如何能在此有利之時，而承認僞滿洲國呢？這是中國不能不拒絕和談的第三原因。

日本是時急欲解決中日事變，仍不放棄其侵略中國政策，堅欲中國承認僞滿洲國，中國當然不能接受。日本利用汪精衞，本欲藉此壓迫國民政府講和，結果適得其反，反變成中日講和的障礙。至日本之不統一，沒有一個日人可以全權代表日本講和，可以保障講和條件的忠實履行，這更是和談不能進行的根本原因。

二、中國正式對日宣戰

中國對日抗戰，是應戰，不是求戰；是爲抵抗敵人的侵略，以保衛國家的生存。中日兩國在不宣而戰的狀況下，戰爭了四年又六個月。民國三十年十二月八日，日本偷襲珍珠港，同時與英美兩國宣戰；中國爲堅決國人抗戰意志，杜絕日人和平攻勢，於十二月九日正式對日本宣戰，國民政府對日宣戰原文如次：

「日本軍閥夙以征服亞洲，並獨霸太平洋為其國策。數年以來，中國不顧一切犧牲，繼續抗戰，其目的不僅所以保衛中國之獨立生存，實欲打破日本之侵略野心，維護國際公法正義及人類福利與世界和平，此中國政府屢經聲明者。

中國為酷愛和平之民族，過去四年餘之神聖抗戰，原期侵略者之日本，於遭受實際之懲創後，終能反省。在此時期，各友邦亦極端忍耐，冀其悔禍，俾全太平洋之和平，得以維持。不料殘暴成性之日本，執迷不悟，且更悍然向我英美諸友邦開釁，擴大其戰爭侵略行動，甘為破壞全人類和平與正義之戎首，逞其侵略無厭之野心；舉凡尊重正義之國家，咸實忍無可忍。茲特正式對日宣戰，昭告中外，所有一切條約協定合同，有涉及中日間之關係者，一律廢止，特此布告。中華民國三十年十二月九日，主席林森。」

在過去四年不宣而戰，中國與日本是武力的衝突，中日間過去締結的一切條約，日本根據條約在中國享受的一切權利，仍依然存在。中國對日宣戰後，「所有一切條約協定合同，有涉及中日間之關係者，一律廢止。」同日，國民政府對德意宣告立於戰爭地位。（註十二）

第六節　中國苦戰中的外交形勢

一、國際聯盟與九國公約會議的決議

甲、國聯對我國申訴的處理。九一八事變以後，國際間非常注意遠東問題，其中尤以美國最為關懷；

但美國不是國聯會員國，不能參與國聯會議。因此，國聯爲使美國便於參加計，爲解決中日問題，成立一個遠東諮詢委員會，邀請美國參加，通過了李頓調查團的報告書。後因日本反對，退出國聯，國聯的調解工作遂中途停止。國聯的不能表現力量，因本身機構頗不完善，最大缺點，約有二端：第一、凡是通過議決案，必須全體會員國一致同意，方能通過；苟有一國因利害關係不能贊同，全案即不能通過。第二、國聯本身缺乏執行決議案之機構，議案通過之後，國聯本身無法執行，全視各會員國如何設法執行決議案，故實際上之共同行動不易實現。國聯雖無力制裁日本的侵略，但可喚取國際間的注意，至少各國可在精神上援助；故我國在七七事變發生後，爲外交上的運用，有向國聯申訴的必要。

民國二十六年七月三十日，我國政府向國聯遞送第一次聲明；九月十二日，復提補充聲明書。我國首席代表顧維鈞根據我國兩次聲明，向國聯秘書長遞送正式聲明書，爰引盟約第十一條及第十七條，向國聯行政院訴請對於上述各條所規定之情勢，採取必要之行動。國聯行政院開會時，決議將中國提案交遠東諮詢委員會審查。遠東諮詢委員會審查後，提出報告書，經十月六日國聯大會通過，內容如下：（一）日本在華之軍事行動，違反九國公約及非戰公約；（二）邀請九國公約簽字國於最短期間開會，維護九國公約之神聖；（三）對中國表示精神上之援助，請各會員國個別援助中國，勿採取削弱中國抵抗能力之任何行動。

國聯因無力制裁日本，將制裁日本侵略問題，諉於九國公約之簽字國；但國聯能明白宣示日本違反九國公約非戰公約，並請各會員國個別援助中國，足證公理正義尚未完全澌滅，中國申訴不能說沒有結果。

乙、比京九國公約會議宣言。國聯通過請九國公約會員國開會後，比國政府因英美兩國之贊同，發出請柬邀請九國公約締約國，與非締約國之遠東有密切關係者，派遣代表在比京舉行會議，開會時期，定爲一九三七年十一月三日。我國政府於接到邀請後，當卽接受，但日本竟予拒絕；日本並聲明中日兩國問題是中日兩國的事情，其他國家無權過問。

比京會議與會國家，計有中、美、英、比、法、意、葡、南非、澳大利亞、加拿大、印度、紐西蘭、玻利維亞、墨西哥、丹麥等國。此外德國與蘇俄均被邀請參加，蘇俄接受，但德國加以拒絕，與會者共十五國。此時英美兩國側重調解，不願以實力制裁日本，比京會議開會，除發表宣言指責日本外，始終無進一步的行動。玆將比京會議宣言節錄如次：

「南非、美、澳、比、玻利維亞、加拿大、中國、法、英、印度、墨西哥、荷蘭、紐西蘭、葡萄牙與蘇聯，見日本仍以中日衝突不在九國公約範圍內爲言，並一再拒絕不允交換意見，以圖解決，咸有遺憾。……日政府堅持中日衝突，僅與中日兩國有關之說，而上述諸國民代表則認此次衝突，與一九二二年九國公約及一九二六年巴黎非戰公約各簽字國，咸有關係。……

日本政府曾聲明日本對華施用武力，亟欲使中國放棄其現行政策。上述諸國代表，於此不得不指出者：任何國家在法律上絕無施用武力，以干涉他國內政之理由；苟一般人對於此種權利，予以承認，則衝突從此不休矣。日政府又謂應由中日兩國單獨進行解決，然此種解決方法，決不信其能成立公正而垂久之解決也。日本武裝軍隊，現以極大數額集中中國土地，而佔據其廣大重要之區域。日軍當局宣稱：日本目的在摧毀中國之志願與能力，使之不能抵抗日本之志願與要求；日政府並謂：行爲與態度違反九國公約者，厥爲中國，然中國現已與簽訂此約之其他各國，從事於完全而坦直之討論，而日本則拒不與他國討論焉。……

與會各國代表現仍相信，如中日兩國允停止敵對行爲，俾給與此種手續之機會，則成功未始無望。今中國代表已依此手續，表示辦理之準備矣。各國代表對日本之始終拒不討論此種方法，感覺費解。」

丙、九國公約會議後之國聯決議。九國公約比京會議發表宣言，僅指摘日本違背九國公約，並無制裁日本之行動。此後每次國聯行政院會議和國聯大會，我國外交當局都提出國聯前次的決議，請求國聯制裁日本，援助中國；但國聯根本無執行之職權，所以決議不免流於空洞。民國廿七年九月國聯行政院會議時，我國提出盟約第十六條第十七條，請求國聯實施。第十六條就是制裁侵略國的方法，大意是對破壞盟約之侵略國，各會員國『擔任立卽與之斷絕各種商業上或財政上之關係，禁止其人民與破壞盟約國人民之各種往來，並阻止其他任何一國爲聯合會會員或非聯合會會員之人民，與該國之人民財政上商業上或個人之往來。』第十六條第一款的制裁，就是對侵略國經濟絕交，施行經濟制裁。同時因爲日本已經退出國聯，不是會員國，我國並提出實用於非會員國的盟約第十七條；第十七條第三款規定：『如被邀請之一國，拒絕承受聯合會會員之義務，以解決爭議，而向會員國從事戰爭，則對於取此行動之國，卽可通用第十六條之規定』。

我國代表於九月十九日在國聯行政院中，請求依照十七條之規定，邀請日本承認會員國之義務；廿一日，日本正式拒絕此項邀請；行政院遂於三十日通過報告書，決議依照十七條第三款之規定，聯合國各會員國得個別採取第十六條所規定之各種辦法。但國聯是沒有執行機構的組織，所有決議案完全要靠各會員國分別去執行，自然不易獲得成效。

民國二十八年一月十七日國聯行政院開會，我國代表以國聯認定盟約十六條對於日本已可適用，而事實上未見實行；我代表只得要求在國聯未施行盟約十六條之際，先組織一個調整委員會，研究各國制裁日本各別所應做之事。五月國聯行政院會議，我代表又繼續要求早日成立此調整委員會，但以各國立場不同，利害不同，顧忌又多，依然未獲結果。九月間，國聯大會應舉行常會，但因歐戰業已爆發，連同行政院會議一併展緩舉行。十二月蘇俄進攻芬蘭，國聯因芬蘭的請求，於十二月九日召集行政院會議。十一日召集大會討論，蘇俄拒絕出席。結果，國聯行政院於十三日開會，決議將蘇俄會籍開除。在開會之時，各會員國注意力集中於蘇芬問題，無意討論其他問題；關於中日問題，遂未能列入議事日程。我國察酌情形，難以請求討論，卽討論亦必無結果，不得已，僅由顧代表維鈞聲明保留日後重提之權。國際聯盟從此未再開會，事實上等於瓦解。聯合國在第二次世界大戰末期已籌備成立，始代國際聯盟而起。（註六）

二、抗戰後對美國的外交

中國對日本抗戰，是臨到最後關頭，爲爭國家的生存自由，不能不以武力對抗武力。我國在抗戰之初，事先並未與英美接洽，事後英美對中國表示同情，但不能以實力援助。英美在北京九國公約締約國開會時，不能表示較強硬態度，就因英美各國對日本尚有安撫之意。民國二十七年武漢失守後，十二月二十五日美國始貸我信用借款二千五百萬美元。二十九年七月二十七日，日德意三國締結同盟後，日美衝突隨時有發生可能，美國始改變態度，積極支持中國之抗戰。

甲、美國堅持不承認主義。九一八事變後，美國倡導不承認主義，就是不承認侵略國利用武力違反條約所造成的事實。抗戰以來，美國仍堅持不承認主義，羅斯福總統及赫爾國務卿對於國際局勢歷次發表演說，均維護正義，反對侵略；羅斯福總統於二十六年十月五日在芝加哥演說，發表防疫隔離的主張，以改變美國孤立與中立的輿論。羅斯福在演詞中，雖未指明國家，實際是譴責日本的不宣而戰，茲節錄其演詞於次：

「最近世界政治形勢，日趨險惡，致使各愛好和平之人民與國家，均為之異常憂慮。十年之前，六十餘國鄭重擔保，不以武力為行使國家政策之工具；人類對於永久國際和平之期望，因之達於高峯。但此種表現於非戰公約之高尚精神與和平願望，最近已轉為大難將臨之觀點所摧毀。現在的恐佈狀態，與國際之不遵法律，不過起始於數年以前；其初以不法干涉他國內政，或違反條約，侵略他國土地；馴至今日，愈演愈甚。……此種情形如發現於他處，諸君切勿以為美國可保無虞，切勿以為美國可蒙寬恕。……吾人如欲避免此不幸之日之降臨，吾人如欲在世界安居樂業，自由無慮，則所有愛好和平之國家，應即起而合作，維持為和平之基礎之法律與原則。……蓋此種違反條約與人道之行為，現正造成國際混亂與不安之局勢；而欲避免此種混亂與不安局勢之波動，決非嚴守孤立與中立所能奏功的。」

乙、美國軍艦奔尼號被炸沉事件。民國二十六年十二月十二日，美國軍艦奔尼號在南京上游三十英里，被日本飛機擊沉。日本飛機對於逃入救生艇的美國士兵，還低飛以機槍射擊，致有美國士兵三人死亡，十七人受傷。在美國軍艦被炸沉之前，英國的德和與大通兩號商船，在蕪湖江面均被擊沉；軍艦瓢蟲號又在蕪湖遭受炮轟。當時許多人以為日本挑釁，英美必將迅速採取報復行動。但英美兩國均不敢冒險與日本衝突，經過一番交涉後，接受日政府的道歉而了結。對於奔尼號事件，日本對美國賠償美金二百萬元。董顯光蔣總統傳敘述此事說：

「這些不愉快的經驗，正發生於保衛南京的最黑暗時日中，使　蔣總統深知中國不能從各主要國家獲得有形的援助；他已了解至少在暫時中國只能獨自抵抗其敵人。中國並未由任何西方民主國獲得軍事的援助。反之，中國卻屢被迫勸，從速對日本和平解決，以利國際的通商。……在這樣一個使人失望的國際背景下，　蔣總統竟對日本的全力而作戰。奇怪得很，此時表示願助中國的唯一國家，便是蘇俄。蘇俄因深悉日本的意向，是在征服中國後，即進攻蘇俄，故決定鼓勵蔣總統抵抗日本軍隊，以削弱其勢力。……

在民國二十六年與三十年間，當中國正在單獨對日抗戰之際，　蔣總統同時進行同樣重要的外交戰，以爭取世界的援助。但是外交戰的結果，幾至珍珠港事變的前夕，無時不使人痛心失望的。」

丙、美國開始援華並允諾戰後取消在華特權。中國抗戰一年半，武漢廣州相繼失守以後，中國始獲得美國經濟的援助。民國二十七年十二月廿五日中國以桐油爲擔保，向美國貸款二千五百萬美元。一年又兩個月之後，二十九年三月八日美國貸我信用借款二千萬美元，此時歐戰業已開始半年（二十八年九月一日希特勒進攻波蘭），中國方面汪精衞僞政府已將成立，已締結所謂汪日密約。美國此次借款，含有鼓勵中國政府抗戰，承認日本侵略之意。

美國對中國是同情的，但對日本尙有安撫之意，企圖避免日美軍事的衝突。二十九年九月日德意三國成立軍事同盟，日本與美國的衝突已無法避免，美國始開始積極援華。九月二十六日即日德意軍事同盟公佈之前一日，美國正式宣布貸我二千五百萬美元。十二月一日美國國務卿赫爾宣布美國不理汪精衞僞組織，同時對我貸款壹萬萬美元。從此，美國的態度極爲明顯，已不再顧慮日本的反感，對我國積極的援助。

民國三十四年四月十五日，即在日蘇中立條約公布之後二日，羅斯福宣布在租借法案下，援助我國物資名單。同月廿五日我國與美英兩國在華盛頓分別簽訂金融基金貸款協定，美允借我五千萬美元；同時，規定中國的銀行可以同一目的，再舉債二千萬美元。美國最足以激勵中國的事，是五月卅一日中美換文，美國允諾在戰後取銷在華特權。茲將美國國務卿赫爾覆我外交部長郭泰祺函節錄於次：

「美國政府及人民對於中國之福利與進步，久抱深切之關心，亦為閣下所素知，中國希望修正國際關係間之變則，美政府業已採取步驟，適應中國之希望。本國及其他國家因規定治外法權及有關之慣例之協定，而在華久享若干特殊性質之權利。美國政府將繼續所採之政策，希望於和平狀況恢復之後，迅速着手與中國政府用有秩序之談判，及協議之手續，以期廢除上述特殊性質之權利，自不待言。」

丁、美國對日本之制裁。美國對中國之援助，開始於二十七年十二月；對日本有制裁的行動，則開始於二十八年。民國二十八年（一九三九）七月廿六日，美國通知日本廢止一九一一年的美日商約，該約於廿九年一月廿六日失效，此實為美國對日實施經濟上壓迫之初步準備。日本對美輸入輸出，均佔重要地位；日本生絲以美國為銷場，一面換取外滙，一面購入石油棉花及軍火原料如廢鋼廢鐵等，藉以充實其侵略的力量。美日商約廢止，美日之間，雖仍可在無約狀況下通商，但美國隨時可以操縱美日之貿易，對於進口日貨，可實行關稅上之歧視，如提高關稅、征收附加稅等限制。

民國廿九年（一九四〇）五月一日起，美國實行禁運；對於飛機、飛機馬達、石油、製造飛機用燃料之機件、及原料及廢鋼廢鐵等，均實行許可證出口制。十月十六日起，禁運廢鋼廢鐵輸至西半球以外之各國，僅英國一國為例外；而受禁運影響最大者，首推日本。據美國商務部發表之統計，一九四〇年一月至七月之七個月內，日本向美所購之廢鋼鐵，約佔美國輸出額三分之一，可知禁運對日本打擊之重大。

民國三十年五月卅一日美國允諾戰後取銷在華特權，七月廿五日美國宣佈凍結中日兩國在美資產，八月一日美國禁止石油輸日，同日美空軍志願隊在中國成立。此時日本駐美大使野村正在美國交涉，美日的衝突已趨具體化。

戊、美日戰爭前的交涉。張其昀中華民國史綱說：『三十年七月，羅總統派拉鐵摩爾來華，任我政府顧問。七月廿一日，總統與拉氏談話，始知俄德戰爭未開始以前，美國國務院與日駐美大使野村秘密洽商中日問題，而以李頓報告書為解決東北問題之張本，其勢甚急而危。幸德俄戰爭發生，此陰謀始息云。』日美兩國在宣戰以前，外交上有所接洽的，甚至在日本決心對美作戰後，仍派來栖前往美國，作最後之談判。玆將重光葵所述日美在德俄戰爭前交涉情形節錄於次：

「在日美關係逐漸惡化的時候，天主教神父陶勞特及威爾斯兩氏，往來遠東，寄居東京。他們担心日美關係的前途，通過美國財界和政界天主教徒們的關係，於一九四〇年末，攜來外交調整方案，與日本朝野人士檢討，得到了他們的贊同。這個方案簡單的說，是以西經一八〇度線為界，把太平洋劃成兩半。西半的事，美國不干涉；東半及歐洲的事，日本不插嘴。這樣雖不能阻止美國參加歐戰，但在東方，等於放棄遠東門戶開放政策，於日本自然有利。這個方案並非美國政府的意見，僅是美國極少數民間人士的意思；可是因係美人提出來的，使日本方面誤認是美國的意向。

兩神父奔走的結果，這個和岩畔等會擬的具體方案，終於送達了羅斯福和赫爾的手裡。赫爾聽了兩神父的陳述。因此，一九四一年四月十六日赫爾接見野村大使，把這個方案提示，詢以野村是否也參加這方案的起草。野村承認了，赫爾因將日美諒解案面交野村，囑其向日本政府探詢意見。……………

四月十七日野村電告日美兩國諒解方案，適値松岡訪歐，近衞兼攝外相，接電非常高興，卽開大本營連絡會議。統帥部及政府均同意根據此項方案，迅速進行協議。四月十八日，赫爾又向野村提出四個原則，作爲日美交涉的前提：卽一、尊重他國主權；二、不干涉他國內政；三、確守機會均等原則；四、維持太平洋現狀。赫爾這四個原則是在探索日本是否眞有放棄軍事征服的誠意，美國的態度，一開始就十分坦白。近衞不予嚴肅考慮，卽漫然開始交涉，實在不夠穩練。……

羅斯福於一九四〇年十一月，三次當選，連任總統，在國內聲望之隆，一時無兩。美國公開宣布：輸送歐洲的軍火船隻，如果受到攻擊，護送的美國軍艦，已奉令卽予還擊；美國事實上早已參戰。美國現在所關心的，是如果美國一旦正式參戰，日本是否還守中立呢？如果日本能守中立，在遠東的政策又能澈底改變，配合英美的方針，改變其武力征服政策；則日美之間，尙有談判餘地。可是日本當時加入三國同盟不久，汪精衞政權業已正式承認；軍部一意計劃南進，對於納粹德國的勝利，正在五體投地。在這樣情形之下，進行日美談判，近衞還以「行雲流水式」的態度出之，實在把世事看得太輕鬆了。

大本營的連絡會議，雖已決定了迅速進入交涉的原則，可是根據外務次官大橋的要求，鑒於松岡外相已抵瀋陽，仍請延至外相返京以後，再作最後決定，這點會議中同意了。……

松岡於五月十二日，提出日美諒解的對案。要點是：三國同盟的旨趣，在防止歐戰的擴大；希望日美協力，重建和平。至於中國問題，請美國出來調停，如果重慶方面不聽調解，請美國中止對重慶的援助。其次，爲保障菲律賓的安全，和經濟機會均等。這顯然與美國預期相反。松岡令野村大使將此項對案向美國提出，野村未予照辦。

對美交涉日本方面的陣容，顯然已分裂爲二。華府和東京兩方凡贊成日美談判者，均一致非難松岡。野村不得已，向美國政府說明：日美交涉，是松岡以外的政府人士，海陸軍兩部和天皇本身所支持的。六月廿二日德蘇開戰，世界大局又進入一新階段；美國態度，益趨堅決。美國撇開四月十六日民間人士所擬的舊方案，於是日提出新方案。這新方案的內容，爲日本不得干涉美國自衞權的發動（指必要時參加歐戰），中國的門戶開放，和日本自中國撤兵。至於東北問題，應聽中日間自行交涉解決之。並附聲明書：聲明書中對日本朝野努力協調中美邦交，表示謝意；惟認爲日本政治指導者中，有已與納粹國家默契，阻礙美國自衞權的發動者。如果此種人士，在公的地位上，仍繼續此項態度，甚至公然推動輿論，仍向這方面前進，則現在的提案恐終不免幻滅。這話顯然對付松岡。美國新提案的聲明書，實際上是一種最後通牒，促日本政府澈底反省者。

松岡於七月十日在大本營聯絡會議上，指赫爾國務卿的聲明，干涉日本政府人事，有損獨立國尊嚴，要求野村將聲明書退同赫爾。至於日美諒解案，照四月十六日的原件，還可談談；新方案除拒絕以外，別無他途。因此主張停止談判，惟時機與方法，則可再加考慮。海軍方面，要求延至進軍越南以後。聯絡會議上大勢如此，交涉遂告停頓。」

由重光葵的敍述，可知在德俄戰爭前，日本與美國雖在交涉，並未獲得結論。拉鐵摩爾所謂：「美國國務院與日駐美大使野村秘密商洽中日問題，而以李頓報告書爲解決東北問題之張本，其勢甚急而危」；與事實並不相符。拉鐵摩爾不忠於美國，現在業已證明，其挑撥中美感情，實屬顯然。外交與軍事相同，是要靠眞實的情報，拉鐵摩爾給中國虛僞的情報，是故意使中國決策錯誤，其用心實不堪問。在德俄戰爭發生後，赫爾對日本提出的新方案，關於東北問題，仍主張「中日間自行交涉解決之」。美國此時雖不怕日本的挑釁，尚未有對日宣戰的決心，其與日本交涉，毫不足怪。美國與日本的交涉，是以美國的立場設計，但在德俄戰爭前，並未改變美國向來的政策，也沒有違害中國的利益。（註七）

三、抗戰後對英國的外交

甲、抗戰前英國的遠東政策。從華盛頓會議以後，遠東在英美日三國的諒解下，成立了一種均勢，這種局面一直維持到民國二十年「九一八」事變的前夕。九一八事變爆發，推翻了均勢的現況，英國遂不得不考慮她對於遠東的政策。

英日兩國的關係，在九一八事變時候還是友善；一因英日兩國有二十年的同盟關係，二因中國在北伐時收回漢口九江英租界，進行廢除不平等條約運動，英國對中日當日的狀況不滿。因此，在事變發生的時候，英國是表同情於日本的。英政府的初步政策是：只要日本不侵犯英國的利益，並不違反東三省境內的門戶開放原則，英國可以不干涉日本在東三省的行動；只要日本在表面上不違犯國聯盟約、非戰公約、九國公約，縱然日本在東三省造成一個自治或半獨立的政府，英國也可以不反對的。李頓調查團的解決方法，正可反映英國的意見。李頓調查團提出的辦法是：東三省在名義上交還中國，實際上的利益給與日本；日本既得了實惠，中國也有了面子，國聯的威信在表面上也還可以顧全。

英國自九一八以後，採取圓滑的投機政策，以維持英國在華的利益，同時靜候國際情勢的變化，這個政策一直維持到民國二十三年的冬季。因為在此期間，日本的行動尚沒有危害英國在華的利益。民國二十三年四月十七日的天羽聲明，表示日本有權利決定那一種行爲是有害於東亞和平；英政府即向日本提出詢問。廣田外相的回答，聲明仍然維持中國門戶開放的原則，英國得答復後，表示相當滿意，不感覺有採取任何行動的必要。

但是到民國二十四年春，日本在「僞滿」境內宣佈煤油專賣政策，從英國的眼光看，顯然與門戶開放原則衝突，英國向日本經過幾個月的交涉，始終沒有得到滿意的結果。民國二十四年四月十二日英國爲滿洲煤油專賣問題，致東京的覺書，指責日本沒有用其權力，維持滿洲境內的門戶開放政策。

民國二十三年（一九三四）十月，英美日三國對於海軍問題，作初步的談判，沒有獲得同意的結論，於十二月十九日終止談判。談判終止後不久，日本政府即於十二月廿七日根據倫敦海約的規定，正式通知英美兩國政府，日本將於華盛頓與倫敦海約滿期之時（一九三六年底），廢止該約，不再續訂。日本這次行動，是要打破海軍限制，與英美平等，恢復軍備競賽的局面。至此，英國的靜觀政策，不能不轉變，一面積極的援助中國，一面與美國積極合作，以阻止日本的前進。

英國積極援華的事實，以協助中國解決經濟困難可爲證明。民國二十五年六月英國派遣其首席經濟顧問李滋羅斯（Sir Leith Ross）來華，幫助中國解決經濟上的困難問題，對中國實行法幣政策頗多建議。中國宣佈法幣政策以後，英國在華的銀行，又極力協助實行。但英國還是希望中日的妥協，李滋羅斯來華之前，是先到日本的；李滋羅斯在協助中國解決經濟困難時，曾經與我國政府討論中日關係的問題。英國是想由英美法日各國合作，共同援助中國，由合作的途徑以穩定英國在華的權益。

乙、英國封鎖滇緬鐵路。中國抗戰以來，英法政府以九國公約爲立場，一面對我表示同情，一面斥責日本破壞條約。截至民國二十九年六月爲止，英法兩國均能履行國聯不減弱中國抗戰能力之決議案。民國二十八年三月八日英國貸我借款五百萬磅，助我穩定外滙；在國際交通上給予我方物資運輸之便利。在歐戰法國未失敗前，英法兩國對於九國公約之原則，尚能信守不渝。

民國二十九年六月，英法在歐戰挫敗，六月二日英軍在鄧寇克大撤退，六月十四日巴黎陷落，法軍投降，貝當組閣宣布對德停戰。日本乘巴黎失陷法國停戰之際，強迫法國停止中越間的運輸，結果自六月二十日起，我國在越南之運輸完全被迫停止。我國外交部迭次抗議，終不能阻止法越之對日屈膝。七月，英政府繼法屬越南禁運之後，又決定自七月十六日至十月十六日三個月內，停止軍械彈藥、汽油、載重汽車及鐵路材料，經過緬甸輸入中國。英國竟因環境關係，向日本妥協，於七月十六日在東京與日本簽訂關於封閉緬甸路線之協定。

我國知悉英國封鎖滇緬路消息後，七月十五日蔣總統發表嚴正聲明，警告英國。外交部發言人於七月十六日發表聲明，指責英國行動。

丙、英國對華態度的好轉。英國滇緬路線三個月禁運時效，至十月十七日滿期。此時美國宣佈對日禁運廢鋼廢鐵，並定至十月六日實施；同時德意日三國同盟成立，已表示敵視英國。英國爲與美國聯繫，一致援助中國計，遂決定自十月十七日重開滇緬路，繼續履行其對我應盡之義務。從此，英國遠東政策，決定與美國一致合作，援助中國以抵抗日本。

二十九年十二月一日美國貸我國借款一億美元，同月十日英國貸我借款一千萬磅。三十年五月二十六日中美戰後修改不平等條約換文，英國即追隨美國之後，有七月四日中英戰後修改不平等條約換文。七月廿五日美國宣佈凍結中日兩國在美資產。同日、英國宣佈廢止英日商務及航海條約，並凍結中日兩國在英一切資產。茲錄英國卡爾大使來照於次：

「逕啓者：本大使茲奉英國外交部大臣命，特通知貴部長，俟遠東之和平恢復時，英國政府願與中國政府商討取消治外法權，交還租界，並根據平等互惠原則，修改條約，相應照請查照爲荷。本大使順向貴部長重表敬意。此致中華民國國民政府外交部長閣下，卡爾，一九四一年七月一日。」

七月十四日我國外長郭泰祺復照稱：「中國政府對於英國政府此種友誼表示，深爲欣感」。（註八）

四、抗戰後對德意的外交

甲、中國對日德意三國同盟的態度。民國二十五年十一月廿五日，德日成立反共協定，隨後意大利復宣布加入。抗戰後意大利於廿六年十一月六日承認「僞滿洲國」，廿七年二月廿日希特勒聲明承認僞滿，我國對德意兩國先後提出抗議。二十九年九月二十七日，德意復與日本締結三國同盟，表面上以應付歐戰藉口，實際上承認日本建立所謂「大東亞新秩序」之領導地位，無異爲日本張目。我國特發表嚴正之聲明：表示我決爲世界合法秩序繼續奮鬬，反對以「新秩序」爲藉口，實行侵略破壞合法秩序之行動；同時說明我國政府決不承認所謂「大東亞新秩序」，尤不承認日本在所謂「大東亞」之領導地位；他國彼此間所簽訂之約章，不但不能影響中國法律上之地位與權益，亦決不能絲毫影響中國政府之態度與政策。至於我國對德意之邦交，本多求友少樹敵之方針，暫時予以維持，以觀將來國際局勢之變化。

乙、中國對德意兩國絕交。民國三十年七月一日，德意兩國承認南京僞政府，七月二日我國宣布對德意兩國絕交。國民政府對德意兩國絕交宣言說：

「德意兩國政府，竟已承認南京僞組織，是其侵略政策，顯已推及遠東；且又充分證明納粹德國，與法西斯意大利，已與中國之敵人同惡相濟。該兩國政府，明知南京僞政府爲日本軍閥一手造成，乃竟加以承認，實爲加於中國之重大侮辱，且不惜自棄其所享中國政府與人民之一切友誼。

兩軸心國家此舉，愈足證實世界侵略之惡勢力，已結成集團，專事摧毀人類自由與文明。幸愛好和平與自由之國家，對於此種世界惡勢力，英勇而堅毅之抵抗，在數量上與實力上，已日益增加，其合作愈趨密切。中國在反侵略集團中，對其所處地位及貢獻，尤其處此空前困難時期，對於維持國際信義一貫之努力，均堪無愧。今後尤必與各友邦盡量合作，繼續奮鬬，以期終達吾人共同之使命。中國政府對於任何國家承認僞組織之舉，早經一再聲明態度。茲特正式宣告，中國與德意二國斷絕外交關係。中華民國三十年七月二日。

民國三十年六月廿二日德國進攻蘇俄，七月一日德國卽承認南京僞政府，是配合日本在亞洲的侵略。此時德國要求日本夾攻蘇俄，日本竟對中國繼續狂妄侵略，對蘇俄則堅持日俄中立協定，失掉進攻蘇俄最好的機會。

(註一) 1 蔣總統言論彙編卷十三：對於蘆溝事件之嚴正表示。2 重光葵：日本之動亂第四章。

(註二) 抗戰五週年紀念冊：國民政府自衛抗戰聲明書。

(註三) 何應欽：八年抗戰之經過第四編第一章。

（註四）參閱：1董顯光：蔣總統傳第二十章。2重光葵前書第四章。3張其昀：中華民國史綱（四）第三十三章。

（註五）王寵惠：抗戰以來的外交，抗戰五週年紀念冊。

（註六）1王寵惠前文。2抗戰五週年紀念冊：比京會議宣言。

（註七）（二）段參閱：1王寵惠前文。2重光葵前書第七章。3 Clyde: United States Policy toward China 第四十七章。4抗戰五週年紀念冊：中美戰後修改不平等條約王寵惠前文換文。

（註八）（三）段參閱：1黃叔向：英國的遠東政策。2王寵惠前文。3 戰五週年紀念冊：中英戰後修改不平等條約換文。

（註九）（一）段參閱：1 蔣總統言論彙編卷十三：抗戰檢討與必勝要訣，揭發敵國陰謀闡明抗戰國策。卷十四：以事實證明敵國必敗，我國必勝。2重光葵前書第五章。3張其昀前書（五）第四二章。

（註十）（二）段參閱：1董顯光；蔣總統傳（二）第二十二章。2重光葵前書第五章。3中國近代史論叢第一輯第九冊：日汪僞約十論（陶希聖）。

（註十一）（三）段參閱：1張其昀前書（五）第四三章。2重光葵前書第八章。

（註十二）抗戰五週年紀念冊：國民政府對日宣戰文，國民政府對德意宣告立於戰爭地位文。

第十五章　中國對日宣戰時期的外交

第一節　中國國際地位的增高

一、中國變爲四強之一

中國宣布對日抗戰，不辭重大犧牲，堅決抗戰到底，不僅出於日本意料之外，而且出於英美各國意料之外，中國國際地位已在無形中增高。中國堅苦抗戰不畏強暴的精神，各國由驚異而欽佩。民國二十九年八月以後，德國向英國猛烈轟炸，英國在危急的時候，首相邱吉爾激勵英國人堅決作戰，提出效法中國（Follow China）的口號。民國三十年十月德軍圍攻莫斯科時，史達林爲激勵俄國人作戰，同邱吉爾一樣，提出效法中國的口號。（註一）中國當時國際地位的增高，由此可見一斑。

甲、美國尊重中國的意見。在美日交涉時，重光葵曾說：「赫爾原備有比較緩和的暫定方案，以保留一些餘裕的時間；但因中國政府及英國代表的反對，該項暫定方案，卽予擱置。」張其昀敍述說：

「日本派遣專使來栖赴美交涉，乃在抄襲甲午戰爭，遷就列強，獨對中國壓迫之故智，以售其狡計。美國國務院幾乎爲其所算，只差了妥協條件尙未提交來栖而已。三十年十一月廿四日，美國與中英澳荷四國使節，在華府會商對日之復文。是日下午，我駐美大使胡適電告政府稱：『昨日美國邀商者，爲倭撤退駐越南軍隊之大部，保證不南進，不攻滇，而由美國放鬆經濟封鎖事。其對中國撤兵問題，毫不提及。』　總統得悉美國政府仍有犧牲中國，以謀對日妥協之意，……令外交部復電，堅決反對，並手擬長電，正式警告美國政府。……十一月二十七日，美國對日提議之內容，乃完全照我國所要求者提出，與日前之妥協態度，迥乎不同。　總統謂：『這次交涉卒能在最後五分鐘轉敗爲勝，可見一國必須獨立自主，努力奮鬥，其他皆不可靠。』……

太平洋開戰後半年，日首相東條在三十一年七月二十二日公然聲稱：　蔣委員長反對日本與美國之妥協，要求美國與日本停止談判，而美國不能不從。他又要求英國與印度談判，而英國又不敢不從，其魄力與權威之大，誠史無其例云。　總統說：此敵人對余又太過重視了。」

民國三十年美日交涉時，美國尊重中國的意見，日美談判歸於破裂。美國何以會尊重中國意見呢？第一、是蔣總統當時態度的堅決；第二、是美國知道美日戰爭不能避免，不能不藉重中國的力量。赫爾與野村、來栖談判時，已截獲日本密電，知道日本之談判並無誠意，日美戰爭無可避免。日美戰爭發生，最可信賴又最足牽制日本百萬以上兵力的，僅有中國。而是時日本對中國的和平攻勢，仍在進行；美國既可與日本妥協，中國在比較有利之條件下，自然可與日本妥協。中日妥協之後，若日美戰爭發生，美國將陷於孤立，日本且可利用中國之資源，甚至利用中國之人力，以與美國作戰。所以美國權衡輕重，自然要接受中國的意見。因爲美國重視中國，在日本偷襲珍珠港之後，中國即表示絕不妥協的態度，毅然與日本正式宣戰。

乙、中英美蘇等廿六國簽定聯合國共同宣言。三十年八月十日，英國首相邱吉爾美國總統羅斯福在大西洋紐芬蘭的布拉森夏灣（Placentia Bay）開會，八月十四日英美兩國將同意的共同政策，發表聯合宣言，普通稱爲大西洋憲章（Atlantic Charter），內容共有八點大致如下：

一、英美兩國沒有擴張領土或其他的野心。

二、英美兩國對於領土的移轉，反乎當地人民所自由表示的願望者，不予以贊同。

三、英美兩國尊重人民選擇政體的權利。英美兩國亟願被剝奪了主權與自治地位的人民，恢復其主權與自治地位。

四、英美兩國將努力在平等的條件之下，增進一切國家，無論大國或小國，戰勝國或戰敗國，從事於貿易與獲取原料的機會。

五、英美願在經濟方面，獲致一切國家的最大合作，以保障勞工待遇的改善，經濟進步與社會安全。

六、在德國納粹暴政被摧毀之後，英美兩國希望建立一種和平狀態，足以提供各國在其境內安居的方法，亦足以提供全世界人民以無恐懼與無匱乏的保證。

七、上述和平狀態還應當使全世界的人民，可以在公海上航行，而不受到任何阻礙。

八、英美兩國深信一切國家，無論爲着現實的理由，或精神的理由，必須放棄武力的使用。如果侵略國家可以繼續的在其境外使用其陸海空的軍備，未來的和平便無法維持。英美兩國深信：在廣泛而永久的一般性安全體系尚未建立以前，那些侵略國家的軍備必須加以解除。英美兩國還要援助並鼓勵其他一切有實效的辦法，以減輕愛好和平國家的軍備重負。

這時美國還是中立國家，邱吉爾羅斯福發表的大西洋憲章，不僅責斥德國的納粹暴政，而且明白的表示，要解除侵略國家的武裝，這無異實際上對德國宣戰，對日本威脅。羅邱宣言發表後，中國發表贊同羅邱宣言之聲明。民國三十年十二月八日太平洋戰爭發生，世界上與德、意、日三國作戰的國家，已有二十六國。這二十六國，羅斯福提議，總稱之爲聯合國（United Nations），這是聯合國創立之始。民國三十一年一月一日，美、英、中、蘇四國由羅斯福邱吉爾宋子文與李維諾夫，在羅斯福總統的辦公室裏，簽字於聯合國宣言。澳大利亞、比利時、加拿大、哥斯大黎加、古巴、捷克、多明尼加、薩爾瓦多、希臘、瓜地馬拉、海地、洪都拉斯、印度、盧森堡、荷蘭、紐西蘭、尼加拉瓜、挪威、巴拿馬、波蘭、南非聯邦、南斯拉夫等二十二國，先後在美國國務院簽字。這個宣言便稱聯合國宣言。在宣言的序文裏，聲明接受民國三十年（一九四一）八月十四日美國總統與英國首相所宣布的大西洋憲章，宣言的正文，包含兩點如下：

一、簽字國承諾使用其全部的軍事力量，或經濟力量，以對抗其業已作戰的三國同盟的分子國（德、意、日），與其加入國（匈牙利、羅馬尼亞、保加利亞）。

二、簽字國承諾與其他簽字國合作，而不與敵國單獨媾和或簽訂停戰協定。

三十一年一月一日中英美蘇等二十六國在華府簽訂聯合國宣言，表示對軸心國聯合作戰，一月四日各盟國推舉蔣總統爲二十六國聯軍在中國戰區（包括越南與泰國）之最高統帥。中國於此乃列爲四強之一。重光葵認爲中國列入四強之一，是在民國三十二年十月，他說：

「地中海戰爭結束後，一九四三年八月，英美再會於魁北克，決定於一九四四年夏季，開闢第二戰場。……其時太平洋上日本主力，已消耗殆盡，盟國爲籌商軸心國崩潰後的善後問題，及戰後的國際機構，在莫斯科邀集中英美俄四國，開首次外長會議，發表四國共同宣言（一九四三年十月）。美國爲實現戰後世界政策，一方要確保中國之協助，一方企待中國之參加，至此中國開始列入世界四大國之一。」重光葵承認中國爲四強之一，時間則遲了一年十個月；實際中國變爲四強之一，是在珍珠港事變之時。此時的美國，作戰準備尚未完成，其企待中國堅決作戰，較任何時爲迫切。聯合國宣言先由中英美蘇四國簽字，卽已確定中國四強之一的地位。觀列名之二十六國，能動員軍隊五百萬以上的國家，除英美蘇之外，只有中國。當時中國列爲四強之一，實國際所公認。三十一年七月二十二日，日首相東條聲稱：『蔣委員長反對日本與美國之妥協，要求美國與日本停止談判，而美國不能不從。他又要求英國與印度談判，而英國又不敢不從，其魄力與權威之大，誠史無其例云。』由東條所述，可知中國在珍珠港事變前，中國已變爲四強之一。（註二）

二、英美對我貸款與中美互助協定

甲、英美對我鉅額貸款。太平洋大戰發生後，美國總統羅斯福因我國之請求，要求國會對中國予以財政援助。三十一年一月三十一日羅斯福致國會咨文中，請求對華貸款數額爲五億美元，美國國會迅予通過。三月廿一日，中美簽訂五萬萬美元貸款協定。二月二日英國宣布願貸予中國政府五千萬磅以內之借款。英美對華大借款，使中國財政趨入穩定的階段。我國利用此項貸款，一部分用作購買黃金，在市場拋售，作爲扼止通貨膨脹之措施，並作爲發行美金公債的準備金。我國此次貸款的運用，不受任何限制，完全自己作主；貸款之償還，延至戰後決定；較抗戰後美國對我之信用借款，須以中國特產如桐油、錫、鎢、銻等售與美國作抵，大不相同，確係我國最有利的貸款。玆將中美五萬萬元貸款協定照錄如次：

第一條：美國財政部同意以五萬萬元貸款，列入其國庫帳冊上中國戶內，美國財政部並願於中國財政部長申請時，將貸款轉入紐約聯邦準備銀行，或中國財政部指定之其他代理機關之帳內；中國政府可以直接或經由財政部長授權之代理人或代理機關，申請轉賬，並由聯邦準備銀行動用該款。

第二條：締約國之兩方面議定，將決定一切財政條件（即以財政援助畀予中國及美國因而收回利益之條件）之時間，延至戰後；俟屆時一切事態之推演，可以明示何種最後條件與利益，可以利於中美兩國，並促進永久世界和平與安全之建立；在商定最後條件及利益時，必須充分認識戰後及戰時，均宜維持中國一健全及穩定之經濟的及財政的狀況，並宜促進中美兩國有利益之經濟的及財政的關係，並改善全世界之經濟的財政的關係。

第三條：本協定自卽日起開始生效。一九四二年三月廿一日簽訂於華盛頓。美國代表摩根索，中國代表宋子文。

乙、中美抵抗侵略互助協定。民國三十年三月，美國國會通過租借法案，五月六日羅斯福宣布根據租借法案，與中國簽訂一租借協定，其目的特別着重改善滇緬公路之運輸，以便租借物資輸入中國。第一批租借物資，大部包括滇緬公路所用之卡車、零件、汽油、滑油、以及拓展公路之物資。三十一年六月二日，我國與美國簽訂中美抵抗侵略互助協定，中國始獲美國租借法案下的援助。

中美抵抗互略互助協定，內容計有八條，規定兩國互相供給用品兵力或情報；但事實上美國供給中國物資較多，所以又規定中國不能將美國供給物資轉讓他國；在戰事終結後，中國應將未曾毀壞遺失或消耗之物資，交還美國；中國為酬報美國物資之供給時，以能促進兩國間相互有利之經濟關係為限。根據中美抵抗侵略互助協定，美國應以大量軍需供應品供給中國，但中國所獲得的供應品，數量並不多；而且預定供給中國的軍用品，也常被英國所截留。董顯光說：

「然而中國得自盟邦的軍需供應品，自始至終，卻異常微小。此一失望之事，要因固由於物資之轉運極度困難。始則由於滇緬路之封閉，繼則由於惟一通路為飛赴喜馬拉雅的駝峯；但還有更重要的因素，為後來所發見者，則在戰爭的初期，美國決定堅持其歐洲第一的政策，亞洲陣線只能算是盟國政策的次要者。因此，直至民國三十三年（一九四四）十月二日，中國所收到者僅占美國輸送於其盟國的全部租借物資百分之五，而彼時全部租借物資總值在二百一十億美元以上。甚至中國所佔的微小部分，而實際上已在轉運中者，往往也在到達中國以前，中途被截留，改供盟國在他處的緊急需用。

到了民國三十年（一九四一）底，因日人之進攻緬甸已在眼前，所有留在緬甸的中國租借物資，便轉供防衞緬甸之用。其次年，若干驅逐機由美國運抵印度，俾轉來中國，以應當時中國空軍的急需。中國即派遣一羣的駕駛員與其他飛行人員前往印度，俾接受這些驅逐機飛回中國。他們到達後，卻被通知說，這些飛機已改供英國空軍之用，以應近東的迫切需要。自盟國聯合戰線成立以後，中國所收到物資援助之微小，固已使人失意；然而中國戰時盟友所持的態度，往往使此項失意更難堪。

雖以此項薄弱的支援，中國仍能於珍珠港事變後，再支持其戰事四年，而牽制了日本的七十二個師團（在東北者二十二師團，在中國其他各地者五十師團）。假使中國境內沒有對日本作此種大力的牽制，則太平洋各島嶼與冲繩島的局勢，或不會像當時所表現者。」（註三）

三、蔣總統訪問印度

甲、訪問印度的目的和經過。民國三十年十二月八日，日本向英美宣戰後，十二月廿五日香港淪陷，三十一年一月二日馬尼拉淪陷，一月十三日荷印放棄婆羅洲東北之焦那港，泰國與越南先後被日軍佔領，緬甸總理宇素以通敵案被英國扣留，麥克阿瑟正在巴丹作最後的死戰，星加坡已處於絕望之境，日本正準備向緬甸進兵。處於這種危機之下，印度的態度，關係極爲重要；若印度情況不穩，盟國在亞洲的地盤，勢將完全崩潰。此時日人宣傳「亞洲爲亞洲人的亞洲」，在印度民族主義中獲得不少的同情；而英國人以戰爭爲理由，把印度自治問題的解決，予以無限期的延擱，又使印度人都表示不滿意。

蔣總統深知印度當時的重要性，決定訪問印度，調解英印的糾紛，於三十一年一月間，曾託羅斯福向邱吉爾轉達此意，英政府表示歡迎，並希望蔣總統於離印時發表宣言，勸告印度人民全面合作。蔣總統訪問印度之目的，爲勸英國允許印度自治，同時勸印度參加反侵略陣線，在大戰中貢獻其人力與物力。

三十一年二月四日，蔣總統夫婦偕王寵惠張道藩等由重慶起飛，二月七日至加爾各答，是時日本已佔仰光，新加坡危在旦夕，加城仍未見有戰時狀態與積極防禦。十日與印度總督討論政治問題，蔣總統主張英人應立即自動宣布印度爲一自治邦，印人應暫時放棄完全獨立之要求。十一日晤見尼赫魯與國民會議主席柴阿德，蔣總統以革命經驗相告，謂目前印度環境，切不可使步驟與策略發生錯誤。

蔣總統赴印重要目的之一，在與印度人民公認之領袖甘地會晤，欲經由甘地以轉移印度人民的情感，使贊同盟國之主張。蔣總統本擬照中國「行客拜坐客」的慣例，往孟買附近甘地寓所拜訪。但印度總督不願蔣總統親往拜訪甘地，十二日邱吉爾並電請蔣總統不必親往拜訪。蔣總統不得已，擇定加爾各達爲與甘地會晤地點，請尼赫魯電告甘地以約晤之時地。十五日新加坡失陷。十六日蔣總統偕夫人親往加爾各達甘地寓所晤面，談話結果，甘地對我抗戰表示同情，並聲言不妨礙英國之助華；但對於中印共同奮鬥，爲兩國求得共同自由之基礎一點，竟未置答。張其昀敍述蔣總統會晤甘地後的感想說：

「總統於會晤甘地後，對其態度不覺失望。自稱：「此或余熱望過度之故，亦未可知；彼受英人統治之苦痛，而演成今日鐵石心腸。彼唯知愛印度，而不知有世界及其他之人類也，可謂忍心極矣！此乃印度哲學與傳統精神所造成，只知忍痛，而毫無熱忱。然而對英人，惟有此人此心以應之，而此心亦只可對英人耳。」十九日，……晚與尼赫魯會談約三小時，總統告以中印兩大民族共同奮鬥之意，但尼氏對於外交仍不重視。……

二十一日……尼赫魯來寓共進午餐，總統以告別書示之。並謂：「余發此告別書，完全爲協助印度之解放，英國政府或不甚諒解；但余深信於英國實有益也。故不計一切利害，亦不論甘地對余態度與其結果如何，余一本對印度一貫之政策，表示對我隣邦人民之政見，而且爲此次來印最大之任務與目的也」。」

乙、提出解決印度政治問題的建議。三十一年二月二十一日，蔣總統訪印已畢，特發表告印度人民書，希望中印兩大國同爲人類自由而努力，希望印度積極的參加反侵略陣線；同時希望英國從速賦予印度國民以政治上之實權。

蔣總統提出解決印度政治問題之意見，印度各黨派各報紙一律表示歡迎，羅斯福對蔣總統觀察印度之意見，具有同感。惟英國當局不肯早下決心，在蔣總統離開印度一月之後，英印發生衝突，衝突結果，最後還是照着蔣總統的建議，解決了印度的政治問題。藍森（Walter C. Langsam）所著世界現代史，敍述當時英印問題說：

「當日本人佔領了緬甸之後，就使歷史悠久的英印關係問題，顯出了新的重要性。因爲英國人以戰爭爲理由，而把印度自治問題的解決，予以無限期的延擱；當然使一般的印度人，都表示不滿意。最後，到了一九四二年三四月間，由於印度已經有不忠於英國的行爲，並且還援助在緬甸境內的日軍；所以倫敦當局才着急了，就派了一位素以開明著稱的克里浦斯爵士（Sir Stafford Cripps）到印度去，並且還帶去一套新的建議。這個建議的內容說：在戰爭一結束之後，英國當立即建立一個完全自治的印度自治領，其憲法由印度人的制憲會議，去自己制定。任何省份不願意加入這個自治領的，也可以獨立，仍然單獨的保留着自治領的身份。不過目前在戰時，印度的國防指揮權，和資源的組織權，却仍然應由現有的印度政府（由總督與他的內閣所組成）負其全責。

多數的印度人對於這個建議，都抱着十分冷淡的態度，所以克利浦斯的使命，是根本無法完成。最大的政黨，就是印度國民黨（亦稱國會黨），堅決主張立卽實行自治；當這個要求不能滿足的時候，甘地馬上發動了一個新的運動，一方面對於英國人不合作，另一方面對於日本人不抵抗。這些領袖人物，主張對英國人實行消極的反抗，反對美國的飛行人員和技術人員進入印度。而甘地的演講詞，則更使東京方面感到十分的開心。不久，這種阻礙性的戰術，就發展爲暴動。經過了一個時期之後，一九四二年八月，甘地以及其他領袖人物，都被捕下獄，於是秩序也慢慢的恢復了。印度還是繼續貢獻人力和物力，為聯合國作戰，其數量之大遠超於第一次大戰。溫和的印度人都一致相信，在這次勝利之後，印度人的自治要求，一定可以獲得所有聯合國家的同情。」（註四）

第二節　中國與英美各國訂立平等新約

一、英美放棄對華不平等條約

英美兩國政府於三十一年十月十日，同時通知我國民政府，願自動放棄在中國各種特權，另依平等互惠的原則改訂新約。同時表示將於最近期內向中國政府提出草約，以備中國政府之考慮。十月廿四日我外交部接駐美大使來電，報告美方所提中美條約草案。十月三十日英國駐華大使薛穆爵士，向我外交部遞送中英條約草案。外交部當卽遵照中央方針，分別向英美提出修正稿，繼續談判；約稿商定後，經由中英美三方決定，同於三十二年一月十一日簽訂。這兩個新約並於同年五月二十日互換批准書。

民國三十年五月二十五日中美戰後修改不平等條約換文，同年七月四日中英戰後修改不平等條約換文，英美兩國均允於戰後修改不平等條約。日本與英美宣戰後，英美兩國不待中國之要求，在戰爭期間，自動放棄對華不平等條約，並在最短期間簽訂平等新約，這實是英美兩國最賢明的措施。中國受不平等條約之束縛，自一八四二年簽訂中英南京條約以來，已達百年。與中國最有關係的強大國家，為英美德法日俄六國。德國於第一次大戰是戰敗國，民國十年已與中國簽訂平等條約（中德協約）。俄國在第一次大戰時，是戰敗國的戰敗國，民國十三年已與中國簽訂平等條約（中俄協定）。中國於三十年十二月九日對日本宣戰，已宣布中日一切條約無效。法國是時在歐洲是戰敗國，中國與法國修改不平等條約，已無問題。對中國尚有不平等條約的強大國家，僅有英美兩國；英美兩國能識大體，重視我國的平等地位，遂自動放棄對華不平等條約。

英美與中國另訂平等條約，是英美最賢明的措施，實值中國人民的感謝。但我們不能忽略下列兩項事實。（一）二十九年十一月三十日阿部與汪逆在南京簽訂的協定，已有平等條約的形式，不過日本氣度不夠，同時規定了日本人享受的特權。日本侵略中國三年半，不能解決中國問題，已意識到中日衝突的根本原因。英美既希望中國堅決作戰，爲鼓勵中國抗戰的意志，自然要比日本走前一步，眞實的放棄在中國特權。（二）是時英美在華的勢力和地位，已完全被日本侵佔。在三十一年的太平洋戰爭，是英美的慘敗年。香港、新加坡、馬來半島、菲律賓、荷印、越南、泰國、緬甸等地，都被日本侵佔。英美當時放棄的在華權，是已經喪失了的特權，對中國是「惠而不費」；所以英美這項措施，是最賢明的措施。

二、中美中英平等新約的內容

「中美關於取消美國在華治外法權及處理有關問題條約」，共有八條，係中國駐美特命全權大使魏道明與美國國務卿赫爾在華盛頓簽訂，並附雙方換文。「中英關於取消英國在華治外法權及其有關特權條約」，共有九條，係英國駐華大使薛穆爵士與中國全權代表宋子文在重慶簽訂，並附雙方換文。

綜計中美中英新約所撤廢的各種特權如次：（一）領事裁判權的撤銷；美英人民或社團在中國享有的

領事裁判權（治外法權）撤銷，今後美英在中國領土內的人民或社團，應依照國際公法的原則及國際慣例受中國政府的管轄。（二）使館界及駐兵權的撤銷；美英二國依辛丑和約所取得的特權，如使館界北寧路駐兵權等，一律撤銷；使館界的行政與管理，連同使館界一切官有資產與官有義務，均移交中國政府。（三）租界的撤消；美英二國在中國的的租界一律撤消，其行政與管理及一切官有資產與官有義務，均移交中國政府。（四）特別法庭的撤銷；美英二國在租界內的特別法庭，一律撤銷。（五）外籍引水人等特權的撤銷；美英二國在中國各口岸使用外國引水人等特權，一律撤銷。（六）軍艦在中國領水行駛特權的撤銷；美英軍艦駛入中國領水之特權撤銷，以後中國與美英間軍艦互相訪問時，均依通常國際慣例，相互給予優禮。（七）沿海及內河航行權之撤銷；美英兩國商船在中國沿海貿易及內河航行之權，一律撤銷。（八）英國放棄其要求中國任用英籍海關總稅務司之特權。（九）此次新約未涉及問題，如有影響於中國主權者，應由中國與美英二國，依照普通承認的國際公法原則，及近代國際慣例解決之。

此次平等新約之訂立，亦不無遺憾之處；就是九龍租界地本爲我國領土，而英國未能將此問題在新約內同時解決，實爲中英兩國間美中不足之點。當討論新約時，我國堅持收回九龍之主張，英國則認爲九龍與香港在地理上有互相依恃的連帶關係，故不肯交還九龍租借地。我國經再三考慮，以新約對我之利益甚大，不宜爲九龍局部問題，而致破壞全局，故決定退讓。在中英新約簽字之日，我國向英政府提出正式照會，聲明我國保留有收回九龍之權。故九龍問題仍可隨時提出交涉。英國在香港九龍業已失陷，日軍正在猖獗之時，仍不肯放棄九龍租界地的特權，可見英國外交上利害計算的認眞；因日本最後失敗的命運，業已註定，英國仍保持帝國主義的態度，不願放棄遠東商業上的根據地。

三、中國與各國相繼締結平等新約

中美中英平等新約締結後，在抗戰期間締結新約者，有比利時、挪威、加拿大、瑞典、荷蘭五國。中比爲廢除在中國治外法權及處理有關事件條約，於民國三十二年十月廿日簽字，三十四年六月一日互換批准書。中挪爲廢除在中國治外法權及處理有關事件條約，民國卅二年十一月十日簽字，卅三年六月十三日互換批准書。中加爲廢除在中國治法外權及處理有關事件條約，於民國三十三年四月十四日簽字，卅三年六月十三日互換。中瑞關於取消瑞典在華治外法權及其有關特權條約，於民國三十四年四月五日簽字，三十四年七月二十日生效，三十五年十一月十八日互換批准書。中荷關於放棄在華治外法權及處理有關問題條約，於民國三十四年五月廿九日簽字，同年十二月五日互換批准書。

在抗戰勝利後締結平等新約者，有法蘭西、瑞士、丹麥、葡萄牙四國。中法關於放棄在華治外法權及有關問題條約，於民國三十五年二月廿八日簽訂，同年六月八日互換批准書。中瑞關於瑞士放棄在華領事裁判權及其有關特權換文，於民國三十五年三月十三日簽換，即日生效。中丹關於取消丹麥在華治外法權及處理有關問題條約，於民國三十五年五月二十日簽字，同日起暫行生效，三十六年四月十四日互換批准書。中葡關於葡萄牙在華領事裁判權及處理其他事項之換文，於民國三十六年四月一日互換，同日生效。（註五）

第三節 莫斯科四國宣言與開羅會議

一、美英中蘇四國宣言

民國三十二年一月，羅斯福與邱吉爾於舉行卡沙布蘭卡（Casablanca）會議以前，曾邀請史達林參加，但未獲史達林贊同。三十二年八月羅斯福與邱吉爾舉行魁北克（Quebec）會議，又考慮美英俄三國首長，應當舉行會議，以面談關於戰爭與戰後和平的各種問題，再邀請史達林開會；並提議史達林若不能出國，三國的外交部長可先舉行會議。史達林接受三國外長會議的提議，但堅持以莫斯科為會議的地點。羅斯福總統予以同意，定於十月十三日開會。

會前，美國政府決定的方針，要盡力使英俄二國贊同中國參加四強協議的計劃；關於戰後問題的協議，應包括建立國際和平組織一項。美國明知蘇俄會反對中國參與，但羅斯福與赫爾都認為四強觀念應該保持，中國無論現在或將來，都是世界一個重要的國家，為了中國本身的地位及對於印度的影響，盟國決不能把中國除外。這次莫斯科外長會議於三十二年十月十三日開始，十月三十日閉會，共計開會十三次，除討論歐洲問題外，並討論世界安全問題。美國國務卿赫爾提議邀請中國參加，共同發表一般安全宣言，蘇俄外長莫託洛夫與英國外長艾登先後表示接受。中國接獲邀請後，派駐俄大使傅秉常代表中國參加，傅大使即與三國外長共同簽字於四強發表的一般安全宣言（Declaration of General Security），普通稱為四強宣言。宣言共有七點，各點要旨如次：

一、美英中蘇四國將以其在作戰時的聯合行動，繼續維持，並共同維繫戰後的和平與安全。

二、美英中蘇四國中，對一共同敵人作戰的國家，對敵人投降和解除武裝有關之一切事項，當共同行動。

三、美英中蘇四國當採取認為必要之一切措施，以防止敵人接受之條款，發生任何違背行動。

四、美英中蘇四國承認在可能的最早時期，建立一般性的國際組織，以維持國際和平與安全。

五、美英中蘇四國為保持國際和平與安全起見，當互相商議，以便採取共同行動。

六、美英中蘇四國在戰爭結束以後，不得在他國境內使用其武力。

七、美英中蘇四國將於戰後促成一個可實行的限制軍備的一般協定。

重光葵敍述莫斯科外長會議說：『其時太平洋上日本主力，已消耗殆盡。盟國為籌商軸心崩潰後的善後問題，及戰後國際機構，在莫斯科邀集中英美俄四國，開首次外長會議，發表四國共同宣言。美國為實現戰後世界政策，一方要確保蘇俄的協助，一方企待中國的參加，至此中國開始列入世界四大國之一。』張其昀敍述莫斯科四國協定說：

「中美英蘇四國宣言，於三十二年十月卅一日發表。……我國參加四國協定經過情形，　蔣總統所記如下：「十月二十七日傅秉常大使來電，知美國提議的四國協定，在莫斯科三國外長會議已經大體通過。俄國言中國現無代表在會中，此協定仍應由三國簽字發表。而美國赫爾則謂須以四國簽字為宜。據赫爾稱：其時甚迫，如我政府不速派員簽字，則月杪閉會即由三國簽字矣。余乃復電，令傅任全權代表簽字，並各別通告駐華英美俄三大使轉各外長以此意，使俄國不致誤以為見外，而復生故障也。如果此事能順利進行，則我國在國際地位又前進一步，鞏固一層矣」。

十月卅一日　蔣總統得羅斯福電，知莫斯科四國協定已簽字。羅氏以此爲盟國之一大成功，表示慶慰。繼得傳大使來電稱，已於三十日正午簽字，相約於今晚方得發表。傳電遲到，反不如羅總統轉報之速，是乃俄政府不願我國先知，有意扣押一日始發。」

莫斯科外長會議，於十月十三日開會，中國於十月廿七日始接獲通知，中國參加會議，係美國的堅決邀請，俄國雖予破壞，美國仍不讓步；此時俄國正希望美國的大量援助，不能不表示退讓；英國又支持美國主張，故中國始獲參加會議，俄國對我之陰謀，已開始於此時。（註六）

二、開羅會議

甲、開羅會議召開的經過。邱吉爾敍述召開會議的經過說：

「莫斯科的三國外長會議結束以後，三國政府首長的會議，又再度被提起。史達林對於這個會議，不再表示整個的拒絕。但是，他要求在伊朗的京城德黑蘭舉行。……最後，羅斯福終於曲徇了史達林的主張，前赴德黑蘭舉行會議。一九四三年十月二十三日，當三國政府首長的會議，原則上已經決定舉行以後，邱吉爾向羅斯福提議：美英兩國在沒有與蘇俄會議以前，先在埃及的京城開羅舉行兩國會議，以消除兩國可能的歧見；庶幾在蘇俄會商之前，他們可以採取一致的態度。羅斯福也覺美英混合參謀長委員會先在開羅開會，不是無益之事；不過，爲着避免引起蘇俄的無謂懷疑起見，他邀請蘇俄的外交人民委員莫洛託夫也來參加會議。史達林電復羅斯福致歉，莫洛託夫不能應約而至。

一九四三年十月三十一日，羅斯福致電中國的　蔣主席，邀請他於十一月二十二日以前，前往開羅，舉行會議。羅斯福的邀請　蔣主席，在事前未通知邱吉爾。因此，　蔣主席的被邀，頗使邱吉爾驚詫。……開羅會議於十一月二十二日開始，二十五日閉會。其主要議程，是反攻緬甸問題，與戰後處置日本的問題。」

邱吉爾提議的開羅會議，是英美間的軍事會議；但羅斯福將這個會議變成中美英三巨頭會議，因事先未通知邱吉爾，使他感覺驚詫；可知開羅會議，是羅斯福總統主動。羅斯福總統除電請蔣總統與羅邱二氏相晤外，十一月十二日並特派美國前陸軍部長赫爾利爲私人代表，飛渝來訪，向蔣總統解釋開羅會議用意所在。十一月十八日蔣總統夫婦偕隨員王寵惠、周至柔、董顯光等由重慶出發，廿一日飛抵開羅。廿三日羅斯福總統邱吉爾首相蔣介石主席開第一次會議，在歷次會談中，羅斯福蔣介石意見融洽，邱吉爾不能發生影響，會議中除解決軍事問題外，並同意發表開羅宣言，宣示解決戰後遠東問題的方針。

乙、開羅會議宣言內容。中美英三國同意要制裁並懲罰日本的侵略；日本應把從中國奪去的東北和臺灣歸還中國；三國並同意於相當時期內，予朝鮮以獨立的地位。當三國代表討論宣言內容時，英國主張對朝鮮問題不提；經我國代表力爭，美國代表贊助，英國才沒有異議。開羅會議公報於三十二年十二月三日正式發表，原文如次：

羅斯福總統　蔣委員長邱吉爾首相偕同各該國軍事與外交顧問人員，在北非舉行會議已完畢。並發表概括之聲明如下：

三國軍事方面人員，關於今後對日作戰計劃，已獲得一致意見。我三大盟國決心以不鬆弛之壓力，從海空各方面加諸殘暴之敵人，此項壓力已經在增長之中。

我三大盟國此次進行戰爭之目的，在於制止及懲罰日本之侵略。三國決不為自己圖利，亦無展拓領土之意思。三國之宗旨，在剝奪日本自從一九一四年第一次世界大戰開始後，在太平洋上所奪得或佔領之一切島嶼。在使日本所竊取於中國之領土，例如東北四省，臺灣、澎湖羣島等歸還中華民國。其他日本以武力或貪慾所奪取之土地，亦務將日本驅逐出境。我三大同盟國稔和朝鮮人民所受之奴役待遇，決定在相當時期使朝鮮自由與獨立。

根據以上所認定之各項目標，並與其他對日作戰之聯合國目標一致，我三大盟國將堅忍進行其重大而長期之戰事，以獲得日本之無條件投降。

丙、羅斯福與蔣總統意見融洽。蘇俄在這個時候，遠東兵力薄弱，屈意遷就日本；盟國方面也不希望蘇俄在遠東參戰。羅斯福此時對一切問題都從遠大處着想，不附和英國的偏見，與蔣總統意見融洽。十一月二十三日晚間羅斯福與蔣總統談及日本未來國體問題，張其昀的敍述說：『首先羅斯福總統以廢除日本天皇制度的問題，徵求總統的意見。總統說：這次日本戰爭的禍首，實在是他們幾個軍閥，我們先要把他們軍閥打倒再說；至於日本國體問題，我以為應該等到戰後讓日本人民自己去解決；我們在此次大戰之中，總不要造成民族間永久的錯誤。羅斯福總統說：你對日本情形最有研究的，那對於這個問題，明日會議應否提出討論？總統說：最好不作正式討論。』蔣總統不希望對日本逼迫過甚，不主張變更日本國體，羅斯福亦接受蔣總統意見，不再提出廢除日本天皇制度的問題，這是日本能夠無條件投降的一個原因。重光葵說：

「八月六日（三十四年）日本還企首西望，等待蘇俄的好音，而原子彈已在廣島投下。八月八日莫洛託夫在莫斯科接見佐藤大使，謂日本已抹煞波茨坦宣言，蘇俄無法代謀和平。蘇俄爲促進世界和平，不得不向日本宣戰。……

軍部至此，仍提出接受波茨坦宣言：一、維持天皇制度；二、敵軍勿在本土上陸；三、海外日軍的撤回，由日本自發行之；四、日本自行處分戰犯。正在對四個條件議論之際，九日長崎投下第二顆原子彈。……九日夜，鈴木召集御前會議，討論接受波茨坦宣言問題；軍部仍主張附有四個條件；政府案則在維持天皇制度前提下，加以接受。兩者爭執不決，鈴木乃請天皇御裁；天皇決定照政府案辦理。阿南陸相哭倒在天皇腳下。」

三十二年十一月二十八日　蔣總統對開羅會議評述說：『此次在開羅逗留共爲七日，其間以政治的收獲爲第一，軍事次之，經濟又次之，然皆獲得相當成就……。東北四省與臺灣澎湖羣島爲已經失去五十年或十二年以上之領土，而獲得美英共同聲明歸還我國，而且承認朝鮮於戰後獨立自由。此皆爲國民革命之主要目標與期望，而今竟能發表於開羅宣言之中，實爲空前未有之外交成功也。將來和平會議中，關於我國最艱難之問題，最主要之目的，皆於開羅會議數日中，一舉而解決矣。……以羅斯福總統此次言行，及其國民一般之言論與精神，確有協助我國造成獨立與平等地位之誠意。……今後我國若不能發奮自強，則一紙空文仍不足以爲憑，故必須國人共同努力奮勉，方能確保外交勝利之成果。』

羅斯福總統回國後，於是年聖誕節前夕演說，論及開羅會議對於遠東和平問題所定之原則，略云：『邱吉爾首相及余與蔣委員長在開羅共處四日，余得有機會與蔣委員長當面討論複雜之遠東問題，尚屬首次。吾人不僅解決具體軍事計劃，且會商討若干影響遠大之原則，吾人相信此等原則必能保障遠東未來之數代。此等原則皆甚簡單而基本，其中包括以被刧之財產歸還應得之主人。承認遠東億萬人民有樹立其本身的政府方式之權利。承認永遠消滅日本，使不得成爲侵略之潛勢力，乃太平洋及世界其他部分和平與安全之必要條件。』（註七）

第四節　中國獲得最後勝利

一、中美英三國對日本的勸降文告

民國三十四年五月一日，希特勒自殺，五月九日德國無條件投降。德意日三同盟國中，意大利已於三十二年九月六日崩潰，向盟軍投降。德意無條件投降後，日本完全孤立，海軍主力已被美國擊潰，我國軍隊已向日軍反攻，先後克復柳州桂林。日本的崩潰已不過時間問題，日本也自知失敗命運業已註定，想請蘇俄調停和議，但蘇俄並不將日本求和之意，轉達英美二國。

三十四年七月十六日，在波茨坦會議的前一天，美國在新墨西哥州試驗原子彈的爆炸，獲得了預期的成功。七月十七日，杜魯門與邱吉爾等卽接獲了這項消息，七月十八日收到了關於原子彈爆炸的詳細報告。原子彈試驗的成功，一方面可以縮短對日本的戰爭，他方面可以減輕蘇俄參戰的重要性。杜魯門、邱吉爾等，都認爲在對日本使用原子彈以前，美英兩國必須聯合中國，先向日本提出一個正式的警告。七月二十六日，美英兩國於徵得中國同意之後，便以中美英三國政府首長的名義，向全世界與日本宣布了著名的波茨坦勸降文告。勸降文告原文如下：

一、余等美國總統、中國國民政府主席，及英國首相，代表余等億萬國民，業經會商並同意，對日本應予以一機會，以結束此次戰爭。

二、美國英帝國及中國之龐大陸海空部隊，業已增強多倍，其由西方調來之軍隊及空軍，即將予日本以最後之打擊：此項武力，受所有聯合國之支持及鼓勵，對日作戰，不至其停止抵抗不止。

三、德國無效果及無意識抵抗全世界所有之自由人之力量，所得之結果，彰彰在前，可為日本人民之殷鑒。此種力重，當其對付抵抗之納粹時，不得不將德國人民全體之土地工業及其生活方式摧殘殆盡。但現在集中對付日本之力量，則較之更為廣大，不可衡量。吾等之軍力，加以吾人堅決之意志為後盾，若予以全部實施，必將使日本軍隊完全毀滅，無可逃避。而日本之本土，亦必終將全部摧毀。

四、現時業已到來，日本必須決定是否仍將繼續受其一意孤行，計算錯誤，使日本帝國已陷於完全毀滅之境之軍人統制，抑或走向理智之路。

五、以下為吾人之條件，吾人決不更改，亦無其他另一方式，猶豫遲疑，更為吾人所不容許。

六、欺騙及錯誤領導日本人民，使其妄欲征服世界之威權及勢力，必須永久剷除。蓋吾人堅持，非將負責之窮兵黷武主義驅出世界，則和平安全及正義新秩序，勢不可能。

七、新秩序成立時，及至日本製造戰爭之力量業已毀滅，有確實可信之證據時；日本領土經盟國之指定，必須佔領，俾吾人在此陳述之基本目的，得已完成。

八、開羅會言之條件，必將實施；而日本之主權，必將限於本州、北海道、九州、四國，及吾人所決定其他小島之內。

九、日本軍隊在完全解除武裝以後，將被允許返其家鄉，得有和平及生產生活之機會。

十、吾人無意奴役日本民族，或消滅其國家；但對於戰罪人民，包括虐待吾人俘虜者在內，將施以法律之裁判。日本政府必須將阻止日本人民民主趨勢之復興及增強之所有障礙，予以消除。言論宗教及思想自由，以及對於基本人權之重視，必須成立。

十一、日本將被許維持其經濟所必需及可以償付貨物賠款之工業；但可以使其重新武裝作戰之工業，不在其內。爲此目的，可准其獲得原料，以別於統制原料。日本最後參加國際貿易關係，當可准許。

十二、上述目的達到，及依據日本人民自由表示之意志，成立一傾向和平及負責之政府後，同盟國佔領軍隊當即撤退。

十三、吾人警告日本政府，立卽宣佈所有日本武裝部隊，無條件投降，並對此種行動有意實行，予以適當之各項保證；除此一途，日本卽將迅速完全毀滅！

勸降的條件有五：一、剷除日本的好戰勢力；二、在新秩序未恢復前，盟軍佔領日本；三、實施開羅宣言的條件，削減日本的領土；四、日本軍隊全部解除武裝；五、懲罰日本的戰犯，建立民主政治。最後警告日本，立卽無條件投降；否則日本將迅速完全毀滅。這個勸降文告，態度比較溫和，與英美法俄管制德國條件的殘酷，恰成一個尖銳的對比。日本政府的無條件投降，被減縮爲日本軍隊的無條件投降；而且日本天皇的地位，竟沒有提到。

二、日本無條件投降

民國三十四年五月初，德國向英美俄投降的消息證實。日本與德國在名義上雖然是同盟國，實際上是各自爲戰，不相合作。但德國的投降，實給日本莫大的刺激。鈴木內閣於五月六日聲明廢止德意日三國同盟條約，表面仍宣布繼續作戰，暗中則請求蘇俄調停對美戰爭。日本在民國二十七年，向中國提出的講和條件，還列有共同防共一項，在三十年六月二十二日，德俄戰爭發生，爲日本「防共」的最好機會，而日本坐失良機；三十一年英美挫敗，日本還可攻擊蘇俄，而日本仍拒絕德國的要求，使蘇俄得以坐大。日本在戰鬭力已將耗盡之時，反夢想蘇俄調停，眞是不了解蘇俄！

日本駐俄大使佐藤，在波次坦勸降文告提出後，深知蘇俄的不可靠，便建議日本政府，立刻下令軍隊作無條件的投降。但日本還執迷不悟，鈴木向記者發表談話，謂波次坦的文告，不値得日本的重視；而暗中仍轉囑佐藤請求蘇俄調停。因鈴木的強硬表示，美國遂有向日本使用原子彈的決心。「八月六日，日本還企首西望，等待蘇俄的好音，而原子彈已在廣島投下。」蘇俄八月八日對佐藤的答復，不是爲日本調停，而是向日本宣戰。

八月九日第二個原子彈又在長崎投下，鈴木一直在會議之中，他們知道第三國調停業已絕望，目前唯一的出路，只有投降。他們顧慮的便是所謂國體問題，就是保全日皇的地位。夜間，他們在舉行御前會議的時候，鈴木請求日皇作一個明白的指示；日皇同意投降。八月十日下午，日本政府請降書，已請由瑞士瑞典轉達盟方，日本願意接受波次坦宣言之各項規定，無條件投降，但僅要求保留天皇，仍爲日本之元首，其照會大意如下：

「日本天皇切望促進世界和平，早日停止戰爭，俾天下生靈得免因戰爭之持續，而陷於浩刼。日本政府為服從天皇之聖旨起見，已於數星期前請當時仍處中立地位之蘇俄政府出面斡旋，俾對諸敵國得恢復和平。不幸此等為促致和平之努力，業已失敗。日本政府為遵從天皇恢復全面和平，希望戰爭造成之不可言狀痛苦，能儘速終結起見，乃作下列決定：「日本政府準備接受中美英三國政府領袖，於一九四五年七月廿六日在波次坦所發表，其後經蘇俄政府贊成之聯合宣言所列舉之條款，而附以一項諒解曰：上述宣言，並不包含任何要求有損天皇陛下為至高統制者之皇權。」日本政府竭誠希望。」

八月十一日，美國代表中英美蘇四國，由國務卿貝爾納斯送交華盛頓瑞士公使館代辦復文一件，託其轉致日本政府。復文內容承認日本天皇為政府元首。原文節錄於次：

「代辦閣下：八月十日照會奉悉。……吾人所採立場如下：自投降之時刻起，日本天皇及日本政府統制國家之權力，卽須聽從盟國最高統帥之命令。最高統帥將採取其認為適當之權力，實施投降條款。日本天皇，必須授權並保證日本政府及日本帝國大本營能簽字於必須之投降條款，俾波次坦之規定能獲實施。……日本政府之最後形式，將依日本人民自由表示之意願確定之。同盟國之武裝部隊將留於日本，直至波次坦宣言所規定之目的達到為止。」

此項復文，於十二日上午四時由瑞士轉達東京。八月十四日，同盟國得瑞士政府通知：謂日本天皇已頒敕令，接受波次坦宣言之各項規定，宣告投降。同盟國卽於八月十四日公布日本無條件投降。（註八）

三、我國接受日本投降

日本宣布投降後，八月十五日我國民政府外交部正式接獲日本投降電文。當日，蔣總統即電南京日軍駐華最高指揮官岡村寧次大將，指示其投降原則，並派中國陸軍總司令何應欽代表中國戰區最高統帥，接受日軍投降。

八月廿一日，岡村寧次遴派之總參謀副長今井武夫及參謀二員翻譯一員，乘飛機抵湖南芷江，請示關於投降事宜。當由陸軍總司令部參謀長蕭毅肅接見，將受降區域之劃分，受降區負責主官，及受降之重要各項規定示知；並飭原機於八月廿三日返南京，轉交岡村寧次遵行；並告知本總司令部將在南京成立前進指揮所，由中將副參謀長冷欣主持，就近洽商受降書宜；同時將不待簽訂降書，即於短期內空運部隊前往南京上海北平等地受降。

八月廿五日，岡村寧次電復：希望總司令部南京指揮所迅速蒞京主持一切。八月廿七日，冷欣等分乘運輸機七架，由芷江飛南京，成立前進指揮所，進行受降及接收之準備工作。

九月三日，日本投降代表重光葵、梅津，在東京灣美國米蘇里艦上簽投降書，正式向盟軍投降，我國由陸軍上將徐永昌代表出席受降。九月九日九時在南京舉行日本在中國戰區投降簽字典禮，由何總司令應欽代表蔣委員長出席受降，岡村寧次將軍代表日本投降。玆將日本降書照錄於次：

一、日本帝國政府及日本帝國大本營已向聯合國最高統帥無條件投降。

二、聯合國最高統帥第一號命令規定：在中華民國（東三省除外）臺灣與越南北緯十六度以北地區內之日本全部陸海空軍與輔助部隊，應向 蔣委員長投降。

三、吾等在上述區域內之全部日本陸海空軍及輔助部隊之將領，願領率所屬部隊向蔣委員長無條件投降。

四、本官當立卽命令所有上第二款所述區域內之全部日本陸海空軍各級指揮官及其所屬部隊，與所控制之部隊，向蔣委員長特派受降代表中國戰區中國陸軍總司令何應欽上將，及何應欽上將指定之各地區受降主官投降。

五、投降之日本陸海空軍，立卽停止敵對行動，暫留原地待命。所有武器、彈藥、裝具、器材、補給品、情報資料、地圖、文獻、檔案及其他一切資產等，當暫時保管。所有航空器及飛行場一切設備，艦艇、船舶、車輛、碼頭、工場、倉庫及一切建築物，以及現在上第二款所述地區內，日本海陸空軍或其控制之部隊所有或所控制之軍用或民用財產，亦均保持完整，全部待繳於 蔣委員長及其代表何應欽上將所指定之部隊長及政府機關代表接收。

六、上第二款所述區域內，日本陸海空軍所俘聯合國戰俘及拘留之人民，立予釋放，並保護送至指定地點。

七、自此以後，所有上第二款所述區域內之日本陸海空軍，當卽服從蔣委員長之節制，並接受蔣委員長及其代表何應欽上將所頒發之命令。

八、本官對本降書所列各款，及蔣委員長與其代表何應欽上將以後對投降日軍所頒發之命令，當立卽對各級軍官及士兵轉達遵照。上第二款所述地區之所有日本軍官佐士兵，均須負有完全履行此類命令之責。

九、投降之日本陸海空軍中任何人員，對於本降書所列各款，及蔣委員長與其代表何應欽上將嗣後所授之命令，倘有未能履行或遲延情事，各級負責官長及違犯命令者，願受懲罰。

受降後次日，何總司令應欽召見岡村將軍，岡村將軍向何總司令懇切表示，九日九時簽訂降書後，即脫離日本政府之節制，完全聽從何總司令之命令。何應欽上將敍述說：『此次代表日本政府及日本大本營簽署降書之岡村寧次大將，即民國二十二年五月五日在上海簽訂淞滬停戰協定之日方代表，亦即二十二年長城戰役後，於五月卅一日簽訂塘沽停戰協定之日方代表。當二十二年至二十四年間，應欽任軍事委員會北平分會代理委員長之際，日人正在企圖策動所謂華北特殊化，對我方極盡壓迫之能事；其時梅津美治郎爲華北駐屯軍司令官，岡村任關東軍參謀副長，自均爲策劃主持之人。不意十二年後，日本終因無止境之侵略，自食其敗亡之果。而岡村大將，則以昔年侵略之代表，一變而爲正式代表日本國家向我投降之降將；梅津大將，則爲日本向我中英美蘇等聯合國投降之代表，亦足證強權之不可恃，而公理之終必伸張也』

日本投降後，在中國戰區投降日本官兵，計有一百廿五萬五千人。關於收繳日軍主要武器裝備數量，截至三十五年二月初，統計如左：

一、步兵輕武器類：步騎槍六八五、八九七枝，手槍五六、六九八枝，輕重機槍三〇、九六一枝。

二、火炮類：各種主要火炮共一二、四四六門。

三、各種彈藥類：步機彈一〇八、九九四、〇〇〇餘粒，手槍彈二、〇三五、〇〇〇餘粒，各種炮彈二、〇七〇、〇〇〇餘粒。

四、車輛類：戰車三〇輛，裝甲車一五一輛，卡車一四、九六四輛，輜重自行車一八、三四八輛。

五、馬匹：七三、八八六四。

六、航空器材類：各種飛機一、〇六八架（內可用者二九一架，待修者六二六架，不堪用者一五一架），炸彈六千噸（二四三、二五〇枚），飛機用汽油一萬餘噸（三、一〇一、九二七加侖）。（註九）

四、我國對日本不念舊惡

我國對日抗戰八年，官兵傷亡總數，據何應欽上將統計，共有三、二一一、四一九人；其中陣亡者有一、三一九、九五八人，失蹤者有一三〇、一二六人，負傷者有一、七六一、三三五人。我國對日戰事損失之估計，據韓啓相估計，總數達國幣四百四十九億六千七百萬餘元，約當美金一百三十二億五千九百萬餘元，中國國民每人平均負擔約爲國幣九十四元，或美金二十八元，比之庚子賠款，約當其數六四倍以上。甲、蔣總統表示不念舊惡。我國抗戰八年，損失慘重。日本軍閥對中國之暴行，如南京大屠殺等，更足令人髮指。日本八年來，仍本其對列強讓步，對中國絕不讓步的政策，對中國除分化壓迫之外，沒有表現過誠懇求和之善意。日本逼迫中國共同防共，但竟向蘇俄妥協；最後請求蘇俄調停，是請向美國調停，而置中國於度外。日本對中國野蠻殘酷如此，但日本投降之日，蔣總統對全國軍民及全世界人士廣播，表示中國不念日本舊惡，決不以日本人民爲敵。玆將蔣總統演說節錄於次：

「我們的抗戰，今天是勝利了，正義必然勝過強權的眞理，終於得到了他最後的證明。……我全國同胞們自抗戰以來，八年間所受的痛苦與犧牲，雖是一年一年的增加，可是抗戰必勝的信念，亦是一天一天的增強；尤其是我們淪陷區的同胞們，受盡了無窮摧殘與奴辱的黑暗，今天是得到了完全解放，而重見青天白日了。……

我中國同胞們須知「不念舊惡」及「與人爲善」，爲我民族傳統至高至貴的德性。我們一貫聲言，只認日本黷武的軍閥爲敵，不以日本的人民爲敵。今天敵軍已被我們盟邦共同打倒了，我們當然要嚴密責成他忠實執行所有的投降條款，但是我們並不要報復，更不可對敵國無辜人民加以汚辱；我們只有對他們爲他的納粹軍閥所愚弄所驅迫而表示憐憫，使他們能自拔於錯誤與罪惡。要知道如果以暴行答復敵人從前的暴行，以奴辱來答復他們從前錯誤的優越感，則寃寃相報，永無終止，決不是我們仁義之師的目的。這是我們每一個軍民同胞今天所應特別注意的。」

蔣總統的廣播，是在八月十四日剛剛接到日本投降消息的時候；蔣總統並沒有狂喜，更沒有幸災樂禍的心理，而是高瞻遠矚，請求中國人民不念舊惡，與人爲善。

乙、寬大的遣送日俘日僑。何應欽上將根據蔣總統的指示，對岡村的投降，予以禮遇，對日俘日僑的遣送，寬大週到。民國四十五年日本「文藝春秋」四月號載何應欽與岡村談片，可知當時我國受降對日本寬大情形，玆節錄於次：

「岡村：其次我不能忘懷的，是你的寬容敦厚。本來預先排定我們進場的時候，應向全禮敬禮，何先生等不必還禮。可是，最後我在投降文件上蓋章，而由林參謀總長呈獻你的時候，你却站起來給他回禮，後來外國顧問團有沒有抗議？

何：是的，他們略有說到。

岡村：我看到這種情況，大受感動，西洋的道德觀念和我們究竟有些不同，何應欽先生的人品丰度實在使我佩服。

何：那裏，彼此彼此。

岡村：還有一件事，應該向你深深感謝；就是我們打了敗戰，却沒有一個人變成俘虜，就是你的鼎助所賜。照國際上的慣例，戰敗的軍隊應該繳械，分別拘集軍官與士兵，並分開受戰俘待遇。……但是我們所受的稱呼，不是俘虜，而是「徒手官兵」，就是說，沒有武裝的軍人。在簽字投降次日，九月十日清晨你召我去，……你曾把中國的派令遞交給我，把日本全軍及僑民的遣回事務委任我來辦理，那張派令是怎樣寫的？

何：中國戰區日本官兵善後連絡部長官。

岡村：是的是的，是採用這樣軍隊式的派令，承認我的指揮權，這樣數達二百幾十萬的人，因此才獲得順利的遣回。

何：那個派令，會使你正正堂堂的發佈命令。

岡村：我想這樣破例的辦法，一定是何應欽先生提案的。我後來聽說，當時有美軍顧問團在中國，問題並不簡單，但你却考慮到日本國民性，認為讓他們自己維持秩序，保有組織，較為妥當；由於你有這種意見，才決定了這種辦法。其次，中國會准許我們各人可以帶回行李三十公斤，這一點在日本雖然很少提起，但實際到過中國戰線的人，都非常感謝你們。

何：那裏那裏，日本受轟炸的情形，我們很明白，並且我看過了由飛機上攝下來的照片，所以當時我想，如果日本軍民不帶他們的行李回去，他們回到日本可能甚麼東西都沒有。數達二百萬的僑民及官兵回到日本，如果身無一物，他們必定很窘很苦，且要埋怨我們。一如岡村先生所說的，中國與日本的戰爭到這裏已告結束，今後是兄弟之邦，所以應該盡量是促成和睦的關係。……」

中國不念舊惡，在日本投降之後，寬大的遣送日俘日僑；戰爭結束十年之後，投降的岡村，和受降的何應欽，在東京晤面，不僅沒有惡感，而且歡然敍舊；兩人的談話，登載於日本的雜誌上。中日兩國過去的仇怨是已經過去了，我們希望將來不再有新的仇怨。（註十）

（註一）邱吉爾史達林激勵其國人作戰，當時均提出效法中國（Fellow China）的口號，見於當時出版的報紙。

（註二）（一）段參閱：1雷崧生著國際關係第十七章第十九章。2抗戰五週年紀念冊：中國贊同羅邱聯合宣言之聲明，羅邱宣言，反侵略國共同宣言。

（註三）（二）段參閱：1抗戰五週年紀念冊：中美五萬萬金元貸款協定，中美抵抗侵略互助協定。2董顯光：蔣總統傳第二十三章。

（註四）（三）段參閱：1董顯光前書第二十三章。2張其昀中華民國史剛（五）第四十四章。3Langsam著鈕先鍾譯：世界現代史下冊第廿五章第五節。

（註五）（四）段參閱：1外交部白皮書第六十四號。2蔣總統著：中國之命運第五章。

（註六）（五）段參閱：1雷崧生編：邱吉爾第二次世界大戰回憶錄：莫斯科三國外交部長會議。2張其昀前書（七）第六十一章。3A Decade of American Foreign Policy: The Moscow Conference. October

13-30, 1943

（註七）（六）段參閱：1張其昀前書（七）第六十三章。2雷崧生編邱吉爾第二次世界大戰回憶錄：開羅會議。3重光葵：日本之動亂第八章。

（註八）（一）（二）兩段參閱：1何上將抗戰期間軍事報告（下）：附日本投降。2雷崧生編前書：波次坦會議。

（註九）（三）段參閱：1何應欽編著：八年抗戰之經過第十篇。2中國陸軍總司令部處理日本投降文件彙編（上卷）。

（註十）（四）段參閱：1 蔣總統言論彙編卷十七：抗戰勝利對全國軍民及全世界人士廣播演說。2中央日報四十五年六月特載：何應欽與岡村談片。3中國近代史論叢第一輯第九冊：中國對日戰事損失的估計。

第十六章　中國外交的逆轉

第一節　雅爾達密約

一、雅爾達會議聯合聲明

根據美國國務院一九五〇年發表的十年來美國外交政策（A Decade of American Foreign Policy）一書所載的各種條約及協定，關於雅爾達會議的協定，是包含了所謂雅爾達密約，但在民國三十四年（一九四五年）二月十一日發表的雅爾達會議聯合聲明，所謂雅爾達密約，並未提及隻字。茲將該項聲明節錄於次：

「過去八年來，三個同盟強國的領袖邱吉爾羅斯福史達林偕同外長參謀長和其他顧問，曾在克里米會晤。……下面是……關於克里米會議的報告。

德國之佔領與控制。德國武裝抵抗最後被打垮後，我們要使納粹德國接受無條件投降的條款。這些條款，在德國的澈底敗北終於完成之前，不得使人知道。根據已商得同意的計劃，三個強國的軍力，將各自佔領德國的一個別區域；經由一個中央管制委員會行使互相協調管理與控制；中央管制委員會由三個強國的最高司令組成，總部設在柏林。已經商得同意：法蘭西如果願意的話，三強國當邀請他承受一個佔領區，並參與管制委員會，作爲第四委員。關於法蘭西所佔領區域的範圍，將由有關四國政府經由他們的代表在歐洲委員會中共同商定。

我們不屈不撓的宗旨，就是要消滅德國的軍國主義和納粹主義，要確保德國決不能夠再擾亂世界的和平。我們決定要把德國一切武裝力量，解除武裝，予以解散。……我們的宗旨決不是要消滅德國的人民，但是唯有當納粹主義和軍國主義已經根絕了的時候，德國人才有過適當生活的希望，他們才有在國際交誼中佔一席地位的希望。

聯合國會議。我們決定儘可能從速和我們的盟邦，建立一個一般性的國際組織，以維持和平與安全。……我們已經商得同意：當於一九四五年四月二十五日在美國舊金山召開聯合國會議，以便依照在頓巴敦橡樹會議非正式建議中的方針，籌備這一種組織的憲章。當立刻向中國政府和法蘭西臨時政府磋商，並邀請美國政府英國政府蘇俄政府共同發起這項會議。一經和中國與法蘭西磋商完畢，關於投票表決程序的建議案全文，就要公佈。

波蘭。我們來舉行克里米會議，決定要解決我們關於波蘭的異議，……商得同意如下：『波蘭，由於已被紅軍完全解放出來，產生了一個新形勢，……現在波蘭執行職權的臨時政府，應該在廣大的基礎上實行改組，以容納波蘭國內外的民主領袖。這個新政府那時就應稱爲全國團結的波蘭臨時政府。……這個全國團結的波蘭臨時政府當保證：儘速根據普通選舉與秘密投票方式，舉行自由的無限制的選舉。在這些選舉中，所有民主的和反納粹的政黨，都有權參加，並提出候選人。……』

南斯拉夫。我們同意向狄託元帥和蘇北西奇建議，他們之間協定，應立刻付諸實施，並應根據那個協定，成立一種臨時聯合政府。我們又建議：新政府一經成立，就該聲明：一、反法西斯民族解放大會應予以擴大，以容納沒有和敵人合作妥協的南斯拉夫最後一屆議會的議員，以組成稱為臨時議會的一種團體；二、反法西斯民族解放大會所通過的立法案，將提交憲政大會批准。……

為和平而團結正如為戰爭而團結……唯有我們三國之間，以及一切愛好自由的各國之間，繼續增進的合作與了解，才能夠實現人類最崇高的志願——一種安全的而且持久的和平。用大西洋憲章的話來說，就是：確保在所有一切人，都可以在不受恐懼，不感缺乏的自由中度過一生。在這次戰爭中的勝利，以及建議中的國際組織的建立，將提供一切歷史中最偉大的機會，能夠在今後年代中，創造一種和平的必要條件。

簽字者：邱吉爾、羅斯福、斯大林、於一九四五年二月十一日

這個聯合宣言，載於抗戰八週年紀念冊，紀念冊編者聲明：三國聯合聲明之路透社塔斯社電稿相同，美國新聞處電稿亦完全相同，僅多「俘虜之遣回」一段。關於所謂雅爾達密約，並未透露一個字。(註二)

在雅爾達開會的時候，德國軍事上業已挫敗，英美俄的軍隊已經進入德國的領土，同盟國對抗德國的戰爭，已有勝利的把握；但英美俄三國在戰後的政治問題上，發生了距離很遠的歧見；尤其是關於波蘭問題，他們不容易獲致協議。民國三十三年十二月二十七日，史達林致電羅斯福，提議承認共黨組織的波蘭臨時政府；十二月卅日，羅斯福電復史達林，表示美國無意予以承認，同時勸史達林不要作為時過早的決定。但三十四年一月五日，蘇俄竟宣布正式承認共黨組織下的波蘭臨時政府。由於波蘭問題的尖銳化，由於歐洲戰爭與太平洋戰爭的亟須結束，羅斯福決意舉行美英俄三國的首長會議；並遷就史達林的要求，會

議地點，決定在蘇俄克里米半島上的雅爾達（Yalta）。」(註二)

觀雅爾達會議聯合聲明，可知英國極力幫助法國，使法國列入五強之一，這是英國外交的成功。在實際問題的解決上，蘇俄所得的，是很實在的利益；美國所得的，僅是理想的規定。雅爾達會議可以說是蘇俄的成功與美國的失敗。第一，波蘭問題的解決，是以共黨主持的臨時政府為基礎，而容納波蘭國內外的民主領袖為條件，形式上是所謂聯合政府，實際上則由共黨操縱把持。第二，南斯拉夫則組織所謂聯合政府，由狄托主持下的共黨政府，與在倫敦流亡的蘇北西奇政府，成立協定，組織聯合政府。因此，波蘭和南斯拉夫的共黨在蘇俄實力支持之下，都迅速的獲得政權，推翻了所謂聯合政府。第三，美國提議通過的，是組織聯合國；但聯合國的表決權問題，三國並未獲得協議，交由三國外長會議會商。

羅斯福總統沒有看清蘇俄的本質，對蘇俄欠缺警覺，遷就蘇俄過甚，已伏下蘇俄與美國鬬爭的危機。羅斯福最不智的行動，是犧牲中國，與蘇俄簽訂了當時沒有發表的雅爾達密約。

二、雅爾達密約

甲、雅爾達密約的內容。雅爾達會議中關於遠東問題的談判，是羅斯福和史達林；中國沒有得到通知，也沒有參加；英國是在美俄兩國決議之後，邱吉爾才在議定書上簽字。這個時候，美國對於蘇俄軍隊與日本在滿洲軍隊實力的情報，都是不正確的；美國軍事領袖認為對德戰爭勝利以後，美國必須以十八個月的時間來擊敗日本；日本在滿洲的關東軍，素有精銳之稱；可以調回日本國內，以抵抗美軍的登陸行動；能夠牽制關東軍的，只有蘇俄的軍隊。因此，美國軍事領袖的結論，認為蘇俄參加太平洋戰爭，是絕對必要的一件事。羅斯福在情報錯誤之下，遂與史達林簽訂雅爾達密約，內容如下：

蘇俄於德國投降，歐洲戰爭結束以後，兩個月或三個月以內，參加對日戰爭，其參戰的條件如下：

甲、外蒙古（蒙古人民共和國）的現狀，應予維持。

乙、一九〇四年俄國被日本所破壞的權利，應予恢復：1庫頁島南部與其隣近島嶼，應歸還蘇俄。2大連商港應予以國際化，蘇俄在該港的優先利益，應予以保障。3旅順軍港應租與蘇俄。4中東鐵路與南滿鐵路，應由中俄兩國合組公司經營；中國保有滿洲的整個主權，蘇俄的優先利益，也應予以保障。

丙、千島羣島應割讓與蘇俄。

雅爾達密約內關於日本的部分，美英俄三國同意於戰敗日本後，予以實現。關於中國部分，羅斯福向史達林提出了徵取中國同意的保證。蘇俄也向美英兩國保證，與中國締結友好同盟條約。這個密約當時沒有透露，羅斯福沒有通知中國，也沒有向國會報告；直至四月十二日羅斯福逝世以後，才由他的保險櫃內取出。直至六月十五日，即在德國投降後四十六日，美國駐中國特使赫爾利（Patrick J. Hurley）才奉令將密約的內容通知中國。（註三）

乙、雅爾達密約締結的經過：據薛伍德（R. E. Sherwood）根據美國官方文件寫成的羅斯福與賀浦金斯一書所載雅爾達會議中討論太平洋戰爭問題情形說：

「二月八日下午三時卅分，羅斯福、哈里曼、鮑倫往訪史達林、莫洛託夫、帕夫洛甫，討論有關遠東問題。……討論了一些其他遠東軍事問題之後，史達林說：他很願意談談蘇俄對日作戰的政治條件。羅斯福說：他曾聽哈里曼報告過蘇聯對此問題的見解，他覺得在戰爭結束時，把庫頁島南半和千島羣島割讓俄國，都不見得有何困難。他提醒史達林：他們曾在德黑蘭討論過在遠東替蘇俄取得煖水海口問題。羅斯福說：他彼時曾經提議把南滿鐵路的煖水海口給蘇俄使用，可能就是遼東半島的大連；因為羅氏尚無機會與蔣委員長討論過這問題，他說：他不能代表中國方面的意見。

羅斯福繼續說：有兩種方式可使俄國取得這一港口的使用：第一、逕由中國予以租借；第二、改大連為自由港，由某種國際委員共同管理。羅斯福側重後者的辦法，因為牽連到香港問題。總統繼續說：他希望英國把香港主權也歸還中國，以便能夠改為一個國際化的自由港；他說：他感到邱吉爾要強烈反對這一建議。於是史達林又提出俄方使用中東鐵路問題；他指出沙皇時代曾用這鐵路從滿洲里達哈爾濱再由哈爾濱到旅順大連，還有從哈爾濱到雙城子的鐵路，在該處與由伯力到海參崴的鐵路相連接。

總統說：他雖未與蔣委員長談過這個問題，却也有兩種方式可以實施：第一、租給蘇俄直接使用；第二、由一個華人與一個俄人共組委員會來管理。史達林說：如果此等條件不能滿足，他和莫洛託夫將難於對俄人解釋何以俄國要對日本作戰？對德作戰是為了德國威脅了俄國的生存，但他們却不能懂得俄國何以要和一個並未發生重大衝突的國家作戰？假如此等政治條件可予實現，人民卽將懂得宣戰是為了國家利益，且比較容易向最高蘇維埃會議解釋這一決定。

羅斯福說：若通知中國方面，所困難的是：在二十四小時內，全世界都會知曉。史達林也表示同意說：他認為在此際把這些處置通知中國，並非必要。如果俄國將對日作戰的意思過早洩露出去，顯然為害甚大；因而就決定要在俄方把二十五師軍隊調到西北利亞至滿洲邊界之後，才把這些決定通知中國方面。史達林說：關於遠東的這一試擬的協議，應該形諸筆墨。於是也照辦了。……

關於遠東的最後協議，是在二月十日下午，由羅斯福、哈里曼與史達林、莫洛託夫締成，邱吉爾並未參加此等會議，貝爾納斯亦未參加，他此時已離開雅爾達。哈里曼先去見莫洛託夫，提出羅斯福所要加進協定的三項修正：一、應以旅順及大連爲自由港；二、加入由中蘇合組委員會管理中東路的辦法；三、這兩項與中國有關的事，如無蔣委員長的合作，他不願作最後的處理。

當日下午，總統、首相、史達林開過正式會議後，史達林延見哈里曼，說明他對於這協定還有所修改；他說他很願意以大連爲國際共管下的自由港，但旅順情形不同，那要做成俄國海軍基地，因爲俄國需要租借。哈里曼建議立卽與總統討論此事，史達林允諾照辦，羅斯福同意於史達林的建議。史達林告訴羅斯福說：中東鐵路最好由中蘇合組委員會共同管理；他進一步也同意一切都需要得到蔣委員長的同意；他又說：蔣委員長也應該同意承認外蒙古的現狀。

羅斯福問史達林，是否要在宋子文前來莫斯科時，和他討論此事，抑或願意由羅負責和蔣商談？史達林回答說：因爲他是此事有關的一方面，所以他希望由總統去商酌。爲了注意守秘，史達林說：當他已準備好把此事對蔣委員長公開時，當卽告知總統。

次日，在羅斯福於下午四時飛離雅爾達之前，關於遠東情勢的修正協議，由羅斯福史達林和邱吉爾簽了字。」（註四）

由薛伍德所述，可知雅爾達密約締結的經過：（一）羅斯福總統因軍事情報錯誤，亟欲蘇俄參戰，首先暗示可給予蘇俄相當報酬；因此史達林遂提出對日作戰的政治條件。（二）在最初談判時，美國只允諾庫頁島南半和千島羣島割讓與俄國，及大連港國際化兩問題；史達林却緊逼着提出中東鐵路問題，表示俄方要恢復於一九〇四年以前在中國東北的鐵路權利。（三）在羅斯福表示贊同史達林要求後，十日的會議中，史達林又在大連以外加上旅順，要將旅順作爲俄國海軍根據地；並且提出外蒙古問題，要中國承認外蒙古的現狀；羅斯福也輕易的予以承認。（四）史達林要與中國共管中東鐵道南滿鐵路，要中國租借旅順，要中國承認外蒙古現狀；但俄國並不出面，而要羅斯福負責向中國交涉，羅斯福也居然允諾。（五）最令人憤恨的，是不將會議結果通知中國，羅斯福受了共黨的挑撥，以爲通知中國後，在二十四小時內，全世界都會知曉；不信任中國可以保持秘密。（六）通知中國的時間，不能由美國決定，要由蘇俄認爲可以向中國公開的時候，美國才能通知中國。

雅爾達秘約的內容，只有幾個當事人知道，就是參加會議在羅斯福逝世後任國務卿的貝爾納斯（James F. Byrnes），也不知道。貝爾納司事後說：

「後來我又知道雅爾達會議中還有一項協議。這是一項極機密的議定書；其中協議由於蘇俄參加對日作戰，同意以千島羣島交予蘇俄，作爲交換條件。該議定書並且規定「恢復一九〇四年日本奸詐攻擊所破壞的俄國以前所享的權利」；此外還規定歸還庫頁島南半部，開放大連港爲自由港，允許旅順口爲蘇俄海軍根據地，中蘇共同經營中東鐵路和南滿鐵路。美國要利用她的力量使中國同意關於中國那一部份領土的規定。

我不知道這項協議，但原因是可以了解，那時我並不是國務卿，國務卿是斯退丁紐斯先生。……關於千島羣島的協議，是在三巨頭的會議中，而不是在會議席上所商定的；包括上述一件在內的若干議定書，是在二月十一日簽字。那天假如我在雅爾達，可能我會知道這些事。

總統返國後，他沒有對我提起這些事，草約鎖在白宮他的保險箱中。初夏時，我知道總統已致力勸請中國關於旅順口大連和鐵路各點有所讓步；但直到我就任國務卿後若干時，因爲看到從莫斯科發出的一次新聞報導，我才着手調查，探悉整個協議的眞相。我同杜魯門總統提起這一件事，他於是請李海海軍元帥（Admiral Leahy）把那些存在白宮關於和外國政府商得協議的文件，移送國務院。我要知道一共有好多諾言還待兌現。

在考慮羅斯福總統所簽訂的這些太平洋協議是否聰明時，人們應該公正的去考慮作諾言時的環境。那時是德軍在西線發動有力反攻後的六個星期。當時盟軍在東西兩方雖有進展，但總統和任何其他的人，在那時都不知道德國將能撐持好久，和在德國投降以前我們將遭受多少犧牲。總統在雅爾達開會時，美國參謀首長聯席會議（Joint Chiefs of Staff）的官員也在那裏；他們知道當時的形勢。

證據明白指出上述的協議，大部份是一項軍事性的決定。軍事領袖們已經致力進行他們所擬的進攻日本的計劃。他們無疑已向總統提供他們的估計；蘇俄參戰的話，我們發動這個攻勢將需犧牲多少兵力；蘇俄如沒有參戰，我們的犧牲將是多少。他們自然希望蘇俄參戰，在北面對付日軍。但史達林一旦知道我們的攻勢計劃已在進行，他也就知道我們將需要他的軍隊，因此他能爲他的軍隊提出更多的要求。史達林對於提要求，是沒有什麼怕難爲情的。

對於羅斯福總統把協議保持秘密一點，也不應該加以指摘。蘇俄和日本訂有條約，我們不能宣布蘇俄要和日本宣戰。而且，蘇俄的軍力那時集中在對德作戰。對協議作任何暗示，將會促使駐在蘇俄邊界的日軍，發動入侵的攻勢。同意蘇俄在德國投降後九十天，調遣歐洲戰線的軍隊，對於我們大家都有利

益。因此，史達林和羅斯福所以希望保持嚴格秘密，是很可了解的。（註五）

三、羅斯福的重大錯誤

貝爾納司的叙述，對羅斯福總統的這項密約，是予以辯護的。美國參謀首長對日本軍事力量估計的錯誤，已有事實的證明。羅斯福要求蘇俄參戰，固由於軍事上估計的錯誤；但我們對於羅斯福訂立這種密約，不能不予以批評。

（一）美國根據租借法案給予蘇俄物資的補助，數量極爲龐大；據何應欽將軍的報告：截至民國三十三年（一九四四）十二月爲止，美國租借中國的物資，僅有二萬噸；而租借蘇俄的物資，已達二百萬噸。是時對德戰爭尚在繼續進行，蘇俄正需要美國物資的繼續租借；美國於情於理，均可要求蘇俄對日作戰，用不着另給蘇俄其他的報酬。

（二）即令蘇俄要求報酬，羅斯福應當允諾的，應限於日本本身的利益，不應以中國爲犧牲。一九〇四年的日俄戰爭，是因俄國強佔中國東北，違約不撤東三省的俄軍，違犯了美國提倡的門戶開放政策。日本是時有英日同盟的支持，美國經濟的援助，才能戰勝俄國。俄國在一九〇四年以前在東北所享的權利，是根據下列兩項條約：（1）一八九六年的中俄密約，俄國得築中東鐵路，由滿洲里入中國境，經過哈爾濱以達海參威。（2）一八九八年強迫中國租借旅順大連的旅大租借條約，及強修南滿鐵路的展修鐵路條約。關於旅順大連及南滿鐵路，已於樸資茅斯條約中，轉讓給日本。關於中東鐵路，俄國於民國二十四年（一九三五）已出售與僞滿洲國。蘇俄在一九一九、一九二〇兩次對華宣言中，已明白聲明放棄帝俄時代掠奪中國的一切權利。蘇俄無論在條約上道義上事實上，對中國東北均已沒有任何權利。史達林居然毫不顧忌的向美國提出；羅斯福不加考慮，竟允諾史達林的無理要求。我們對史達林，固然是深惡痛恨；我們對羅斯福，也不能不表示遺憾。中國於一八四二年中英南京條約永遠割讓給英國的香港，羅斯福尙且希望英國交還中國；而對於蘇俄的這種無理要求，反一再讓步，簽訂了所謂密約；大概羅斯福這個時候身體精神都已衰弱，也許犯了神經分裂症。

（三）對於密約保持秘密一點，對蘇俄絕對有利；因爲日本不致攻擊蘇俄，且請求蘇俄向英美請和，蘇俄可了解日本的虛實。對美國，除道義上有守密的義務外，以利害關係說，實屬不利。假使日本探知密約內容，絕不會信任蘇俄，絕不會請蘇俄調停；日本必洞悉戰爭前途毫無希望，或可請其他中立國向英美求和，太平洋戰爭或可早日結束。美國在外交手段上，實無絕對秘密之必要。但美國不明蘇俄共黨的本質，沒有邱吉爾的警覺，沒有預料大戰結束後，蘇俄將變爲美國的敵人。羅斯福嚴格守密，僅幫助蘇俄獲得良好的形勢，美國反居於不利地位。以美國的利害說，實屬有害而無利。

（四）羅斯福這項行動，違反了開羅會議宣言，違反了大西洋憲章，更侵犯了中國的權益。美英兩國爲鼓勵中國作戰，於民國三十一年雙十節宣布自動放棄在華一切特權，於三十二年一月與中國訂立平等新約。在三十四年二月羅斯福反與蘇俄妥協，承認恢復蘇俄業已放棄的一九〇四年以前在中國東北的特權，要中國與蘇俄訂立不平等條約；而且羅斯福擅任取得中國同意的義務，這眞是思想行爲的矛盾。二次世界大戰後蘇俄的猖獗，而且變爲美國最兇猛的敵人，羅斯福應負相當的責任。

第二節　中蘇友好同盟條約

一、條約的內容

德國無條件投降（五月九日）後三十六日，即民國三十四年六月十五日，美國駐華大使赫爾利奉命將雅爾達密約通知中國，希望中國與蘇俄直接談判。六月廿七日行政院長兼外交部長宋子文，被派赴莫斯科。宋子文等於六月三十日到達莫斯科，下午六時三十分即與傅秉常大使胡世澤次長等，與史達林莫洛託夫等會晤，作第一次談判。七月二日、七日、九日、十一日、十二日、繼續與史達林作五次直接談判。嗣因史達林往柏林出席波次坦會議，談判暫告終止。七月十七日宋子文返抵重慶，辭外交部長兼職。七月三十日，中央任命王世杰繼任外交部長。美國原子彈轟炸廣島之前一日，即八月五日，宋子文與王世杰再赴莫斯科，商談中蘇條約。八月十四日，即日本無條件投降之同日，中蘇友好同盟條約簽字。八月十四日簽訂條約，除中蘇友好同盟條約八條外，尚有中俄關係換文一件，關於外蒙古換文一件，關於中國長春鐵路之協定十八條，關於大連之協定七款，關於旅順之協定九條及附件，關於蘇俄軍隊進入中國東三省後蘇聯軍總司令與中國行政當局關係之協定八款，關於蘇俄撤兵期限之紀錄一件。

中蘇友好同盟條約及附件內容，茲概述於次：

（一）中蘇友好同盟條約八條，係規定中蘇兩國對日本共同作戰，至獲得最勝利為止。條約本身無可疵議之處。但必須認淸的：八月十日，日本政府已照會瑞士瑞典兩國，託其轉致中美英俄四國，日本政府接受中美英三國領袖令日本迅速無條件投降之最後通牒；八月十一日，中美英俄四國已決定接受日本之投降建議。日本宣布無條件投降之日，中國於同日與蘇俄締軍事同盟，向日本作戰，這眞是不可思議。

（二）換文一規定三點：（1）蘇俄政府予中國政府之援助，完全供給中國中央政府，卽國民政府；（2）蘇俄對中國東三省主權，重申尊重；（3）蘇俄申明無干涉新疆內政之意。蘇俄這三項諾言，表面上對中國似屬有利；但蘇俄過去對中國的諾言，不僅沒有遵守，而且是儘量的違反；如一八九六年的中俄密約，民國十三年的中俄協定，俄國都沒有遵行。中俄的這項換文，不過是蘇俄對中國的另一欺騙。

（三）換文二是承認外蒙古的獨立，中國所爭得的，是要由外蒙人民舉行公民投票。外蒙在蘇俄操縱把持之下，所謂公民投票，不過更確定蘇俄侵佔外蒙罷了。

（四）關於中國長春鐵路的協定十八條，與民國十三年簽訂的「暫行管理中東鐵路協定十一條」，內容大致相同。理事會設理事十人，中俄各派五人，規定理事長由華籍理事中指派，並規定理事長所投之票作兩票計算；但同時規定理事會之法定人數為七人。這樣規定，長春鐵路的一切設施，俄籍理事不出席，或俄籍理事中途退席，一切事項均不能決定，無異給蘇俄理事以否決權。

（五）關於大連之協定，係規定大連爲一自由港，大連之行政權屬於中國。

（六）關於旅順口之協定，係規定旅順口爲中俄兩國共同使用的海軍根據地，以防制日本再事侵略。在一八九六年中俄密約時，日本是戰勝國，爲防制日本再事侵略，確屬必要。但此時日本是戰敗國，且已宣布無條件投降，尙有何防制之可言？

（七）關於蘇俄軍隊進入中國東三省後，蘇俄軍隊與中國行政當局關係之協定，內容尚可，問題是在蘇俄是否遵行規定事項。

（八）關於俄軍撤退時間紀錄一項，規定俄軍在日本投降後三星期內開始撤退，在三個月內完全撤退。這一項紀錄，是證明中國外交當局的明智，問題還是在蘇俄的是否實行。（註六）

二、條約締結的經過

甲、蘇俄要求雅爾達密約的兌現。民國三十四年四月十二日，羅斯福總統逝世。五月下旬，杜魯門總統特派賀浦金斯赴莫斯科，與史達林商談美蘇問題。關於中國問題，史達林對賀浦金斯再三強調，蘇俄願望中國成爲堅固統一的國家，無論戰時或戰後，都願意尊重蔣主席在中國的地位；中國共黨還沒有一個有力量的人，足以統一中國。史達林更進一步說，蘇俄對中國沒有領土要求，特別是對於東三省和新疆；同時又表示贊成美國的門戶開放政策，並且只有美國才能協助中國的復興工作；因此，希望中國行政院長兼外交部長宋子文，能在七月一日以前到達莫斯科，商談實行雅爾達密約的辦法。史達林知道蘇俄沒有和中國訂立條約，雅爾達密約沒有辦法兌現。這時德國業已投降，史達林認爲通知中國的時期已到，所以要利用美國的力量，勸使中國簽訂條約。

杜魯門總統於接獲賀浦金斯報告後，於六月九日在白宮會同代理國務卿格魯（J. Grew），約晤是時在美的行政院長宋子文舉行商談。宋子文對於雅爾達密約，提出若干保留意見的時候，杜魯門即對宋氏表示：一旦蘇俄參加對日作戰，則美國政府對雅爾達協定，便不能不予以支持。美國的態度，已明白的表示支持雅爾達密約。六月十四日，杜魯門總統再約晤宋子文，將史達林對賀浦金斯所說的話，告知宋氏。宋氏當指出：雅爾達協定所謂恢復俄國一九〇四年日俄戰爭時所失去的權利，但依照民國十三年的中俄協定，蘇俄已放棄一切特權，包括治外法權在內，應予明白指出。六月十五日宋氏返國；同日，駐在重慶的赫爾利大使，遵奉美國總統訓令，將雅爾達密約正式通知我國政府，並認爲接受密約規定，「乃最合於中國利益」。

乙、宋子文與史達林的商談。雅爾達會議中，中國沒有代表參加，雅爾達會議的任何決定，在法理上對中國政府是沒有拘束力的。但提出請求中國承認的，是援助中國最多的盟邦美國，使中國政府不能不詳予考慮。因爲我國政府當時的看法，以爲若斷然拒絕雅爾達密約，有破壞中美合作，與陷於孤立的危險，不能不忍痛予以接受。六月下旬，中國政府遷就美國的意見，派宋子文等前赴莫斯科商談。宋子文等於六月廿七日起程，六月三十日抵莫斯科。

這個時候，日本的投降僅是時間問題，蘇俄急於和中國締結條約，六月三十日下午六時三十分，卽舉行中俄第一次會談。我方出席者，除宋子文外，參加談判的人員有傅秉常、胡世澤、蔣經國、沈鴻烈等。蘇俄方面，由史達林親自出席，其重要助手爲外交部長莫洛託夫、次長羅索夫斯基、蘇俄駐華大使彼得羅夫等。此外，由於美國政府是雅爾達會議的主角，又是中俄談判的策動者，中國在莫斯科談判的時期，與美國駐俄大使哈里曼不斷保持聯繫。

在宋子文與史達林談判中，爭執最大，幾乎使會議瀕於決裂的，是外蒙古問題。照雅爾達密約，會規定「外蒙古現狀」應予維持；宋子文表示：中國和美國所瞭解的維持現狀，是維持現在所有的狀況；蘇俄在一九二四年中俄協定會宣布尊重中國在外蒙的主權，這卽現狀之一；中國不能變更這個現狀，承認外蒙古的獨立。但史達林以爲協定原文中所謂「現狀應予維持」六字，擺在括弧裡的「蒙古人民共和國」一名詞之後，其意義乃說明外蒙的現狀，卽是「蒙古人民共和國」；維持這種現狀，就是維持蒙古人民共和國獨立的現狀；所以中國必須承認外蒙古脫離中國而獨立。

在七月二日七日兩次談判中，宋子文遵奉政府電令，再三拒絕承認外蒙古獨立；但史達林亦堅持要中國承認，並謂這一問題不能解決，則協定不能簽訂。史達林並強調稱：波次坦會議卽將開始，如中俄兩國間問題不能解決，出兵問題就無法商討，以脅迫中國。外蒙古問題爲中俄談判爭執的焦點，宋子文未得中央訓令以前，自然不敢讓步；史達林因須出席波次坦會議，談判卽告停頓。

丙、我國政府的對策。宋子文於七月十七日返抵重慶，向中央請示。政府當局鑒於美國有意維持雅爾達密約，希望中國遷就；同時蘇俄又堅持要求，中國不簽訂協定，就不能談判出兵問題。政府當局在這樣險惡的國際形勢下，不得已在再三集議之後，以壯士斷腕的決心，決定如左的對策：

中國政府今願以最大之犧牲與誠意，尋求中俄關係根本之解決，掃除今後一切可能之糾紛與不快，藉獲兩國澈底之合作。……中國最大之需要，爲求領土主權及行政之完整，與國內眞正之統一；於此有三問題切盼蘇俄政府予以充分之同情與援助，並給以具體而有決心之答復。問題如左：

（一）東北領土主權及行政之完整。……玆爲中俄共同利益計，中國準備共同使用旅順軍港，大連港爲自由港，期限均爲二十年；至旅順之行政管理權，則應屬於中國，以期中國在東北之主權行政眞能完整。中東南滿鐵路幹線，可與蘇俄共同經營，利潤平均分配；至鐵路所有權應屬中國，鐵路支線及鐵路本身以外之事業，均不包括在共同經營範圍之內，期限均爲二十年。

（二）新疆。在最近一年間，新疆發生叛亂，以致中俄交通隔斷，商業貿易無法維持；切盼蘇俄依照以前約言，協同消滅此種叛亂。……至阿爾泰山脈，原屬新疆，應仍爲新疆之一部。

（三）中國共產黨，有其軍事及行政組織，因之軍令政令未能全歸統一。深盼蘇俄只對中央政府予以所有精神上與物質上之援助，蘇俄政府對於中國之一切援助，應以中央政府爲限。

（四）外蒙。中國政府以外蒙問題既爲中俄兩國關係癥結之所在，爲中蘇共同利害與永久和平計，願於擊敗日本，及上述三項由蘇俄政府接受之後，擬採公民投票方式投票以後，中國當宣布外蒙之獨立。外蒙之區域範圍，應以原疆界中國之舊地圖爲準。中國政府深望蘇俄政府能明瞭中國政府極大之犧牲與誠意，切實諒解，藉以獲得兩國久遠而根本之合作。（註七）

宋子文得了中央的訓示，但與蘇俄簽訂這種條約，無論如何總是喪權辱國的條約，總要遭受國人的指摘；聰明的宋子文，遂不願負責簽訂這項條約，堅辭外交部長兼職。七月卅日，王世杰繼宋氏任外交部長。八月五日宋子文王世杰再赴莫斯科，商談中蘇條約。

七月十七日波次坦會議開會之時，美國原子彈已試驗成功，這個時候美國已不甚希望蘇俄參戰。七月廿六日，蔣主席杜魯門總統邱吉爾首相，已向日本發出最後通牒，令其無條件投降。中國此時不知道原子彈的情報；假若已知道這項情報，實用不着對蘇俄讓步。大概中國的情報是不會迅速的，所以在原子彈降落於廣島的前一日，行政院長與外交部長還要赴莫斯科，向蘇俄表示讓步。

丁、宋子文王世杰與史達林的商談。宋子文王世杰八月七日抵莫斯科，此時中國已允在公民投票的條件下，承認外蒙獨立；史達林已知對日戰爭卽將結束，也願意迅簽中蘇條約；所以七日開始談判，十四日卽簽訂條約。

一、原則問題。關於共同對日作戰及相互援助的規定，雙方迅速獲致協議。但是原則的關鍵所在，厥爲俄方能否在條約中承諾下列義務：（1）不援助中共；（2）尊重中國對東三省主權的完整；（3）不干涉新疆內政；（4）在規定期限內在東北撤兵。我方堅持俄方對以上各點提出保證，倘俄方拒絕，則不簽訂條約。史達林知道戰事結束，卽在目前，無法使時間拖延。所以關於（1）、（2）、（3）三點，史達林承認以換文方式成立諒解，卽換文（一）所規定的三項諒解。關於（4）點，宋院長王部長深恐俄方藉故延宕撤兵時間，故一再詢問史達林，逼他說出俄軍在東三省撤退的期限，並嚴厲要求將所述期限用條約明文規定。起初，史達林僅含混的說：「在日本投降以後，蘇俄軍隊當於三星期內開始撤退。」我代表追詢俄軍究需多少時間撤退完畢時，史達林最後答復說：「最多兩個月足爲完成撤退之期」。但史達林仍拒絕將此項諾言作爲書面的協定。我方則認此事不能無書面保證。爭執結果，史達林爲迅速簽訂條約，才同意將此項談話作成「紀錄」，並規定此項紀錄作爲中蘇條約所包括的正式文件之一。

二、外蒙問題。中國原則上已承認外蒙獨立，但宋院長王部長堅持下列三點：（1）於日本戰敗後，由外蒙古舉行公民投票，決定外蒙是否獨立；（2）中國承認外蒙獨立，須以俄方同時聲明確實尊重外蒙獨立爲條件；（3）外蒙獨立時，卽以現在之邊界爲邊界。我國旣已承認外蒙獨立的原則，蘇俄對我國所提三點，在其迅速訂立條約的要求下，自然易於達成換文（二）的協議。

三、旅順港問題。蘇俄根據雅爾達密約，要求「恢復旅順租予蘇俄爲海軍根據地」；但中國堅決拒絕此項領土租借權的要求。爭執結果，雙方同意共同使用旅順口爲海軍根據地。

四、大連問題。我方同意大連爲自由港，對各國貿易及航運一律開放。但史達林根據雅爾達密約「蘇聯之優越利益應獲保障」，及「大連商港應予國際化」等語，對大連市要求設立中蘇董事會，共同管理大連市政。我代表堅持東北主權完整之原則，不予接受。八月七日繼續談判，史達林表示讓步，主張由華人任董事會主席，我代表仍堅決拒絕。八月十日晚會談中，始表示同意大連市政全權屬於中國。所以在「關於大連之協定第三條」中，明白說明大連之行政權屬於中國。

五、鐵路問題。鐵路的談判，關於中東南滿兩路幹線改稱中國長春鐵路；承認長春鐵路爲中俄共同所有並共同經營；承認該路以外的支線及附屬事業與土地，應歸中國政府完全所有；承認中國長春鐵路公司爲一純粹商業性質之運輸業等項；均於短期的談判商妥。但爭執之問題有三：

(一)、南滿路局長問題。俄方要求長春鐵路公司設理事會，理事十人，中俄各半；理事長爲華人，副理事長爲俄人；路局局長爲俄人，副局長爲華人。我方僅同意中東路照俄方意見辦理；但主張南滿路理事長爲俄人，副理事長爲華人；而路局局長爲華人，副局長爲俄人。我方提出這一主張的理由是：南滿路以東的鐵路支線及其附近的重要資源，中國須隨時加以經營和管理；如南滿路局長不由中國人充任，則中國對該路以東之支線及資源，經營和管理都將發生困難。關於此點，我代表再三堅持，但史達林均不同意，結果是照俄方意見辦理。

(二)、路警權問題。關於鐵路保護事，俄方要求雙方共同負責擔任，經我嚴厲拒絕，俄方乃放棄其要求。故長春鐵路由中國擔任鐵路的保護事宜。

(三)、運兵權問題。史達林因恐會議破裂，對路警權問題表示讓步，但要求蘇俄有隨時(平時和戰時)利用鐵路運兵之權。我代表堅拒此項要求；史達林雖讓步將運兵數量，由四師減爲一師，我代表亦堅拒接受。史達林最後讓步，故決定「上開鐵路僅能於對日作戰時期，供運輸蘇聯軍隊之用」（長春鐵路協定第十條）。根據此項規定，蘇俄在平時派往旅順海軍根據地駐防之軍隊，自不得用長春鐵路運輸。卽用加封車輛運軍需品過境，其保衞亦應由中國「鐵路警察擔任，蘇聯不得派武裝護送人員」。

六、旅大及長春路協定的期限。俄方要求定期四十年至四十五年，我方則主張二十年。談判結果，雙方同意將同盟條約包括在內，均以三十年爲限，期滿則俄方一切權利均消滅。

中蘇友好同盟條約及附屬各協定和紀錄等，在八月七日至十四日八日內，全部獲得協議，由我國全權代表王世杰，蘇俄全權代表莫洛託夫，於民國三十四年（一九四五）八月十四日在莫斯科簽字。（註八）

戊、蔣經國追述中俄談判情形。當時參加中俄談判的蔣經國，在「我的父親」一書中，追述當時談判的經過，可知史達林咄咄逼人的態度。蔣氏說：

「民國三十四年二月，美國因爲要蘇俄參戰，提早結束對日戰爭；羅斯福總統與史達林訂了雅爾達協定。我們當時要打倒壓境的強敵日本，只好委曲求全，根據雅爾達協定，和蘇俄政府談判，簽訂中蘇條約。在談判的時候，美國方面有人主張：「要結束戰爭，必須蘇俄參加；要蘇俄參加，他當然要提出對他有利的條件；等到他提出之後，中國政府應當考慮給他好處。」到了今天，外蒙古、中東鐵路、旅順大連的軍港，乃至整個大陸，蘇俄都攫取去了；然而他究竟用來對付誰呢？

民國三十四年，美國還沒有把雅爾達協定公布以前，我們政府已經派員到莫斯科去進行中蘇談判，我也參加。這次的交涉，是由當時的行政院長宋子文先生領導的。我們到了莫斯科，第一次和史達林見面，他的態度非常客氣；但是到了正式談判開始的時候，他的猙獰面目就顯露出來了。我記得非常清楚，當時史達林拿一張紙向宋院長面前一擲，態度傲慢，擧動下流；隨着說：你看過這個東西沒有？宋院長一看，知道是雅爾達協定，回答說：我只知道大概的內容。史達林又強調說：「你談問題，是可以的，但只能拿這個東西做根據；這是羅斯福簽過字的。」我們既然來到莫斯科，就只好忍耐和他們談判了。

談判中間，有兩點雙方爭執很劇烈：第一、根據雅爾達協定，有所謂「租借」兩個字眼。父親給我們指示：「不能用這兩個字，這兩個字，是帝國主義侵略他人的一貫用語。」第二、我們認為，所有問題都可以逐步討論，但是必須顧到我們國家主權和領土的完整。後來，史達林同意不用「租借」兩字，對於中東鐵路、旅順、大連這些問題，也肯讓步；但關於外蒙古的獨立問題，實際是蘇聯吞併外蒙古的問題，他堅決不肯退讓；這就是談判中的癥結所在。談判既沒有結果，而當時我們內外的環境又非常險惡。這時父親打電報給我們，不要我們正式和史達林談判；要我以個人資格去看史達林，轉告他為什麼我們不能讓外蒙古獨立的道理。

我遂以私人資格去見史大林，史達林問說：「你們對外蒙古為什麼堅持不讓他獨立？」我說：「你應當了解我們中國七年抗戰，就是要把失土收回來。今天日本還沒有趕走，東北臺灣還沒有收回，一切失地，都在敵人手中；反而把這樣大的一塊土地割讓出去，豈不失却了抗戰的本意？我們的國民一定不會原諒我們，會說我們出售了國土。在這樣情形之下，國民一定會起來反對政府，那我們就無法支持抗戰。所以，我們不能同意外蒙古歸併給俄國。」我說完之後，史達林就接着說：「你這段話很有道理，我不是不知道。不過，你要曉得，今天並不是我要你來幫忙，而是你要我來幫忙。倘使你本國有力量，自己可以打日本，我自然不會提出要求。今天，你沒有這個力量，還要講這些話，就等於廢話。」說時態度非常倨傲，露骨的表現帝國主義的眞面目。我也就開門見山的問他說：「你爲什麼一定要堅持蒙古獨立？外蒙古地方雖大，但人口很少，交通不便，也沒有什麼出產。」他乾脆的說：「老實告訴你，我之所以要外蒙古，完全是站在軍事的戰略觀點而要這塊地方的。」他並把地圖拿出來，指着說：「倘使有一個軍事力量，從外蒙古向蘇俄進攻，西北利亞鐵路一被截斷，俄國就完了。」

我又對他說：「現在你用不着在軍事上有所憂慮。你如果參加對日作戰，日本打敗之後，他不會在起來；他再也不會有力量佔領外蒙古，作爲侵略蘇俄的根據地。你所顧慮從外蒙進攻蘇俄的，日本以外，只有一個中國；但中國和你訂立友好條約，你說二十五年，我們再加五年，則三十年內，中國也不會打你們；即使中國想攻擊你們，也還沒有這個力量，你是很明白的。」史達林立刻批評我的話說：「你這話說得不對。第一，你說日本打敗後，就不會來佔領外蒙古打俄國，一時可能如此，但非永久如此。如果日本打敗了，日本這個民族還是要起來的。」我就追問他說：「爲什麼呢？」他答道：「天下什麼力量都會消滅，唯有民族的力量不會消滅的；尤其像日本這個民族，更不會消滅。」

我又問他：「德國投降了，你佔領了一部分；是不是德國還會起來？」他說：「當然也要起來的。」我又接着說：「日本卽時會起來，也不會這樣快；這幾年的時間你可以不必防備日本。」他說：「快也好，慢也好，終局總是會起來的；倘使日本交由美國人管理，五年以後就會起來。」我說：「給美國人管，五年就會起來，倘使給你來管，又怎樣的呢？」他說：「我來管，最多也不過多管五年。」後來他不耐煩了，直截的表示：「非要把外蒙古拿過來不可！」

談話一直繼續下去，史大林又很正經的向我說：「我不把你當作一個外交人員來談話，我可以告訴你

：條約是靠不住的。再則，你還有一個錯誤；你說，中國沒有力量侵略俄國，今天可以講這話；但是只要你們中國能夠統一，比任何國家的進步都要快。」這是史達林的「肺腑之言」，他所以要侵略我們，還是怕我們強大起來；因此；只顧目的，不擇手段，用盡千方百計來壓迫，分化和離間我們。

接下去，他又說：「你說，日本和中國都沒有力量佔領外蒙古來打俄國；但是，不能說就沒有『第三個力量』出來這樣做？」這個力量是誰？他故意不說。我就反問他：「是不是美國？」他回答說：「當然！」我心裏暗暗的想，美國人訂下的雅爾達協定，給他這許多便宜和好處；而在史達林眼中，還忘不了美國是他的敵人！

最後，經過許多次的談判，「中蘇友好條約」終於簽訂了。不過，父親當時對於簽訂這個條約，有個原則上的指示：「外蒙古允許獨立，但一定要註明，必要經過公民投票；並且要根據三民主義的原則來投票。」這原則，史達林總算是同意了。史大林說過：「條約是靠不住的」。我們絕不以人廢言，只要自己能發奮圖強，有了力量，反共抗俄能夠勝利，外蒙古還不是仍舊可以歸還到我們的版圖嗎？而且，「中蘇友好條約」，經俄帝澈底破壞之後，我們已經明白宣布其無效；依理依法，外蒙古仍然是中華民國領土的一部分，」（註九）

第三節　中國外交應付的失當

民國二十九年九月，德意日三國同盟成立，日本與美英敵對態度明顯以後，美英兩國才開始協助中國。民國三十年日本急欲與中國講和，提出寬大和平條約；美英兩國深恐中國動搖，積極的援助中國。三十年十二月八日，日本偷襲珍珠港以後，三十一年英美在太平洋慘敗之時，對中國物質上精神上援助最大。三十二年十一月開羅會議，中國與美英兩國的友好關係，達到了最高峯。到了三十三年，英美軍事好轉，而中國是最艱苦的一年；中國抗戰的價值，在英美的眼光中業以減低；所以在三十四年的雅爾達會議，竟犧牲中國的權益，作爲蘇俄參戰的條件。國際間是只講利害，不講道義的；甚至有理想的美國總統羅斯福，也還是講利害，不講道義。這一件殘酷的事實，實値得中國的警覺和反省。

一、中國不應受雅爾達密約的拘束

第一；中國沒有參加雅爾達會議，無論是法律上道義上中國均不受任何拘束。

第二；中國廢除不平等條約運動，是國民革命的目標，是國民政府的任務。民國十六年至十九年間，國民政府已收囘漢口、九江、鎭江的英租界，收囘威海衞的租界地；關稅自主業已獲得成功。民國三十二年一月，中國與英美兩國已另訂平等新約；在與英國商討新約時，中國且與英國磋商九龍租借地的收囘。中國如何能在接近勝利之時，與蘇俄簽訂不平等條約，恢復俄國以暴力奪自中國的非法特權呢！更如何能承認外蒙脫離中國而獨立呢！

第三；雅爾達密約在美國沒有法律上的效力。根據美國憲法，美國締結任何條約，均須經參議院的通過，始有法律上的效力。羅斯福未將雅爾達密約提請參議院通過，也沒有向參議院報告。在一九四五年三月二日羅斯福向國會演說，提及雅爾達會議時，只說：「很自然的，這次會議只涉及歐洲戰事與關於歐洲的政治問題，而不是涉及太平洋戰爭的。」（註十）雅爾達密約既未經美國參議院同意，自然沒有法律上的效力；中國不接受雅爾達密約，決不至開罪美國。

第四：雅爾達密約違反大西洋憲章。大西洋憲章就是一九四一年八月的羅邱宣言；憲章第一點說：「美英兩國沒有擴張領土或其他的野心。」第四點說：「美英兩國將努力在平等的條件之下，增進一切國家，無論大國或小國，戰勝國或戰敗國，從事於貿易與獲取原料的機會。」美英兩國宣稱沒有擴張領土和其他野心，爲什麼要幫助蘇俄擴張領土，和擴大野心呢？美英兩國將努力在平等的條件下，增進一切國家從事於貿易與獲取原料的機會；爲什麼要中國與蘇俄訂立不平等條約呢？雅爾達秘約與大西洋憲章的精神完全違背。

第五：違反開羅會議宣言。開羅會議宣言，決定將日本竊取中國的領土，東北四省臺灣澎湖羣島等歸還中國。此時蘇俄在東北非法奪取的一切權利，業已喪失，就是中東鐵路的一半權利，也不顧中國的抗議，於民國廿四年轉售於僞滿洲國。宣言所說的東北四省，完全的毫無保留的歸還中國；如何能將一九〇四年以前俄國以暴力奪取的權利，且已完全喪失的權利，轉送給蘇俄呢？

第六：違反中蘇不侵犯條約。民國二十六年八月中蘇不侵犯條約第一條說：「兩方約定不得單獨或聯合其他一國或多數國家，對於彼此爲任何侵略。」蘇俄在訂約後三年餘，即與日本簽訂中立條約，相互承認在外蒙和滿洲的特權。在雅爾達會議，又明顯的對中國侵略，實違反中蘇不侵犯條約。

無論就道義上法律上或條約上言，中國均不應受雅爾達密約的拘束，應斷然拒絕美國的通知。

二、我國何以簽訂中蘇協定

民國三十四年六月十五日，美國通知我國；我國卽派宋子文前往交涉；因爲三十三年是中國最艱難的一年，中國在國際上唯一可靠的友人就是美國；而美國敦促中國接受雅爾達密約，而且認爲接受密約「乃最合於中國利益」（註十二）。中國是時恐怕不予接受，將有損中美邦交，爲遷就美國的友誼，遂忍痛去進行莫斯科談判。

民國三十四年八月十四日，日本無條件投降，同日我國簽訂中蘇協定，何以我國還要簽訂這樣代價的條約，以邀請蘇俄對日作戰呢？據當時參與莫斯科談判的卜道明記述說：

「蘇俄在三十四年六、七月間，已將大軍陸續集中於中國邊境及外蒙，故原子彈於八月六日降落廣島，蘇俄卽於八月八日對日宣戰；第二天，蘇軍數十萬卽全線攻入東北。八月十四日日本宣布無條件投降，蘇軍乘勢迅卽佔領整個東北。在此情形下，蘇俄當可憑藉武力實現其全部願望。那時中蘇間將發生種種權益和領土的糾紛，不難想像。我若提出交涉，美國將因我拒絕了雅爾達協定，未與蘇俄成立條約，對我不予援助；而對蘇俄，則因雅爾達協定的存在，反有支持蘇俄實現其全部要求的義務。我國在國際上的孤立，將預定我之交涉失敗。不僅如此，蘇俄勢必利用我之孤立狀態，根據雅爾達協定，乘勢更進一步的分裂中國領土，在東北、內蒙、華北及新疆等地，建立其傀儡政權，因此而造成更混亂的局勢。

那時，中國要驅逐蘇軍出境，收拾混亂的局勢，除使用自己武力外，別無其他有效途徑。而我在東北，當時旣無一兵一卒；抗戰八年後的中國，亦無力對蘇作戰，也是明顯的事實。反之，我國若與蘇俄預先簽訂一項條約，用條約來限制雅爾達協定的流弊，約束蘇俄的侵略行動；並對日後蘇俄可能違約的行動，預先把握一種提出交涉的政治立場；那時不僅我們進退有所依據，而且美國對中蘇間可能發生的糾紛，亦不能坐視無睹，而應根據道義與公理的立場予我以聲援。因此之故，我政府雖於原子彈已經投落廣島，而日本投降卽將成爲事實的前夜，仍然決定簽訂中蘇條約。

我政府認定，卽使這個條約不能發生預期的積極作用，至少也能有其消極的作用。事實上，自三十四年冬起，我國能不斷向蘇俄提出交涉和抗議；且自三十八年起，我國能在聯合國堅持控蘇案，並終能獲得蘇俄的譴責，卽說明中蘇條約這一消極作用的價值。」（註十二）

卜道明所述簽訂中蘇條約的理由有三：（1）不簽條約將喪失美國的友誼和支持；（2）簽訂條約可限制雅爾達協定的流弊；（3）不簽訂條約蘇軍將憑藉武力實現其全部願望。所以卜氏說，中蘇條約有消極作用的價值。

政府簽訂中蘇友好協定，固然是因爲內外形勢的逼迫，不能不以壯士斷腕的決心，忍痛簽訂此項喪權的條約。但吾人觀察，中國當時已缺乏獨立不撓的精神，對美國意見太過重視；大前題既已錯誤，則此後一舉一動，都陷於錯誤。由交涉的整個經過觀察，我外交代表確能據理力爭，但因決策既已錯誤，交涉結果已註定失敗。

三、中國沒有糾正美國的對俄政策

羅斯福總統在大西洋憲章中，在聯合國宣言中，都聲明在戰爭結束後，決致力於世界永久的和平，「

亟願被剝奪了主權與自治地位的人民，恢復其主權與自治地位。」欲使世界獲得永久的和平，必使侵略國家絕跡於世界；所謂侵略的國家，就是在他國領土內要求特權的國家。羅斯福總統幫助一個侵略的國家蘇俄（一九三九年十一月蘇俄進攻芬蘭，十二月十四日國際聯盟宣布蘇俄是侵略國。），幫助一個在英法戰敗時幸災樂禍的蘇俄，來壓迫一個被侵略苦戰八年的盟邦中國，不僅是違反崇高的理想，而且是極大的錯誤。因為在世界二次大戰，德日兩國失敗後，美國的敵人，決不是同文同種的英國，更不是信義和平的中國；美國的可能最大敵人，必然是政治理想和制度與美國衝突矛盾的蘇俄，這是不待智者而後知的。然而羅斯福總統以要求蘇俄作戰之故，竟貿然允諾蘇俄的無理要求，簽訂雅爾達密約，這不僅危害中國的領土和主權，而且是助長蘇俄的侵略，遺下美國無窮的禍患。羅斯福與史達林簽訂雅爾達密約，就是為美國設計，也不能不說是重大的錯誤。

羅斯福總統錯誤於前，假使中國表示不同意，或可挽救美國的錯誤。第一，因為雅爾達密約未得參議院同意，且未向參議院報告，這一件事中國不承認後，必可引起美國國會的注意，或可糾正美國政府的錯誤。第二，美國通知中國密約之時，是六月十五日，是時德國業已投降三十六日，日本海軍空軍在太平洋上業已慘敗，結束戰爭僅係時間問題；美國對於蘇俄對日參戰問題，已不若雅爾達會議時的迫切；因中國之不承認，必可促使美國對於遠東政策的再檢討，或有改正密約的機會。第三，中國從民國三十年起，已為四強之一，中國為維持四強之一的地位，應當坦率的告知美國，中國為維持國家的主權，貫澈廢除不平等條約運動，絕不能給予任何國家以特權。中國只要表示強硬態度，說明蘇俄勢力擴張後對於美國的利害，未嘗不可改變美國的態度。

乃中國於接獲赫爾利通知後，深恐失去美國的友誼，遷就美國的意見，並不向美國抗議；於美國通知後十二日（六月廿七日），宋子文院長卽起程赴莫斯科。中國旣不拒絕美國的通知，承認雅爾達密約爲旣成事實，對俄交涉自無法勝利。美國錯誤於先，中國不予糾正，又錯誤於後，致鑄成大錯。

四、中國沒有用外交手段

中國應拒絕雅爾達密約，糾正美國的錯誤。若美國堅不覺悟，仍認中國接受於中國最有利，仍堅持中國根據雅爾達密約與蘇俄談判；中國不予接受，中美邦交卽有破裂危險；不能不與蘇俄直接交涉，則中國應採用拖延政策，使問題不能迅速解決。

一個國家與其他國家訂立條約，不外四種：第一，是相互有利或有利無害的條約；如互不侵犯條約，同盟條約，都是相互有利的條約；如與戰敗國簽訂的條約，或其他國家讓與特權的條約，都是有利無害的；這類條約是要迅速簽訂的，簽訂愈快愈好。第二，是無利害可言而應當簽訂的條約，如國際聯盟條約、非戰公約、聯合國憲章等，這種條約也可以迅速簽訂，用不着遲疑的。第三，是利害參半的條約；如劃界條約、交換領土條約、解決懸案條約等，都是利害參半的；只要利多害少，或是利害足以相當，國家並不吃虧，也可以審愼簽訂。第四，是有害無利的條約，如一八四二年中英南京條約，一八六〇年中英北京條約中法北京條約、一九〇一年辛丑條約等，以及民國三十四年的中俄友好條約，都屬於此類。

關於有害無利的條約，又可分爲兩類：第一類是在戰敗後簽訂的條約，這是在槍尖之下逼着簽訂，不能不簽訂的，沒有辦法可以拖延的。第二類是形勢不佳，被逼着談判的條約，三十四年七月的中俄談判，就是屬於此類。假使美國在中國拒絕談判之後，仍力持中俄直接談判；中國對蘇俄的談判，就應用拖延的外交手段。

拖延的第一個辦法，是會議地點的問題。蘇俄要求中國派代表赴莫斯科，我國可要求蘇俄派代表來重慶，因會談地點的磋商，必可遲延若干時日。若蘇俄堅不派代表來重慶協商，我國可建議談判地點改在第三國舉行，或卽建議在華盛頓舉行。因爲不在莫斯科舉行會談，史達林就沒有辦法參加，他派的代表必然要隨時請示，時間自然可以遲延。而且不在莫斯科舉行，我國代表不致受蘇俄的威脅，一切言論行動都可絕對自由，可以和蘇俄代表從容辯論。假使地點的問題，能在華盛頓舉行，中國外交已獲初步的勝利。若蘇俄堅持在莫斯科，美國亦曲徇蘇俄的要求，逼迫中國在莫斯科談判，中國再派代表至莫斯科，則談判可能遲開兩星期，卽可能在波次坦會議之後，是時原子彈試驗業已成功，美國盼望蘇俄參戰，更無必要。我國代表可在較有利的條件下，與蘇俄開始談判。

拖延的第二辦法，是提出對案問題。蘇俄的提案，是要中國將雅爾達密約兌現；我們的對案，不應以雅爾達密約爲基礎，應以中蘇不侵犯條約爲基礎；我們可以允諾蘇俄在東三省商業上的利益，可以允諾蘇俄商品利用中東鐵路南滿鐵路運輸時，特別減低運費。若蘇俄堅持不允，我們可以提出美國諾克斯過去所提的東三省鐵路中立化計劃，保障任何國家不能利用中國東北以進攻蘇俄。當時中國並沒有在蘇俄威脅之下，雅爾達密約中國又無遵守的義務，日蘇中立協定尙未滿期，中國決不能前門拒虎，而後門進狼。我們只要對蘇俄態度和平，提出中蘇不侵犯條約、大西洋憲章、和聯合國憲章，勸請蘇俄維護其一向公開宣稱的正義與和平；同時提出於我主權無損，於俄比較有利之對案，在波次坦會議之後，尤其在中英美三國頜袖發出波次坦勸降文告以後，未始不可挽回雅爾達密約的錯誤。

或曰：中國拒絕雅爾達密約，或採用拖延手段，蘇俄將不對日作戰。答曰：我國當時利於蘇俄的中立，而不利於蘇俄的作戰；因德國業於投降，英美海陸空軍均可調至太平洋作戰，日本的投降，不過是時間問題。蘇俄爲援助同盟國，無條件的作戰，我們自不反對；然蘇俄參戰，要以中國爲犧牲，要奪取在中國之利益，是已輕視中國，目無中國，中國如何能予忍受！蘇俄若因中國拒簽條約，不對日本作戰，正是中國之所期望。

五、不簽中蘇條約的利害

或又曰：中國拒簽條約，不能阻止蘇俄的乘火打刼；蘇俄參戰後，其集中西北利亞東部數十萬大軍，必將侵佔東北，我國既無條約限制俄軍之行動，假使蘇俄在東北蒙古新疆各地製造傀儡組織，中國應付豈不更加困難？答曰：蘇俄若這樣行動，就是極明顯的侵略行動，不僅要受中國的反抗，而且要受世界的責難。蘇俄其所以要誘美國訂立雅爾達密約，要逼中國簽訂所謂友好協定，就是要將他的侵略行動合法化。我們看八月七日至十四日之交涉，史達林是相當讓步的，他放棄長春鐵路的護路權和運兵權，承諾蘇俄的援助僅援助國民政府，承諾在日本投降後三個月內撤完俄軍，並承諾中國政府派遣代表，隨同俄軍在收復地區，成立行政機構和建立軍隊；這是因史達林急於簽訂條約，不能不作的讓步。他知道「條約是靠不住的」，他可用條約來束縛中國，而他是不受條約的拘束。所以條約的簽訂，對於蘇俄是有利而無害，對中國則有害而無利。假使中國拒絕雅爾達密約，或以外交手段不簽訂「中蘇友好條約」；但在蘇俄有利的形式下，蘇俄也是必然參戰。在此種情況之下，對中國的利害是如何呢？

甲、蘇俄可能以武力侵佔外蒙和東北。蘇俄於對日宣戰後，必然以武力強佔外蒙和東北，甚至以武力強佔長城以北地區，造成事實，再與中國交涉。這對於中國當然不利；但對於蘇俄亦極不利。因爲蘇俄這種行動，是極明顯的侵略行動，極明顯的違背中蘇不侵犯協定，而且極明顯的違背聯合國憲章。蘇俄其所以要逼迫中國簽訂「中蘇友好條約」，就是要借「友好」的名義，進行其侵略行動，以欺騙世界的耳目。中國不簽訂條約，至少可根據聯合國憲章，以制裁蘇俄的行動。在大戰剛剛結束，美國尚未復原，蘇俄尚沒有原子彈之時，蘇俄必不敢明目張膽的橫行，以冒天下之大不韙。何況蘇俄這種侵略行動，必激起我中國人民熱烈的反抗，必激起我全國軍人敵愾的精神，是無異使中國上下一致團結，以抵抗蘇俄的侵略。蘇俄縱然侵略中國領土，亦必得不償失。

在這種狀況之下，蘇俄必仍故作友好，逼迫中國承認雅爾達密約；美國或將出任調停，以中國承認密約爲條件。中國若仍不承認，不過使長城以北爲蘇俄強佔而已。中國對日抗戰，八年不屈，是爲東北問題；甚至民國三十年日本提出「寬大和平之條件」，中國堅予拒絕，也是爲不能承認僞滿洲國；豈可在將近勝利之時，反締結屈辱之條件，放棄東北之權利，使蘇俄可藉此侵略我國滅亡我國呢？中國堅持不屈，在當時國內和國際情勢之下，或可使蘇俄退讓；若蘇俄堅持侵略，決不讓步，亦可暴露蘇俄醜惡之面目，使自由世界早日醒覺。中國最低限度，亦可保持長城以南之完整，整軍經武，靜待收復的時機；中國內部至少不至被蘇俄的滲透分化，以至於不可收拾。

乙、蘇俄必扶植共匪組織傀儡政府。中國不簽所謂「中蘇友好條約」，蘇俄必利用共匪，以組織傀儡政府。但我們要知道，無論中國與蘇俄是否簽有條約，蘇俄之必然扶植共匪，是毫無問題的。共匪是受第三國際指揮的，共匪的黨章明白的說他們是第三國際的中國支部；共匪受第三國際指揮，就是受蘇俄的指揮。共匪組織在中國成立以來，一向是受蘇俄的指揮；他們的祖國，不是中國，而是蘇俄。譬如在俄德訂立互不侵犯協定後，史達林反對英美，共匪遂公開的反對英美帝國主義，攻擊國民政府對英美的合作政策。及德俄戰爭爆發，史達林態度轉變，共匪也隨著轉變，攻擊納粹帝國主義，不再反對英美帝國主義了，也不再反對國民政府對英美的合作了。共匪一向是蘇俄的走狗，中國的漢奸；但抗戰以後，他們向中央表示投降，以愛國者的姿態，出現於國人之前，使普通的人忘記了共匪是漢奸。

假使中國不簽「中蘇友好條約」，蘇俄扶植共匪，組織傀儡政府；則共匪的行動，很明顯的是漢奸行動，他愛國者的假面具，將完全撕毀，爲全國所共棄。不見三十五年二月的張莘夫案嗎？蘇俄違約不撤兵，搶刼東北資產，慘殺工礦接收人員張莘夫；是時共匪正策動學生反對政府，但二月二十二日重慶沙磁區各大中學校教授學生激於義憤，有二萬餘人慷慨激昂的愛國大遊行，要求俄軍立即退出東北；全國各大都市聞風響應，都舉行反俄的盛大遊行，大呼「俄軍滾出東北去」的口號，使共匪倉惶失措，蘇俄感覺不安！所以就是蘇俄扶植共匪，組織傀儡政府，也非國家根本大患。反之，且可激發愛國的高潮，使共匪滲透分化的陰謀，完全歸於破產。

中國簽訂了中蘇友好條約，使蘇俄的侵略行動合法化，使蘇俄可在東北裝備和訓練共匪，使共匪能利用東北爲根據地以侵入華北，使全國人民誤認共匪是愛國者。大陸的淪陷，我們外交的失敗，實是最大的原因。中蘇友好條約的唯一收獲，僅是我國在聯合國控蘇案的勝利。中蘇友好條約的後果，是國民政府四十二年二月明令廢止中蘇友好條約。

（註一）抗戰八週年紀念冊：雅爾達會議聯合聲明。

（註二）雷崧生編：邱吉爾第二次世界大戰回憶錄：雅爾達會議。

（註三）雷崧生著：國際關係第三十一章。

（註四）吳相湘著：俄帝侵略中國史下編第四章六。

（註五）Byrnes: Speaking Frankly 中央社譯、美蘇外交秘錄、第一卷第二章。

（註六）外交部白皮書六十五號。

（註七）宋子文談判記。

（註八）（二）段甲乙丙丁各節參看下列書籍：一、我們的敵國，卜道明著：中蘇條約。二、吳相湘前書下編第四章（七）。三、胡秋原著：俄帝侵華史綱第十二章。四，達林著：蘇聯與遠東第三篇第十一章。五、董顯光：蔣總統傳（二）第二十七章。

（註九）蔣經國撰：我的父親：反共奮鬪三十年。

（註十）董顯光前書（二）第二十七章四二一頁。

（註十一）胡秋原前書（二）二九五頁。

（註十二）卜道明前文。

第十七章　十二年來的中美外交（民國三十四年至四十六年）

第一節　中美外交的回顧

近百年來中國和列强之間，比較最有友誼，實際上協助中國的，只有美國。民國三十二年開羅會議，中美邦交達到最親善的地步。但開羅會議以後，中美兩國漸有隔閡；民國三十四年雅爾達會議以後，中美兩國由隔閡而誤解，由誤解而不合作；因爲中美兩國的誤解和不合作；遂由俄共坐收漁人之利。民國三十九年以後，中美兩國的隔閡又漸消除，由誤解而不合作，恢復了解與合作，四十三年十二月締結中美共同防衞協定。十二年來的中美外交，是由民國三十四年起，到現在爲止。要叙述十二年來的中美外交，不能不回顧近百年來中美的關係。

一、近百年來侵略中國的是英法日俄四國

最初以武力打破中國閉關政策的是英國。一八四〇年中英鴉片戰爭發生，一八四二年締結中英南京條約。一八五七年英法聯軍佔領廣州，一八五八年中國在英法炮艦壓迫之下，締結中英天津條約。一八六〇

年英法聯軍攻入北京，締結中英北京條約。中國與英國之間，發生戰爭兩次。此後英國未與中國單獨發生戰爭，但一八七四年逼迫中國簽訂中英烟台條約，英國長江流域的勢力，伸展至四川重慶。一八八六年中英緬甸條約，逼迫中國承認英國併吞緬甸。一八九八年英國强租威海衞，並擴大九龍租借地。民國成立以後，英國以承認民國政府爲條件，要挾北京政府承認西藏的自治。英國以武力壓迫中國政策，直至民國十四年五卅慘案，激起中國反英運動後，英國對中國始採取讓步政策。

繼英國而壓迫中國的是法國。法國與英國合作，有英法聯軍之役，協同英國佔領廣州，簽訂中法天津條約、中法北京條約。法國單獨侵略中國，有一八八四年的中法戰爭，一八八五年簽訂中法越南條約，逼迫中國承認法國併吞越南。一八九九年法國强租廣州灣，並提出雲南兩廣不得割讓與他國的要求。第一次世界大戰以後，法國以庚子賠款須付金佛郎問題，遲延華盛頓九國公約的批准，逼迫中國以硬金付款。

與英法同時侵略中國，而且侵略中國最兇最狠的是俄國。俄國乘英法聯軍侵入中國的機會，逼迫中國於一八五八年簽訂中俄瑷琿條約，一八六〇年簽訂中俄北京條約，俄國除與英法享受同等利益以外，且侵佔黑龍江以北烏蘇里江以東的中國廣大領土。一八七一年俄國侵佔伊犂。一八九六年訂立中俄密約，俄國獲得建築鐵路橫貫中國東北的權利。一八九八年繼德國之後，强租旅順大連，並獲建築南滿鐵路的權利。一九〇〇年庚子之役，强佔中國東北三省，延不撤兵。一九〇四年日俄戰爭後，俄國的兇焰稍被阻止。但俄國轉與日本妥協，共同壓迫中國。一九一七年俄國革命後，對中國採取兩面外交，一面表示親善，一面進行侵略。民國十六年國民政府宣布與蘇俄絕交，民國十八年中俄發生中東鐵路戰爭。民國二十年九一八日本侵佔中國東北後，民國二十一年十二月中俄始恢復邦交。中俄邦交恢復後，蘇俄即挑撥中日惡感，煽動中日戰爭。民國二十六年中日戰爭發生，蘇俄唯恐戰爭之不擴大，與中國簽訂互不侵犯協定。民國三十年卽違反中俄互不侵犯協定與日本簽訂日蘇中立協定。民國三十四年二月雅爾達會議，竟要挾羅斯福總統，簽訂雅爾達密約，要求一九〇四年以前俄國在東北强佔的權利。同年八月十四日中國因美國的敦勸，簽訂中俄友好同盟條約。但中俄友好同盟條約簽訂後，蘇俄卽違反條約，扶植共匪侵佔中國。

繼英法俄之後侵略中國的是日本。甲午之戰中國慘敗，因日本決定對列强讓步，對中國一步不讓政策，使中國仇日親俄。但中日甲午之戰，是日本爭取生存發展，而滿淸政府有自取敗辱之道；所以中國由仇日親俄，不到五年卽轉變爲仇俄親日。然日本政治家無卓識，無遠見，不與中國合作，而與俄國妥協。民國三年歐戰發生，日本反乘機壓迫中國，逼簽二十一條。華盛頓會議以後，日本退出山東，中日本有好轉機會。民國十六年四月英美兵艦炮轟南京，日本軍艦並不開炮，中日邦交本可趨於親善。然荒謬的田中義一，竟爲日本訂下侵略中國的自殺政策，使中日兩國邦交日趨惡劣，以至於兵戎相見。中日八年血戰，中日兩國幾同歸於盡。尤可嘆惜的，日本以「共同防共」要求中國，而竟與蘇俄妥協。民國三十年德國進攻蘇俄之時，日本竟坐視德國之苦戰，失去攻俄的最好機會。結果遭受蘇俄突擊的，反是信守日俄中立條約的日本。

二、美國過去對中國最友好

德國自中華民國建立以後，對中國比較友好；但德國對中國，向有侵佔膠州灣的不愉快事件。在英法日俄德美六强之中，對中國最友好的，不能不說僅有美國一個。

美國繼英國之後，一八四四年與中國訂立中美望廈條約。一八五八年與中國訂立中美天津條約，美國此時沒有用武力壓迫中國，而且在一八五八年期間，是以調停姿態出現。美國所獲得的權利，是與英法各國相等。一八九八年列强在中國劃分勢力範圍，强租港灣之時，美國不僅未追隨各國之後，而且在次年提出門戶開放政策，阻撓列强的瓜分中國。一九〇〇年庚子之役，各國佔領北京的軍隊，以美國軍隊的紀律爲最佳。一九〇九年美國爲防止日俄兩國侵佔東三省，曾提出東三省鐵路中立化計劃。同年，美國自動退還庚子賠款，作中國派遣學生到美國留學的基金。

中華民國成立，首先致電慶賀的，是美國的國會。民國二年列强首先承認民國政府的，也是美國。民國四年日本强迫中國簽訂二十一條，美國政府表示不能承認。民國八年在巴黎和會，表示同情中國要求的，是美國威爾遜總統。民國十年華盛頓會議簽訂九國公約，保證中國領土完整；並在會外協助中日兩國解決山東問題的，以美國的關係最重要。中美間不愉快的事件，是民國十六年英美兩國兵艦的炮轟南京；但南京國民政府成立後，中美的關係即迅速改善。民國十七年七月首先承認中國關稅自主的，是美國。九一八事變，日本侵佔東北，最表示關切的是美國；二十一年一月史汀生宣布不承認主義。在中國抗戰以前，美國態度始終同情中國。

民國二十六年七七事變，中國奮起抗戰，是時美國不了解中國的實力和決心，採取靜觀政策，但實際係同情中國，而譴責日本。民國二十七年十二月中國在武漢撤退之後，美國貸我信用借款二千五百萬美元。二十九年三月貸我信用借款二千萬元；九月，在日德意締結同盟條約之時，貸我信用借款二千五百萬元，十二月宣布不承認汪精衛偽組織，同時貸我一萬萬美元。三十年五月，在日俄締結中立條約之後，美國貸我五千萬元，同時中美換文，美國允諾在戰後取消在中國一切特權。日美宣戰後，三十一年三月美國貸我五億美元；六月我國與美國締結中美抵抗侵略互助協定，獲得美國租借法案下的大量援助。十月十日英美兩國同時宣布自動放棄在華一切特權。三十二年一月中美中英平等新約簽訂；同年十一月中英美三國領袖開羅會議，關於遠東問題，羅斯福總統均尊重蔣總統意見，中美親善的外交達於最高點。

但開羅會議以後，中美的關係，由親密而漸趨疏遠，更由疏遠而隔閡，在雅爾達會議中，羅斯福竟不徵求蔣總統意見，而訂立雅爾達密約，其中的原因，實值得研究。

第二節　中美隔閡的原因

民國三十二年開羅會議，中美親善的關係達於頂點，蔣總統在國際上的威望是極盛時期。俄共知道不打擊蔣總統的威望，即無法奪取中國的政權，遂集中第三國際的整個力量，以打擊蔣總統和國民政府，離間中美兩國的感情，而美國政府不了解俄共的本質，不了解美國將來的敵人是蘇俄，中了俄共的陰謀詭計，這是中美隔閡的根本原因。中美間隔閡的經過，有下面所述的事實。

一、俄共的滲透影響美國的決策

董顯光蔣總統傳說：

「政府與中共之間在軍事上裂痕顯著之時，兩方面在政治上却仍作表面的合作。共黨在國民參政會中仍有代表，而以周恩來爲首之中共代表團，戰時始終留居重慶。實則這些共黨代表人物，卽爲企圖反對　蔣總統的中心；而其利用爲反蔣的對象，便是友誼而天眞的美國自由分子。

珍珠港事變後，美國加入戰爭，中共發見一個機會，便發動其在國內國外對蔣總統的毀謗，以期於政治上損害蔣總統的地位。他們的成功簡直使他們自己也驚異。美國人民在此階段中的政治傾向，顯然天眞地而有利於毛澤東的。這時候俄人方力抗希特勒的軍隊，遂在英美兩國獲得公衆的敬仰。這時候盟國都認爲史達林的動機，似屬誠意合作；而在民主形勢之下與共產黨合作的觀念，也還不像幻想。……美國竟發生一種非現實的狀態，給史達林巧妙利用，以收戰後的大利。由此種種狀態的輕率表現，竟釀成雅爾達的不幸事件。……

民民國三十年之初，羅斯福總統竟派太平洋關係研究會的反蔣派領袖拉鐵摩爾來重慶，任　蔣總統的政治顧問……民國三十三年，當　蔣總統與中共的爭執問題業經表面化時，羅斯福總統又誤派華萊士，以美國最高特使的地位來中國。華萊士於其留華的短期內，以與左派人士及　蔣總統的長期敵對者會談爲主；及其返抵華盛頓，卽向羅斯福總統報告稱，　蔣總統的政府將於三個月內崩潰，中國的遠境至爲黑暗。………

在重慶當地，一個反對　蔣總統的勢力中心，便在美國大使館內。這樣一個規模不算小的反蔣集團，竟容納於大使館的職員中間，在赫爾利將軍任駐華大使時，因發見使館職員中有對中共過分親善的行爲，不得不遣送其中十一人回國。赫爾利將軍於民國三十四年十一月二十九日，辭去其駐華大使之職時，致書杜魯門總統，有下列的一段話：『職業外交人員竟偏袒武裝的中國共產黨，及以分裂中國爲其政策的帝國主義集團國家。我們的職業外交家不斷對共產黨人說：我對於防止國民政府崩潰的努力，並不是代表美國的政策。這些職業人員公然勸告武裝的共產黨，拒絕把中共軍隊統一於國民政府軍隊之下，除非中共獲得控制軍隊之權。」赫爾利將軍在敍述其調停國民政府與中共之努力時，又言：『在此整個時期內，對於我執行任務的主要反對力，乃來自駐重慶大使館中的美國職業外交人員，以及國務院的中國遠東司。』（註一）

俄共滲透的力量，竟達至美國國務院的中國遠東司，美國駐華大使館中，竟有一群替俄共工作的職業外交人員。同情中國的赫爾利大使，竟不能久於大使的職務，而被調回美國。美國的對華外交，竟為袒護俄共的人員所左右。美國國務院一九四九年八月發表的白皮書，我國外交部譯名為美國與中國之關係，曾說：

「高思大使鑒於國共雙方，積怨猜忌，且對現實均乏認識能力，故對於國共磋商前途，頗表悲觀懷疑。彼甚至對於中國在對日戰爭進程中，有無與美國通力合作之誠意，亦示懷疑。職是之故，美國大使館在是年（一九四四）十月及十一月上半個月期間所撰報告，充滿悲觀空氣，其所描寫者，無非由於內部失和，及情緒低落所招致的惡劣原因。

除高思大使之悲觀論調外，美國政府復自使領館外之其他來源，接獲種種使人失望之情報。……其要點如次：

（1）蘇俄對於包括中國在內之遠東一帶，有侵略企圖。

（2）中共有服從蘇俄之背景，但受有新興勢力（尤其是民族主義）之影響，正改變其觀點。

（3）中共已成爲中國最有朝氣之力量，且已與中國國民黨互爭控制中國之地位。

（4）國民黨及國民政府日趨解體。

（5）此兩敵對勢力，勢將釀成內戰，從而招致如下之結果：甲、妨礙抗日戰爭；乙、迫使中共投向蘇俄；丙、甚或引起美蘇紛爭。

（6）中共終將獲勝，似已無可置疑；蓋以國民政府雖自美國以及其他外國獲得援助，然而該項援助，究不足以彌補其本身在組織上之弱點也。

（7）在此不幸之矛盾局面中，美國應就中國各項政治力量，以和平步驟重新予以調整，藉以避免內戰。達到此一目的之最適當方法，莫若鼓勵國民黨之改革自新，俾能在聯合政府內成爲一主要力量。此舉如告失敗，則吾人應擺脫國民黨之牽累，而開始與必將統治中國之共產黨取得若干合作，俾能保持獨立地位，對美國親善。吾人所採上項行動，務期迅捷，蓋以上述二項工作，如未完成，而蘇俄已對日宣戰，侵入中國，則中共必將受制於蘇俄，而成其附庸。

（8）上項政策，對吾人之戰事，亦有相當幫助，此點在吾人對日作戰中，應爲主要考慮。（註二）

觀上述美國在民國三十三年中所得中國情報，竟認爲國民政府行將解體，共匪終將得勝；共匪受民族主義思想的影響，正改善其觀點；提倡所謂聯合政府，並建議美國與共匪合作，使共匪與美國親善。這種論調，正是共匪當年在國外宣傳的論調，竟由俄共滲透於美國來華的人士，反映於美國政府。美國政府根據此種不確實的情報，來決定其對華政策，自然要發生錯誤。我們今天要請美國朋友看看，他們所謂遠東專家的情報，是不是正確？今天還是國民政府是美國的朋友？抑或是共匪是美國的朋友？

二、史迪威事件

民國三十一年三月四日，史廸威將軍奉羅斯福總統命來華，指使美國在中國緬印的部隊。五月十日蔣總統因羅斯福的推薦，任命史廸威爲中國戰區參謀長。史廸威任職後，他想壓迫蔣總統把中國國軍的最高統帥權改由他掌握，這當然是絕不可能的事。因爲史廸威的專橫，不能與蔣總統合作，民國三十三年十月被羅斯福總統調返美國，另派魏德邁將軍（General Albert C. Wedemeyer）繼任。這就是史廸威事件。

蔣總統「蘇俄在中國」一書內，敍述此事說：

「史廸威將軍到中國工作，在緬北作戰，我時時感懷他的勞績，對於他平時的各種建議，亦無不信任有加。但是他在中緬戰場的時期，正是美共及其同路人宣傳中共是「土地改革者」和「愛國民主黨派」，同時誣蔑我個人是頑固和反動法西斯的時期。他也是受了這種宣傳的影響之一人。他誤信中共部隊可以服從他的指揮。他向我要求把國軍和共軍同等裝備起來，將共軍開出邊區作戰，同時也將晉陝兩省被共軍牽制而防備其叛亂的國軍，開出作戰。可惜他對於共黨的陰謀毫無了解。他不知道過去中共在莫斯科指使之下，破壞中國國民革命的事實。他也沒有預想共軍得到裝備，開出「邊區」之後，將取何種手段來破壞抗戰，顚覆政府。史廸威將軍後來對我的爭執，完全是共黨及其同路人所一手造成的。中美兩國軍隊在中緬戰場的合作，幾乎因此而完全破壞。」(註三)

董顯光蔣總統傳，對史廸威與蔣總統的爭議，有較詳的敍述，董氏說：

「史廸威在其戰時任務中的偏見，殆由於他在民國二十七年任美國駐華大使館武官時，所與相處的一班公然及蔣親共的朋友。……史廸威於民國三十一年重返中國時，即已懷有偏見。……吾人很感謝美國前陸軍部長史汀生的回憶錄，述及史廸威不喜歡　蔣總統的其他理由。當史氏離開華盛頓以前，在他和史汀生和馬歇爾的簡短會談中，曾經明白表示他抵中國後，將壓迫　蔣總統把中國國軍的最高統帥權改由他掌握。……

蔣總統請羅斯福總統派給他一位美國參謀長，無非他想對於現代戰術上，獲得美國方面的知識。但如要使他把自己在中國戰區的最高統帥權，讓給這樣一個屬員，自然是不可想像的事。史廸威具有這樣的錯誤觀念，無怪他此來之使命是注定失敗的了。……史廸威曾以一備忘錄致送於　蔣總統，欲藉此澄清他的地位。據他說：在軍事會議中，他應認爲維持美國政策，非爲中國政策而出席；又關於租借物資的分配上，他將執行美國總統的意旨。簡言之，他以中國戰區美國代表的資格，得隨意漠視該戰區統帥的命令；又以美國租借物資分配人的資格，他如認爲美國利益所關，亦將扣留任何一批物資而不交付於　蔣總統。……

特別使國民政府難堪者，卽美國對於中國租借物資的處理，與對其他盟國不同。所有對於蘇俄英國及其他各國的租界物資，各該國政府首長都有權在其國內從事分配。只有中國的　蔣總統沒有這樣的權力；而必須提出其所需要，聽由美國的分配人逐案決定。這是對於　蔣總統的一種侮辱。……租借物資分配權給與史廸威一意孤行的運用，益使國民政府和這位美籍參謀長間的關係惡化。……在華東戰事最危急之際，史廸威以租借物資分配人的地位，簡直對於已運到昆明，可供華東戰爭使用之物資，拒絕放行。在民國三十三年六月以前，除雲南遠征軍外，全體中國軍隊竟未領到美國租借案的一槍一炮。……

在民國三十三年全年內，史廸威與　蔣總統間的裂痕日益加大。……當他與蔣總統每一次會議時，習慣上總是把他的要求或抗議，夾入一種暗示；以爲他的主張若被拒絕，則美國的租借物資將被扣留。此時，史廸威還加入一種愚蠢的行爲，就是突然發表其對中共的讚揚。……

蔣總統與史廸威間的爭議，此時正走向一個決定點。在華盛頓的羅斯福總統知道重慶的僵局；爲努力澄清此氣象，乃派前陸軍部長赫爾利少將爲其私人代表來華。……羅斯福總統現在轉而傾向於史廸威的觀念，欲以一個美國統帥置於中國一切國軍之上。他也同意裝備及使用中共軍隊的主張。赫爾利的任務，是如何把這些不合口味的意見，勸請蔣總統接受。在史廸威所不能收效者，赫爾利却努力使此計劃達於成功。　蔣總統與赫爾利長談後，允考慮史廸威爲中國軍隊的統帥，並利用中共於全面的作戰。但蔣總統提出兩點：（一）他本人應有權管理租借物資；（二）中共應承認國民政府的權力。

那時候，史廸威好像突然投下一個炸彈。九月十九日（民國三十三年），當　蔣總統正與赫爾利在其山居談話時，史廸威不期而至，宣布接到陸軍部轉來羅斯福總統給他的一個文件。……據可靠的傳言，此當爲對於　蔣總統的一項最後通牒，要求他接受史廸威的要求，否則便將美援撤銷。此一通牒實爲一個國家元首所不能接受者；於是蔣總統將已正在考慮對赫爾利的種種讓步，概行收回，即因這些讓步已成爲威迫之下所提出者。

蔣總統研究羅斯福的最後通牒數日後，即經由赫爾利作覆，這是對於撤回史廸威的坦白要求。　蔣總統在要求此項撤回時，說明他在原則上與華盛頓並無歧異，只是對於史廸威的性格有問題，……十月十八日羅斯福總統的答復，係將史廸威在中國的任務解除。」（註四）

史廸威以中國戰區參謀長身份，對最高統帥的命令，不僅不服從，而且每事專横，任意支配美援物資；甚至要求爲中國軍隊的最高統帥。羅斯福總統也被他的錯誤情報煽惑，向蔣總統提出最後通牒，要求接受史廸威的意見。幸有蔣總統的堅決和卓識，不僅拒絕羅斯福的意見；而且提出撤換史廸威的要求。羅斯福總統深識大體，結果撤回史廸威，而以魏德邁將軍繼任。魏德邁將軍繼任後與蔣總統澈底合作，挽回了瀕於破裂的中美邦交。史廸威被撤回後，當然對蔣總統不滿，乃爲俄共所利用，作不利於國民政府的宣傳，以增加中美的隔閡。據外交部所譯美國白皮書，史廸威曾有下列的報告：

「九月廿六日（一九四四年）史廸威將軍報告參謀長如次：蔣介石無意對於戰事之推進，更作努力，任何人勸其作此努力，必被排斥，或竟予摒除。……蔣介石相信彼能繼續運用其如不對其支持，則將拆夥之故技，以搾取美國之金錢與軍火。彼相信太平洋戰事將近結束，由其拖延之技術，彼可將整個負擔加諸吾人。彼無意創立任何民主政體，或與共黨組織聯合陣線。……現余益信，基於上述理由，美國不能於蔣介石當權之日，自中國獲得眞正合作。」（註五）

這是史廸威沒有撤職前的報告，他被撤職後，其反感可想而知。羅斯福總統受了他的影響，對中國情況估計錯誤；所以在不久開會的雅爾達，竟犧牲中國的權益，以買好於蘇俄。史廸威的報告，在現在看來，當然是無稽之談，然在當時確增加了中美的隔閡。

第三節　馬歇爾來華與美國的對華政策

一、赫爾利大使被迫辭職

魏德邁將軍接替史廸威職務後，與國民政府開誠合作。民國三十三年陸軍總司令部成立於昆明，三十四年一月美國應許國民政府，爲中國訓練裝備三十九個師，後又應允裝備中國空軍八個半的大隊，並供給其所需零件。在赫爾利大使主持之下，對國民政府全力支持。日本三十四年八月十四日投降後，美國以飛機空運中國部隊接收各大都市。國民政府在勝利初期，一切均佔優勢。赫爾利大使支持國民政府的舉動，當然爲俄共所痛恨。民國三十四年十一月，赫爾利大使返國述職時，突然辭職。關於赫爾利大使的辭職，美國白皮書的敍述，非常簡單，僅說：『此際，赫爾利大使於十一月二十六日上書總統，提請辭職；總統於翌日函復照准。該職虛懸，直至一九四六年七月十一日始任命司徒雷登博士繼任。』（註六）赫爾利大使爲什麼辭職？美國白皮書一字未提。董顯光在蔣總統傳敍述說：

「民國三十四年秋，在對日勝利後，赫爾利將軍已知道美國的對華政策根本錯誤。此種對於聯合政府的努力，結果只有暗中破壞美國盟國　蔣總統的權力。他於十一月間返華盛頓，決計以其遠東政策的精闢觀察，向國務卿貝爾納斯提出。赫爾利與貝爾納斯國務卿一度會商後，允接受新的訓令，仍返駐華原職。這些訓令是由國務卿當赫爾利大使之面，口授其秘書記錄。

次日，當赫爾利赴國務院領取新訓令時，他發現訓令的內容已改變了。按照訓令的新形式，赫爾利仍須爲國共的聯合政府，繼續努力。赫爾利爲抗議其所認爲固執的錯誤政策，遂於十一月二十八日辭去駐華大使之職。稍後，他獲得一個機會，向參議院的外交委員會陳述意見；但國務卿對赫爾利之批評，即有所答辯。參議院外委員在康納利主持之下，遂提議不再調查有關中國局勢的問題。

杜魯門總統亟欲鎮靜其國人因赫爾利的指責，致懷不安之感，乃決定採取一個勇敢的對案。他召見新近交卸戰時參謀總長之馬歇爾將軍，詢其願否擔任總統的特別代表，以大使階級往中國。他的使命在使「中國以和平民主的方法而達到統一」。馬氏接受此一任命，於一九四五年十二月十五日啓程來華。」(註七)

貝爾納斯（James F. Byrnes）所著的 Speaking Frankly，中央社譯爲「美蘇外交秘錄」，敍述此事非常簡單，他說：

「在駐華大使赫爾利辭職以前，國務院已準備了一個對華政策聲明。在赫氏辭職前幾天，我曾把這個聲明的初稿給他看過。後來杜魯門總統派馬歇爾元帥爲總統赴華代表後，我就立即請他來研究這個草案，希望他能夠幫助我擬定交給總統的最後聲明。在我動身赴莫斯科前的那一個禮拜日，副國務卿艾其遜（Acheson）馬歇爾元帥以及馬帥的僚屬，在我的辦公室集會。經過一個上午的討論後，我們就決定了後來經總統批准的，而於十二月十五日發表的那個政策聲明。從此以後，除了由於馬歇爾的建議，或獲得馬歇爾同意以外，總統就始終沒有改變過那個政策。」(註八)

由以上的敍述，可知赫爾利大使是同意貝爾納斯的初稿；但經國務院的修正，改變了對華政策，赫爾利大使遂以辭職爲抗議；可以說赫爾利大使是被迫辭職的。

二、杜魯門總統聲明的對華政策

杜魯門總統的對華政策，就是貝爾納斯初稿，經國務院修正，赫爾利以辭職爲抗議的政策，也就是馬歇爾執行失敗的政策。民國三十四年十二月十五日發表，內容大要如下：

「一強大團結民主之中國，對世界和平，極其重要。鑒於美國以及其他所有聯合國之重大利益，中國人民切勿放棄機會，以和平談判之方法，立卽調和其內部紛爭。總統呼籲國共雙方立停武裝衝突；但保證美國對於中國內亂，不作軍事干涉。並解釋美軍之續留華北，係因對於業已投降，但已滯留中國之日軍，將其解除武裝及遣送回國，而有必要。

杜魯門總統更進而敦促中國各主要政治分子，卽舉行一全國性之會議，解決中國各項問題，俾內部衝突，得藉此停止，全國統一，得藉此完成，而所有政治重要份子，亦可藉此而得在公平及有效之條件下，參加政府工作。此語之涵意，顯在變更國民黨之訓政制度，並擴大中國政府之基礎。總統指出達成中國統一之詳細步驟，必須由中國人民自由規劃，彼無意對此類事件，有何干涉。但渠復宣稱，中國及其所有政黨及政治派系，對其他聯合國家，實負有一明顯之責任，卽內部武裝衝突迅速消除；蓋以該項衝突，對世界之安定及和平，實爲一種威脅也。

總統在結論中謂：如中國走向和平統一，則美國將協助中國從事於善後工作之推進，工業及經濟之改善，及足使中國在維持和平秩序方面，履行其國內及國際義務之軍事機構之樹立。」（註九）

杜魯門總統這一聲明，確是干涉中國的內政；他主張中國成立聯合政府，要求中國停止武裝衝突。若果中國照他的意見辦理，美國才可以協助中國。這個聲明，明白的是壓迫國民政府，在可以制勝的時候，不能使用武力；要坐着等待敵人的攻擊。而且以聯合政府組織的是否成功，作爲援助中國的先決條件。美國的這種主張，正投合俄共的需要，因爲蘇俄裝備和訓練共匪尚未完畢，是需要一個和平時間的。蘇俄正面扶植共匪，而美國在側面幫助共匪，一直到韓戰發生，美國才發覺政策的錯誤。

三、馬歇爾使命的失敗

國民政府先遷就美國的意思，與蘇俄訂立中蘇友好同盟條約；又遷就美國的意思，尊重馬歇爾的調解，遂有民國三十五年一月十日的第一次停戰令和六月六日第二次停戰令。蔣總統敍述此事的經過說：

「三十四年十二月十五日，美國杜魯門總統發表其對華政策聲明，馬歇爾特使就在這一天專程來到中國，執行這一聲明所賦予的使命。國民政府與中共的商談，這次是第七次；從前六次商談，都是以失敗爲結局。這次商談的前途，中外人士自然亦不抱樂觀。十二月十七日，我與馬歇爾特使首次會晤。……

三十五年一月七日至十日，由政府代表中共代表及馬歇爾特使以調解人資格參加之三人小組，擧行了六次會議，停戰命令全部得到協議，並於十日，由政府與中共雙方將停戰命令下達於各指揮官，要點如下：

一、一切戰鬪行動立卽停止。

二、所有中國境內軍事調動一律停止，但對國民政府軍隊爲恢復中國主權，而開入東北或在東北境內調動，並不影響。

三、破壞與阻礙一切交通線（包括郵政在內）之行動，必須停止。

四、爲實行停戰協定，應卽在北平設一軍事調處執行部。該執行部由三人組織之，一人代表國民政府，一人代表中共，一人代表美國。所有必要訓令及命令，應由三委員一致同意，以中華民國國民政府主席名義，經軍事調處執行部發佈之。

政治協商會議就在停戰命令發布的這一天開幕。……一般人以為停戰令及恢復交通辦法的頒布，軍隊整編與統編共軍為國軍方案的成立，軍事調處執行部的設立與開始工作，及政治協商會議的五項協議，使國家從此進入和平建設的階段，人民從此得到復員還鄉安居樂業的機會。馬歇爾特使也自覺他的調處工作告一段落，回國述職。……

馬歇爾特使回美之後，共匪乃即從事破壞停戰命令，對於恢復交通與軍事整編統編案等所訂的各條款，一概抹殺，拒不執行。而且匪軍大量竄入東北，擴大叛亂。當馬特使由美返華時，我鑒於停戰以後三個月之中，中共對於所有協議與重要條款，幾乎破壞殆盡，乃特別對馬特使說：「這次美國參加國共和談，調處軍事衝突，務須中美兩國政策互相協調，更要美國政府與中國政府互相了解，免為共黨離間中傷的奸計所乘才好。」我始終堅持這個方針，並時加警覺，所以我對於共匪的反覆無常，荒謬狂妄的要求，總是委屈求全，忍耐到底，無論如何不使中美雙方發生裂痕，使蘇俄共匪乘機得逞。……

三十五年一月二十三日，俄軍從長春撤退，中共匪軍隨即擅入長春市。國軍受了停戰令的限制，不能抵禦，更不能攻擊，只得退避。二月十六日，重慶新華日報宣稱：東北有所謂民主聯軍三十萬人。……依據一月十日停戰令，國軍進入東北接收主權，不受停戰令限制。蘇俄裝備匪軍並幫助其接替俄軍，佔據東北的縣市，顯然是違反中蘇協定。共軍阻礙國軍接收主權的部署，並攻擊接收主權的國軍，乃完全違反停戰命令。……

這時匪軍在東北擴大變亂，軍事執行部派往東北的小組，對於俄軍支持之下的匪軍行動，無由進行調處。匪軍並集中四平街，阻止國軍從瀋陽北上接收主權，遂引起戰爭。激戰一星期，林彪所率匪部號稱三十萬大軍，被我國軍杜聿明部澈底擊敗，喪失過半，其他殘部潰不成軍，分途向中東鐵路哈爾濱綏芬河一帶崩潰。杜總指揮卽於二十三日由四平街進佔長春，並令其所部以哈爾濱爲目標，沿長春鐵路線向北追擊，勢如破竹，匪軍毫無抵抗行動。此一剿共戰役，可說是繼二十三年在贛南五次圍剿以後，又是最大一次決定性的勝利。而共匪當時潰敗的情況，及其狼狽的程度，實與其在贛南突圍逃竄時的慘狀，只有過之無不及。

正在此時，馬歇爾特使初由美國返華，遂與我進行商討如何停止戰爭與繼續和談的方法。……乃於六月六日接受馬歇爾特使的建議，頒發第二次停戰令，並將已經越過小松花江停止在雙城附近的追擊部隊，乃復調回至陶賴昭與德惠縣一帶，仍取守勢，以待和談解決。……從此東北國軍，士氣就日漸低落，所有軍事行動，亦陷於被動地位，可說這第二次停戰令之結果，就是政府在東北最後失敗之惟一關鍵。……

三十五年五月，匪軍爲策應其東北的軍事行動，在熱河、察哈爾、河北、山東等省，到處破壞停戰協定，發動攻勢。……政府至此，爲保持平津的安全，要求匪軍退出承德。爲打通南北交通，要求其撤離津浦。爲保持首都的安全，要求其退出蘇北。但共匪態度蠻橫無已，使軍事調處無法進行。……

九月二十日，軍事調處小組被匪軍所迫，退出張家口。匪軍這一舉動，不僅破壞停戰協定，而且企圖割裂我熱察領土，並威脅我華北之平津重鎭。國民政府爲穩定平津，使其免於威脅，不得不對侵佔張家口及集中於其周圍的共軍作戰。但周恩來竟肆行要挾，向馬歇爾特使作强硬表示：「政府如不停止對張家口及其周圍的軍事行動，中共卽認爲政府已公開宣布全面破裂。」他隨卽離京赴滬，廻避交涉。

十月五日，我又接受馬歇爾特使的意見，決定停戰十日。……十月九日，馬歇爾特使爲圖打開僵局，前往上海親晤周恩來，……沒有得到任何結果而囘南京。這亦就是他中共所需要的緩兵時間已經爭取獲得了，也就是歡迎美國調停的笑臉時期已經過去了。從此，以馬歇爾特使爲中心的和平商談與軍事調處，都爲共匪徹底破壞，而無形宣告結束。……停戰十日之後，中共仍無恢復協商表示，國軍仍收復了張家口。」（註十）

蔣總統敍述的事實，與一九四九年八月美國國務院白皮書所述的事實，大致相同。但美國白皮書的敍述，認爲談判的破裂，雙方都負有責任，尤其對國民政府方面頗多指摘。當談判破裂後，馬歇爾竟建議美國政府，停止對於中國的軍援，和預定貸與中國的借款五億美元；而對於共匪破壞停戰的暴行，並沒有採取何種行動；卽對於當時蘇俄在我東北，利用日軍武器裝備匪軍的事實，也沒有執行任何措施；遂使反共力量日趨瓦解，中立主義益加猖獗，俄共攻擊的目標遂集中於　蔣總統。到了民國三十七年十月以後，正値徐蚌之戰嚴重關頭，而一般社會乃至政府內部皆受共匪滲透的影響，竟流行一種口號，以爲「非蔣總統下野，則美援不來」，並且「非蔣總統下野，和談不能進行」。　蔣總統不能不於三十八年一月二十一日引退。從此大陸軍民失了重心，政治局勢社會秩序與人民心理，都受了共匪無形的控制，而軍事作戰也就陷入無可挽囘的頹勢。

第四節　美國國務院中美關係的白皮書

民國三十八年八月，國民政府已退到廣州，形勢十分危險。美國向中國壓迫組織聯合政府的政策，已使國民政府失敗。美國這個時候，已意識到美國已面臨一個新環境；美國國務院爲向美國人民解釋計，發表了這一件有關中國的白皮書。這一件十幾萬字白皮書的內容，七月三十日國務卿艾其遜上杜魯門總統書就是簡要的敍述。他明白敍出「中共政權，原係效忠蘇聯，而非爲中國人民本身謀福利」。但他有若干內容，與事實不相符合；尤其重點在攻擊國民政府，對共匪頗有偏袒，使已趨危險的中國大局，加速崩潰。三十八年冬季西南三省之不戰而潰，與美國白皮書實有連帶關係。

一、胡適之對白皮書的批評

胡適之先生爲司徒雷登囘憶錄作序，批評美國的對華政策和白皮書說：

「馬歇爾使命的目標，……便是：「儘速……以和平民主的方法，達成中國的統一。」他特別標明這些目標是兩方面的。……第一個目標是要使中國人建立一個共產黨得以公平而有效地參加的聯合政府；第二個目標是要使中國人取消中共的自主性軍隊，而把他們歸編於國軍。……這就是馬歇爾使命本質上不可能做到的兩重任務。

馬歇爾使團爲了「運用美國的影響力量，以完成上述目標」，而可以採用的方法，又是什麼呢？杜魯門總統曾經指示馬歇爾將軍：「你跟蔣介石和其他中國首腦人物談話的時候，我准許你用最坦白的態度來談。尤其是在談到中國希望貸款，經濟方面的技術援助，以及軍事方面的援助的時候，你可以說：一個不團結並因內戰而分裂的中國，休想現實地成為美國援助的地方。說得明白一點，他的武器不是軍事壓力或干預，而是停止美國對華援助。

但是這一個武器，只能致命性的打擊中國政府，而對於中共却絲毫不能發生效用。那時中共的部隊，正由陸海兩方面趕到東北，以便在那裡獲得蘇聯佔領軍或蘇維埃聯邦的無限量的援助。那時候東北已經成為中共最接近蘇聯和最堅強的革命基地。因此，在馬歇爾出使的整個期間，中共代表團就不斷的，而且成功的，逼迫馬歇爾將軍，停止或暫停美國對華的援助。而馬歇爾將軍和美國政府也因為中共的大聲抗議，而真的有許多次停止了或暫停了美國一切對華援助。

馬歇爾使命因為它有了本質上不可能達到的目標，而宣言失敗。而這些本質上不可能達到的目標，連貝爾納斯國務卿、杜魯門總統，以及范宣德先生（在草擬馬歇爾原則指示方面，范宣德比什麼人都要負重大責任），都從來沒有充分的瞭解。……

最後，關於老友司徒博士對於中國白皮書的論評，以及他對於他自已偉大國家對中國應該採取什麼政策的看法，我願意誠摯表示我的完全同感。……一九四九年我閱讀中國白皮書裡面艾契遜國務卿上總統書，其中有下面的幾句話：「中國內戰之惡果，非美國政府所能左右。此項結果，不因我國之任何所為，或我國能力合理範圍以內之所能為，而卽可使之改變者；亦不因我國之任何所未為，而致使之發生者。」我讀到這幾句話的時候，就在旁邊寫上馬太福因第二十七章第二十四節。這一節的原文是：「彼那多看見說也無濟於事，反要生亂，就拿水在衆人面前洗手，說：流這義人的血，罪不在我，你們承當吧。」

因爲雅爾達出賣了中國；因爲在緊要關頭的時候，停止了對華的有效援助；而且最主要的，因爲自己是有大權力和無人可與抗爭的世界領導地位；所以倒下來的中國流着血的時候，美國可以說「罪不在我」。（註十一）

二、司徒雷登對白皮書的批評

司徒雷登是美國的駐華大使，他受命爲駐華大使，是在民國三十五年七月，馬歇爾特使還在中國的時候，他對於這個白皮書的批評可代表美國一般有識人士的見解。他在回憶錄說：

「在離開擅香山的飛行途中，我才有機會研究國務院那本名爲「美國對華關係」的巨著。自此以後，我不僅有充分機會研究其內容，並有機會觀察和思考其特點，注意其影響與若干效果。……

白皮書等於昭告世人，美國政府認爲國民政府已在內戰中失敗。白皮書中不承認美國政策有任何錯誤，而企圖將一切過失，皆歸咎於國民政府。書中表示美國政策對於這種不幸的結果，不負任何責任。同時並暗示，美國對於國民政府的支持，以及美國爲維持該政府存在所作的努力，均已告一結束。這就是美國政府在一九四九年夏季所正式宣布的立場。……

白皮書中另一困惑之點，是它的結論與前後所述的美國政府的政策，均不符合。在白皮書公布的兩個月之後，國務院宣稱，美國仍然承認國民政府是中國的合法政府。在一九五零年一月，國務院又宣布，不再予任何援助給予國民政府（當時已遷到臺灣）。這個政策一直維持到一九五零年六月共黨攻擊大韓民國爲止，那是這個政策才突然的改變。

一九四九年十月國務院召開了一次遠東問題專家會議，……在會議進行時，很明顯的大多數與會者，都斷定中國國民政府已告完結。其中有幾位教育家對此種說法，言之最力；他們對於國民政府的命運，已不再感到興趣。會議主席傑塞普乃建議討論承認中共政權的問題，於是有幾位與會人士遂極力主張承認並協助新政權；只有少數人反對此種意見，並呼籲不要匆促地採取行動。

在會議的全部開會期間，我都曾出席。我所聽到的一切，其影響都令人感到困惑與沮喪。國民政府雖有各種弱點與缺陷，然而這個政府却是經由一種革命熱情而產生，而這種革命熱情則係受美國的民主見解所鼓舞的。多年以來，國民政府一直受到反對派的攻擊，尤以共黨分子爲然；並曾不斷的受到來自國外的外交及武裝攻擊的壓力，其中以日本爲最。從未有一段時間，使這個政府能在和平與安定的環境下，獻身致力於改革政治及改善民生問題。因此，在經過八年抗日戰爭之後，再遭到中國共黨武裝部隊的全面攻擊時，便無法號召飽經戰亂的民衆，從事有效的抵抗。這種現象並不足奇；而且中共還受到蘇俄的鼓勵與物資援助。國民政府被迫逐步撤退，最後遂退至臺灣。然而在上述會議中，關於中國的內憂外患，都很少提及；國民政府失敗的一切責任，都委諸該政府的本身。

國民政府從美國得到的援助，在種類及數量上，均較其原來盼望得到的爲少，而且我們允諾供給的一部分援助，經過很久時間才運到中國，以致無甚裨益。國民政府未預料到有一個雅爾達協定，將東北的大權始而給與蘇俄，繼又因而轉入中共手中；同時並爲共黨在中國的勝利預闢途徑。國民政府也沒有料想到，蘇俄會那麼快的破壞了一九四五年八月十四日簽定的中蘇友好條約。根據這個條約，蘇俄承諾只將精神與物質的援助給予國民政府。從第二次大戰結束至一九五〇年共黨開始侵略韓國爲止的一段期間，美國政府政策的錯誤和矛盾，徒然削弱而並未加强中國政府的力量，而當時國民政府正迫切的需要同情諒解與援助。

當　蔣總統的機密代表鄭介民將軍於一九四九年十一月抵達華府時，我所能對他講的話只是，就我所知道的情形，國民政府將不可能獲得進一步的援助。

一九四九年十月一日共黨政府正式成立，並立刻尋求其他各國政府的承認。第二天十月二日蘇俄遂宣布承認。十月三日中國政府宣布與蘇俄斷絕外交關係。十月四日，美國國務院重申美國只承認國民政府爲合法政府的政策。

雖然在當時及其以後，我都沒有關於本國政府企圖承認中國共黨政府的印象，不過我發現國務院當時對整個中國問題所持的態度，完全是一種失望和無情的失敗主義。從回憶中檢討這些問題時，我認爲一九四九年十月是一個低潮時期。當時美國政府雖仍然承認國民政府，但已停止給予援助。這種態度一直維持到八個月後，共黨開始侵略韓國時爲止。那時美國才認爲共黨在遠東的擴張，危及了世界和平，美國及聯合國必須予以抵抗。」（註十二）

三、白皮書內容一部分違反事實

胡適之先生和司徒雷登大使對於美國白皮書中，不承認美國政策有任何錯誤，將一切過失都歸咎於國民政府一點，都表示不同意。至白皮書的內容，尚有若干是違反事實的。

（1）艾其遜上總統書說：『考國民政府之在戰前，十年剿共而無功』。（The nationalists had been enable to destroy the communists during the ten years before the war.）這是完全與事實相反的。共匪在江西被圍剿，無法存在，突圍逃竄，毛澤東等竄抵延安時，人數不足五千。毛匪等爲維持生存，在俄共指使之下，高唱團結禦侮，周恩來親到南京請降。這種事實，美國所謂遠東專家，竟一筆抹殺，顛倒事實，殊堪遺憾。

（2）艾其遜上總統書說：『國軍無須被擊敗，而即已自行解體。』（The nationalist armies did not have to be defeated; they disintegrated.）三十四年三十五年兩年間，國軍對於共匪，戰無不勝，攻無不克，此乃極明顯之事實。共匪其所以高呼聯合政府，歡迎美國調停，就是因軍事上不能取勝，企圖拖延時間。國民政府誤於美國之調停，在有把握消滅敵人主力時，無法採取主動。三次停戰令的頒布，遂使士氣消沉。至於國軍之解體，是在徐蚌會戰失敗，蔣總統引退之後，而美國的遠東專家竟以爲「國軍無須被擊敗，即以自行解體」，尤堪遺憾。

（3）艾其遜上總統書說：『自對日戰事結束後，美國政府以贈與及信用借貸之方式，所給國民政府之援助，總數約共二十億美元。』（Since Y-J day, the United States Government has authorized aid to national China in the form of grants and credits totaling approximately 2 Billion dollars.）這個數字，實在可以懷疑。查美國對華貸款，在美國未與日本宣戰前，有二十八年十二月的二千五百萬元，二十九年三月的二千萬元，二十九年九月的二千五百萬元，二十九年十二月的一億元，三十年四月的五千萬元，同時又允貸二千萬元，三年之間貸款總數是二億四千萬美元。在珍珠港事變後，三十一年三月中美簽訂五萬萬美元貸款協定，六月又簽訂中美抵抗侵略互助協定，美國允諾根據租借法案，將物資輸入中國。關於租借物資的確數，總數決不會超過美金十億元。日本無條件投降後，美國以飛機船舶助我運輸軍隊，對我之幫助，確係事實。日本無條件投降是三十四年八月十四日，在三十五年七月馬歇爾來華調停失敗後，預定貸我之五億美元，即宣告取消；軍事援助亦被停止。若謂美國對華貸款，從二十八年起到三十五年止，總數約為二十億美元，則係事實；若謂日本投降後，在一年之內，從三十四年八月到三十五年七月，美國即貸我二十億美元，比較戰時七年的貸款總數還要多，眞是值得懷疑。

（4）艾其遜上總統書說：『在一九四八年之重要年份內，無一次失利係由於缺乏裝備或軍火。』（The nationalist armies did not lose a single battle during the crucial year of 1948 through lack of arms or ammunition.）董顯光在蔣總統傳中，有一段可以說明艾契遜這一句話的違反事實。董氏說：『馬歇爾促請蔣總統不要佔領張家口。 蔣總統此次却不願遷就，於是國軍採取嗣經證明為不幸的一個步驟，而據有該城。馬歇爾對此舉異常恚怒，遂割斷對於中國的軍援。……禁運的打擊便於民國三十五年（一九四六）七月落到國民政府的中國。美國曾於一九四五年應許國民政府，為中國訓練與裝備三十九師，後又應允裝備中國空軍八個半大隊，並供給其所需零件。一九四六年春，它亦曾應允對於戰後留給中國之軍用舊摩託車，供給其所需之零件。所有以上的諾言，皆為七月間的禁運命令一筆勾銷。同年八月十八日，杜魯門總統以行政命令擴大此項禁運行為，制止中國購買美國剩餘軍火，而認為這些軍火是可用以進行中國內戰。此次禁運繼續至八個月之久，其結果於此嚴重關頭，削弱了中國政府對於中共軍事上的優勢。禁運對於國軍尤為嚴酷者，則因其裝備幾全於美國所製之故，裝備之若干部分損壞而有置換之必要時，禁運令便阻止中國向美國市場購取其所需；這些零件是不能向他國購得的。當禁運令於一九四七年中期解除，而准許一船之軍火（國民政府在民國三十七年底以前僅得此數）運至中國時，中國政府的軍隊正以破毀的炮隊面對共軍；其空軍則因補充零件不足，實力減半；即陳舊的步槍，亦因缺乏子彈而失其效用。在民國三十六年的早期，共黨的軍力方達於最高峯，國軍則在軍火短缺之下而拚死掙扎。中共本已淪於慘敗，竟因迭次停戰而獲救，被置於可採攻勢之地。而國軍方面由於彈藥之不能獲得補充，新式武器的效用遂漸減，甚至抵禦之力亦漸消失。』（註十三）

第五節　美國對華外交的轉變

美國在民國三十八年發表關於中國的白皮書，無異將國民政府「一筆勾銷」，國務院正在考慮承認共匪僞組織。國民政府遷臺的時候，美國只有一個總領事館在臺北。民國三十九年六月廿五日，俄共進攻大韓民國，暴露了侵略的野心，美國總統杜魯門和美國的輿論都主張制止俄共進一步的侵略。聯合國決定出兵韓國後，美國卽以充分的力量，執行聯合國的決議。從此，被俄共滲透的國務院一部人士，才不能再活動；美國的對外政策，才由安撫俄共，轉變爲防堵政策。因爲美國態度的根本轉變，已瀕於破裂的中美外交，才又逐漸好轉。

三十八年十二月二十四日，美國代辦師樞安始來臺設立大使館。三十九年一月，美國的無任所大使傑塞普來臺訪問。三十九年六月韓戰發生，美國派藍欽來臺任公使代辦。四十二年二月廿七日美總統任命藍欽爲駐華大使，於四月二日呈遞國書，中美兩國的外交始趨於正常。

一、韓戰發生後美國的對華政策

三十九年六月廿五日韓戰發生，杜魯門總統在六月廿七日發表聲明說：『對韓國的攻擊，顯然表示共產主義已不復沿用顚覆手段，以征服獨立國家，而進一步使用武裝侵略及戰爭來達到其目的。此等行動違背安全理事會爲維護國際和平與安全而發佈的命令。在此情形之下，共黨軍隊之佔領臺灣，勢將直接威脅太平洋之安全，並威脅在該區域履行合法而必要之活動的美國部隊。因此，本人已命令美國第七艦隊防止對臺灣之任何攻擊。同時，本人已請求在臺灣之中國政府，停止其對大陸之一切海空軍活動。第七艦隊將負責觀察此一要求是否已付諸實施。』美國大使館在同日以備忘錄將美國總統所採上項措置通知我政府，請予通力合作。

杜魯門總統的這一措施，等於將臺灣中立化；美國對國民政府的看法，還是白皮書的觀點。我國政府經嚴密考慮後，原則上接受美國的建議，六月廿八日由外交部長葉公超發表聲明，說明中國政府接受美國此項提議，是基於下列了解：（1）上項提議，並不影響中國政府對臺灣之主權，或開羅會議關於臺灣地位的決定。（2）美國所採的緊急措施，倘能使國際共產主義的侵略或威脅，在短期內歸於消除，自爲中國政府所希望。否則中國及其友邦自仍有採取其他步驟，以抵抗這種侵略或威脅的責任。（3）中國政府接受此項建議，自不影響中國反抗國際共產主義和維護中國領土完整的立場。

杜魯門總統這一項決定，就軍事觀點說，實屬不利；因爲無異保證俄共不開闢第二戰場，使共匪可以安心的在韓國作戰。民國四十三年，艾森豪就任美國總統後，於二月二日致美國國會咨文中，公布他已下令解除臺灣中立化。第七艦隊不限制國軍對大陸作戰，但仍舊協防臺灣。蔣總統於二月三日發表聲明，認爲艾森豪總統的決定：『無論在政治上以及國際道義上，實爲美國最合理而光明之舉措。』表示竭誠歡迎；並聲明我國今後反共復國的行動，自爲自由世界反抗俄共侵略之一環；但中國決不要求美國以地面部隊來協助我作戰。

二、中美締結共同防禦條約

美國第七艦隊的協防臺灣，是基於美國總統的命令，並未經過美國國會的決議，沒有法律上的拘束力。所以我國外交當局於四十二年十二月便向美國建議，締結一項共同防禦條約。雙方交換意見，於四十三年十二月二日，我國外交部長葉公超與美國國務卿杜勒斯在華盛頓簽訂中美共同防禦條約，原文如次：

本條約締約國，……茲議訂下列各條款：

第一條：本條約締約國承允依照聯合國憲章之規定，以不使危及國際和平安全與正義之和平方法，解決可能牽涉兩國之任何國際爭議，並在其國際關係中，不以任何與聯合國宗旨相悖之方式，作武力之威脅或使用武力。

第二條：爲期更有效達成本條約之目的起見，締約國將個別並聯合以自助及互助之方式，維持並發展其個別及集體之能力，以抵抗武裝攻擊，及由國外指揮之危害其領土完整與政治安定之共產顛覆活動。

第三條：締約國承允加强其自由制度，彼此合作以發展其經濟進步與社會福利，並爲達到此等目的，而增强其個別與集體之努力。

第四條：締約國將經由外交部部長或其代表就本條約之實施隨時會商。

第五條：每一締約國承認對在西太平洋區域內任一締約國領土上之武裝攻擊，即將危及其本身之和平與安全，玆並宣告將依其憲法程序採取行動，以對付此共同危險。任何此項武裝攻擊及因而採取之一切措施，應立卽報告聯合國安全理事會。此等措施應於安全理事會採取恢復並維持國際和平與安全之必要措施時，予以終止。

第六條：爲適用於第二條及第五條之目的，所有「領土」等辭，就中華民國而言，應指臺灣與澎湖；就美利堅合衆國而言，應指西太平洋區域內在其管轄之下各島嶼領土。第二條及第五條之規定，並將適用於經共同協議所決定之其他領土。

第七條：中華民國政府給予，美利堅合衆國政府接受，依共同協議之決定，在臺灣澎湖及其附近爲其防衞所需要而部署美國陸海空軍之權利。

第八條：本條約並不影響且不應被解釋爲影響締約國在聯合國憲章下之權利及義務，或聯合國爲維持國際和平與安全所負之責任。

第九條：本條約應由中華民國與美利堅合衆國各依其憲法程序予以批准，並將於在臺北互換批准書之日起發生效力。

第十條：本條約應無限期有效，在一締約國得於廢約之通知送達另一締約國一年後，予以終止。

爲此，下開各全權代表爰於本條約簽字，以昭信守。

本條約用中文及英文各繕二份。

中華民國四十三年十二月二日，卽公曆一千九百五十四年十二月二日，訂於華盛頓。

中美共同防禦條約的要點如次：

一、本條約純係防衞性質，「以抵抗武裝攻擊，及國外指揮之危害其領土完整與政治安定之共產顚覆活動。」（第二條）

二、兩國共同防禦區域，在中國領土限於臺灣、澎湖，在美國領土限於西太平洋美國管轄之島嶼；但可適用於經雙方協議決定之其他領土。（第六條）

三、在共同防禦區域遭受武裝攻擊時，兩國將依其憲法程序採取行動，以對付此共同危險。（第五條）

四、本條約無限期有效；若任何一方決定廢約，於廢約通知送達另一締約國一年後，予以終止。（第十條）

三、對於美國的期望

中美關係的陰影，因大陸形勢的逆轉而澄清。三十九年三月蔣總統復職，六月韓戰發生後，中美關係已恢復正常。民國四十三年十二月中美共同防禦條約締結後，中美外交更有進步。我們檢討中美百年來外交關係，美國對我國幫助最多，友誼最善；雅爾達密約的締結，是羅斯福總統一時的失策，不是美國居心危害中國。一九四九年白皮書的發表，是艾契遜等的推卸責任，不是美國一致的意見。過去的已經是過去了，但美國是自由世界的盟主，一舉一動都可影響世界的觀感，所以我們對美國有下列的期望。

甲、尊重友邦合理的權利。美國今天是世界第一强國，是蘇俄企圖孤立打擊的唯一目標。美國欲圖掌握優勢，獲取長治久安，必使朋友逐漸加多，敵人逐漸減少。如何增多朋友減少敵人呢？必須尊重友邦合理的權利，尤其不能侵犯友邦的主權。如史廸威在中國的專橫情形，只有激怒盟友，損害美國的利益。至於犧牲朋友買好敵人的行動，是害人害己的行動，更應特別警覺。雅爾達密約的犧牲中國買好蘇俄，中國是犧牲了，並不能買好蘇俄，蘇俄還是要千方百計的打擊美國。所以我們希望美國對於任何國家，都不要忽視，都要尊重他們合理的權利；然後美國才可獲各國的擁護，為世界眞正的盟主；維持世界的正義，同時也是鞏固美國的安全。

乙、外交態度要主動堅決。美國一舉一動，爲友人敵人同時所注意。若外交處於被動，態度欠缺堅決，自由世界必生動盪，適足增長蘇俄的氣焰。蘇俄的清算死人史達林，和外交的笑臉攻勢，適足證明其內部之不穩。美國在此蘇俄宣布和平共存的時期，美國應主動的提出和平共存的條件；縱不能逼使蘇俄就範，也可齊一自由世界的意見，不致一部國家被蘇俄軟化。若不爭取主動，態度近似糢糊，使自由國家難於追隨；則將來自食其果的還是美國。譬如美國與共匪在日內瓦談判，已將近二年，美國始終不肯攤牌，無異保留一妥協之路。美國與共匪尚可長期談判，我們如何能怪埃及敘利亞的承認共匪呢？我們不願美國的行動，爲親者所痛，仇者所快！我們希望美國的態度主動而堅決！

丙、繼續保持軍事上優勢。赫魯雪夫宣稱蘇俄是世界第二强國，無異承認美國是世界第一强國。蘇俄因核子武器不及美國，所以由武力侵略改變爲和平侵略。所以美國在軍事上保持優勢，實爲維持和平的有力工具。我們知道美國政府是企圖不戰而勝的。孫子兵法說：『不戰而屈人之兵，善之善者也。』但須知不戰而勝，必須有壓倒的優勢；同時須知蘇俄對美國，也是希望不戰而勝的。美國俄國都希望不戰而勝，則長期的軍備競賽，必然激烈進行。萬一蘇俄取得軍事上優勢，今天的笑臉，必一變爲兇狠；假使美國在核子武器時代，再遭遇第二次珍珠港事變，所受損失將如何呢？

或者有人說：蘇俄不會採用這種卑鄙的手段的。蘇俄也必自我宣傳，說其如何保持諾言愛好和平。但俄共的教條，是可以欺騙敵人的，是爲目的不擇手段的；杜魯門總統說：『同蘇俄簽訂條約，其價值不値簽字的那一張紙。』有什麽人能保證蘇俄的遵守諾言呢？共匪以欺騙手段竊取大陸，尙可得英國的承認，印度的支持。歷史上是成則爲王敗則爲寇的，我們希望美國警覺！美國不在軍事上優勢時期，向蘇俄攤牌，是永遠不會不戰而勝的！我們希望美國不戰而勝，不希望美國不戰而敗！

（註一）董顯光：　蔣總統傳（二）第二十五章。
（註二）外交部譯：美國與中國之關係四五頁。
（註三）蔣總統著：蘇俄在中國第一編第二十九節。
（註四）董顯光前書：第二十六章。
（註五）外交部譯前書四十七頁。
（註六）外交部譯前書七十一頁。

（註七）董顯光前書（三）第三十章。

（註八）貝納納斯著中央社譯：美蘇外交秘錄二四七頁。

（註九）外交部譯前書八四頁八五頁。

（註十）蔣總統著：蘇俄在中國第一編第十四節至第二十三節。

（註十一）司徒雷登回憶錄：胡適序。

（註十二）司徒雷登回憶錄，第十三章。

（註十三）(1) A Decade of American Foreign Policy, Basic Documents 1941-49, pp. 715-728.

(2) 董顯光前書（三）第三十章。

第十八章　中國外交的奮鬪

第一節　金山對日和約與中日和平條約

一、金山對日和約締結的經過

自日本投降後，我國就着手準備與日本簽訂和約。民國三十六年夏，美國與蘇俄關於對日和約之締結，有許多背馳的主張；譬如美國主張遠東委員會裏的十三個國家舉行國際會議，草擬和約；一切議案以三分之二的多數通過成立；而俄國則主張由中英美俄四國外交部長舉行外長會議，一切議案必須全體一致，才算是通過成立。我國會一再設法疏通，終因蘇俄的作梗，對日和約的召開問題，一再擱淺。民國三十八年，國民政府在大陸上軍事失敗，八月美國發表中美關係的白皮書。民國三十九年六月廿五日，俄共進攻大韓民國，韓戰爆發。美國此時對於締結對日和約，又趨積極。美國知道開國際會議來締結對日和約，必遭蘇俄的阻撓，遂採用與盟國個別磋商的辦法；美國國務院指定杜勒斯（John Foster Dulles）為磋商對日和約的代表。杜勒斯奔走於各國首都之間，四十年六月，英美兩國獲得完全的諒解。七月十二日，日本和約草案在華盛頓倫敦東京及四十餘國首都同時公布。七月二十日由美英兩國出面，邀請阿根廷、澳洲、比利時、波利維亞、巴西、緬甸、加拿大、錫蘭、智利、哥倫比亞、哥斯達黎加、古巴、捷克、多明尼加、厄瓜多爾、埃及、薩爾瓦多、阿比西尼亞、法國、希臘、瓜地馬拉、海地、洪都拉斯、印尼、印度、伊朗、伊拉克、黎巴嫩、利比里亞、盧森堡、墨西哥、紐西蘭、尼加拉瓜、挪威、巴基斯坦、巴拿馬、巴拉圭、秘魯、波蘭、沙地阿拉伯、叙利亞、荷蘭、菲律賓、土耳其、南非聯邦、蘇俄、烏拉圭、委內瑞拉、南斯拉夫、日本等五十國，參加九月四日的舊金山對日和約。然與日本血戰八年的中華民國，竟未被邀請。對日和約草案第二十三條，竟未將我國列入簽字國家之內。我國外交部除用書面向美國抗議外，並發表嚴正聲明，說明我國對日媾和所應有的權利與地位，決不因約稿第二十三條的規定，而受絲毫影響。香港工商日報社評在九月四日舊金山和會開幕之日批評說：

「今日中國之地位，在西方國家眼中，會不若越南三小國，不若巴基斯垣，西方國家之悖義毀法，小見短視，殊堪使人扼腕！我們堅信，沒有中國之八年堅苦抗戰，沒有中國大陸之把日本吸住，則日本之勢燄，當不止此，美國亦不會輕易把他擊敗。假如珍珠港一役，早在七七事變之前，或在希特勒發動戰爭之際，日本即行發動；甚而中國不依照羅斯福總統所發起「不得單獨媾和」之約言，毅然與日本携手；則西方國家之爲西方國家，美國之爲美國，第二次大戰之爲第二次大戰，未可知也。故六年前今日之成果，以至第二次世界大戰之勝利，中國應居首功，絕無可疑。而今日對日和會，竟然抹殺此種事實。西方國家固有其藉口，其藉口爲中共。殊不知中共乃爲破壞中國抗日之罪魁；中共今日表面雖擁有中國大陸，但不能說就是已實際控制中國大陸。……過去六年，由於西方國家之錯誤，雅爾達會議，給予蘇俄以進攻東方之機會，馬歇爾調停政策，更給予中共以在中國作惡之機會。「養虎爲患」，這是英美所不能辭其責的。韓戰事實，正是英美自食其果；再不覺悟，下大決心，則前途如何，殊有未忍言者。……」

由工商日報之社論，可見中國輿論憤激之一斑。不接受英美邀請的，有印度緬甸南斯拉夫等國。印度不接受邀請，拒絕參加舊金山和會的理由是：(1)印度建議：由美國託管之琉球及小笠原群島，應歸還日本，而美國不接受；(2)和約對於千島群島及南庫頁島，並未證明為蘇俄所有；(3)將臺灣歸還與共黨中國之意見，始終為美國政府所反對。印度剛剛獲得獨立，居然以中立之名，甘為俄共傀儡，大放厥詞，足證英美安撫政策的失策。至於蘇俄，於指使印度等國搗亂後，最後決定出席，想在會中直接搗亂。

美國因韓戰的刺激，已下了決心，不管蘇俄如何搗亂，決心簽訂對日和約。美國政府明白宣布，金山和會的性質，僅是和約的簽訂，而不是和約的討論，八月十四日公布的對日和約草案，不容再為修改。在美國決心堅定，與英法的支持下，蘇俄莫可如何。對日和會照預定計劃進行，九月四日開幕，九月八日，除蘇俄、捷克、波蘭三國外，其餘國家，均簽字於對日和約。

二、金山對日和約的內容

對日和平條約共有七章廿六條，茲將內容略述於次：

甲、領土條款：一、日本承認韓國獨立。二、日本放棄臺灣、澎湖、南沙與西沙諸羣島。三、日本放棄千島羣島、庫頁島南部及其鄰近島嶼。四、日本放棄其太平洋島嶼的委任統制地，承認一九四七年四月二日聯合國所建立的託管制度。(以上見第二條)。五、日本放棄琉球羣島與火山羣島等等，而承認美國對於該羣島的管轄，並且承認美國將來為託管該島等的管理當局(第三條)。

乙、安全條款。一、日本接受聯合國憲章第二條所載之義務，尤其下列各項義務：（1）以和平方法解決國際爭端；（2）在其國際關係上，不得使用威脅和武力；（3）於聯合國依憲章規定而採取之任何行動，盡力予以協助。二、各盟國證實其對日關係，將以聯合國憲章第二條之原則為標準。三、各盟國承認日本享有聯合國憲章第五十一條所規定的各別自衞權與集體自衞權，並承認日本得自動的參加集體安全條約。（以上見第五條）。四、各盟國之佔領軍隊，應於本和約生效後，至遲九十日以內撤離日本（第六條）

丙、政治及經濟條款。一、日本放棄在中國之一切特權及利益（第十條）。二、每一盟國在本約有效一年以內，將戰前與日本締結之雙邊條約中，何者應繼續有效或恢復生效一節，通知日本；未經通知的條約，應認為業已廢止。（第七條）。三、日本宣布準備迅即與每一盟國進行締結條約或協定之談判；在新約未締結之前，日本將於本約生效起四年期內，給予各盟最惠國待遇或國民待遇；但日本給予某盟國之國民待遇或最惠國待遇，應僅至該盟國關於同一事項，所給予日本以國民待遇或最惠國待遇之程度（第十二條）。

丁、要求及財產條款。一、對於曾經被日軍佔領或損害之盟國，日本願以技能或勞力，作為協助賠償各該國修復其所受損害之費用。二、每一盟國應有權扣押保留、清算或以其他方式處分日本政府及其國民之財產。三、除本約另有規定外，盟國放棄其一切賠償要求。（以上見十四條）

戊、最後條款。一、對日和約應於獲得美國日本，與其他遠東有利害關係之國家（英、法、俄、加拿大、澳大利亞、紐西蘭、印度、巴基斯坦、印尼、菲律賓、錫蘭、緬甸）過半數批准以後，發生效力。（

第二十三條）二、日本應於該約生效三年內，與未曾簽字於該和約之盟國，締結雙邊條約。（第廿六條）

對日和約簽字之同日，美國與日本另訂安全條約；日本承認美國軍隊得繼續駐紮日本，以保障日本之安全。對日和約與日美安全條約均於一九五二年四月二十八日生效。

對日和約不僅沒有限制軍備的條款，而且規定日本有單獨或集體自衛之權利。關於賠款的條款，也甚爲寬大。事後杜勒斯在美國外交季刊發表論文說：『對日和約有兩個大目的。首先就是以不致挑起另一次戰爭的原則爲基礎，而結束一次舊的戰爭。因此，這些戰勝國家已經造成了一份和諧的條約，弭除各種憎恨和復仇的痕迹；他們在談判的態度上和條款的實質上，都力求避免通常戰勝國慣施於戰敗國身上的屈辱和歧視。……這次締結的和約，誠然已經達到免於重蹈歷史覆轍的錯誤。但是，他還有第二個或甚至困難的任務。這就是把日本從戰敗的敵人，轉變爲對太平洋集體安全的積極貢獻者，從而參與應付那種甚至在上次大戰還未形式上結束以前，便已發生的新侵略威脅。』美國對日本寬大的目的，已由杜勒斯坦白說出，是要日本與美國合作，共同抵禦蘇俄的新侵略威脅。

中國對於金山和會的抗議，是反對美國的蔑視中國，而不是反對日本，所以激烈反對的工商日報，在金山和會閉幕之日，發表社論說：

舊金山對日和會於八日完成了應有的簽字手續。在五十二個國家中，除蘇俄因爲所提建議都未被接納，悻悻然與捷波兩個附庸國家拒絕簽字外，原本只想出席參觀的印尼，也因受了西方國家緊密團結的影響，於最後參加簽字，使蘇俄三國的搗亂行爲，更加無所施其技。中華民國以最早對日作戰的國家，而不獲參與對日和會，誠足爲任何自由中國人士所憤懣。不過完成對日和約也是我們一貫的願望，現在這個願望在原則上已經有了結果。……

對日和約完成之後，遠東局面又展開嶄新的一頁。日本由戰敗投降而恢復了獨立自主，這是日本國運的新生，也是遠東秩序的重建。……日本與中國同種同文，頗有類於西方的英美。英美能夠團結合作，故百多年來，守望相助，始終不失爲西方安定的重心。但日本則因過去軍閥眼光短視，不瞭解孫中山先生大亞洲主義的遠見，致使兩個因積不相能，而釀成八年流血的悲劇。不論日本和中國，都因爲這次戰爭而元氣大傷，失去了安定亞洲的應有作用。而蘇俄則乘隙抵瑕，不僅參戰六日便奪去了日本的千島羣島和南庫頁島，還有更大的成就，却無過於其扶植中共建立起大陸政權，構成了整個亞洲安全莫大威脅。這種痛苦教訓，追悔固屬無益，未來的補救之道，只有日本朝野大澈大悟，眞正認識自由中國與民主日本有其共同利害，迅速與國民政府完成其雙邊和約，使共產主義無隙可乘，並使中日合作由此打開一條共存的新路。……」

三、中日簽訂和平條約的經過

甲、金山和約前我國對美的交涉。我國政府對日和約的基本政策，係遵照蔣總統迭次聲明，主張以合理的寬大的態度，於適當時候，結束對日戰爭狀態。美國政府亦願早日促成對日和約，其一般的態度，與我國的主張相接近；故關於對日和約的準備，我國始終與美國採取合作的方式。民國四十年六月，杜魯門總統派杜勒斯大使赴英商談對日和約，此時英國已承認共匪僞政府，英美兩國竟另行成立諒解，未將我國列爲締約國之一，並決定由日本自行決定與中華民國政府抑與共匪僞政府締結和約。此項消息傳出後，蔣總統於六月十八日發表聲明：『中華民國政府參加對日和約之權，絕不容置疑，任何歧視之條件，中華民國均不能接受』。同時，我政府向美國政府提出抗議。四十年七月八日，美國將與英國協議之對日和約修正草案，分送有關國家，並於七月十二日公布。

該項修正草案曾由杜勒斯於七月六日面交我國顧大使，七月九日藍欽代辦復以副本送到我外交部。該項草案內容值得我們注意的共有三點：（1）關於領土部分，美國爲緩和我國反對意見，已將臺灣澎湖與日本應行放棄之其他領土同樣看待；即關於各該領土應由何國接管一節，一律不作任何規定。（2）約稿廿三條內所列簽約國中，未將我國列入。（3）約稿第廿六條內，規定日本應於多邊和約生效後三年以內，與其他盟國簽訂與多邊和約大致相同之雙邊和約。

該項對日和約草案發表後，我國對美國政府嚴重交涉，但美國因已與英國協議，且對中國觀念，還未完全擺脫中美關係白皮書的觀點；僅允諾金山和會之後，協助中日兩國從速簽訂雙邊和約。

乙、中日和約商訂經過。四十年九月我國沒有被邀請參加金山簽署對日和約會議後，我政府擬定了三項基本原則：（1）我國必須維持和對日作戰各盟國平等的地位；（2）中日雙邊和約應和金山和約內容大體相同；（3）日本和我國簽訂雙邊和約，必須承認我政府對中國領土的全部主權。外交部當即秉承此項決策，和美國政府進行洽商。

日本首相吉田茂在金山和約簽字之前，已向美國代表杜勒斯允諾，於金山和約簽字之後，與中國簽訂雙邊和約，但金山和約簽訂之後，日本態度糢糊，未有與中國迅速簽訂和約之意。四十年十二月杜勒斯再度訪日，任務之一，是向日本首相吉田茂勸告，早日與中國國民政府完成雙邊和約，以免引起美國國會之反感。十二月廿四日，日本首相吉田茂致函杜勒斯，表示願意依照金山和約的原則，和中國締結一項重建中日間正常關係的條約。四十一年二月，日本派河田烈爲全權代表，來臺議訂和約。我國政府亦於二月十五日派定全權代表葉公超，負責和日方代表商談一切。

四、中日和平條約的內容

二月十七日日本代表團抵達臺北。二月廿日雙方舉行中日和會第一次正式會議，我全權代表將我方準備的和約初草，面交河田烈。雙方即用此項草約爲基礎，進行談判。前後共計舉行正式會議三次，非正式會議十八次；四月二十七日經預定中華民國與日本國和平條約一件，議定書一件，換文兩件，同意紀錄一件。雙方代表於民國四十一年四月廿八日下午三時在臺北賓館簽署上述各項文件。

中日和平條約要點如下：

一、日本放棄對於臺灣澎湖列島以及南沙羣島及西沙羣島之一切權利（第二條）。

二、日本及其國民在臺灣及澎湖之資產及利益，將由雙方成立協議予以處理（第三條）。

三、日本承認臺灣及澎湖列島之居民，係中華民國之人民（第十條）。

四、日本放棄在中國之一切特殊權利與利益，民國三十年十二月九日以前所締結之一切條約均歸無效（第四條第五條）。

五、中國與日本相互間之關係，願各遵聯合國憲章第二條之各項原則（第六條）。

六、中國自動放棄金山和約第十四條日本所定供應之服務之利益（議定書一條乙款）。

我們同日本所訂的和平條約，和我政府在談判之初所定的三項基本原則，尙相符合；和金山和約的規定，也大致相同。中日和約生效後，我國在東京設立駐日大使舘，在橫濱大阪各設總領事館一處，在長崎設立領事館。日本政府則在臺北設立駐華大使館。

第二節　聯合國通過中國控蘇案

一、中國控告蘇俄的理由

中國控蘇案的理由，我國控蘇案全文說得很詳盡，玆根據控蘇案全文，簡略予以說明。

甲、蘇俄違約不撤兵並掠奪我東北財產。根據中蘇友好條約紀錄，蘇俄軍隊進入東北者，在日本投降後三星期內，開始撤退，最多在三個月內撤完。然而蘇俄軍隊却一直在中國東北佔領下去，直到民國三十五年五月，除大連旅順兩地外，俄軍才行撤退。俄軍在中國東北濫無軍紀，引起了當地人民極大的痛苦。日本軍隊其時對俄軍並無絲毫抵抗，事實上簡直沒有打。俄軍所作的，僅是擴張其控制範圍，及撤走該區的工業機器設備。據中國調查人員報告，俄軍在中國東北運走或破壞的設備，總値共達二十億美元之多。美國政府所作的估計，俄軍在佔領期內，中國東三省的工業被運走或破壞的，總値共達八億五千八百萬美元之鉅。中國在條約上的盟友蘇俄所得到的，不是經濟援助，而是掠奪。

乙、蘇俄阻礙中國在東北恢復行使主權。中國政府爲在東北恢復行使主權，必須將軍隊開入該區，其最便利的進口，自爲大連。民國三十四年十月一日，中國外交部正式通知蘇俄駐華大使：告知中國第十三軍卽將自華南出發，前往大連。不料十月六日，蘇俄大使竟通知中國外交部稱：「根據中蘇條約，大連係一商港，爲運輸貨物之地，而非運送軍隊之地」。並進一步聲稱：「任何國籍之軍隊在大連登陸，均係破壞中蘇條約，均爲蘇俄政府所堅決反對」。在中蘇關於大連之協定，明白規定：「大連之行政權屬於中國」。蘇俄阻止中國軍隊在大連登陸，實係違反中蘇友好條約，侵犯中國主權。經中國抗議後，蘇俄又採用另一套論調，說對日戰爭狀態仍然存在，以反對中國軍隊登陸大連。中國政府由於蘇俄的橫加阻撓，始終不能調派軍隊通過大連。

中國政府鑒於國軍一時不能在大連登陸，一面與蘇俄繼續交涉，一面通知蘇俄大使館：「中國國軍即由渤海的營口及葫蘆島進入東北，該批國軍到達之期，將在民國三十四年十一月十日」。但蘇俄當局在十一月一日及三日，竟先後通知中國代表，謂營口業經來歷不明的武裝部隊所佔據佈防，蘇俄當局對中國國軍登陸的安全，不能負責。換句話說，即是共匪的軍隊業經在蘇俄扶植之下，將各該港口佔據，準備抵抗中國軍隊登陸。

在此種情形之下，中國政府乃決定一面空運國軍到瀋陽長春各地，一面派遣另批國軍由鐵路自華北經山海關抵達各該城市。惟關於空運國軍一節，中國政府復於十一月十三日接獲蘇俄大使的通知稱：空運部隊僅可限於憲警，並僅可限於運至蘇軍撤離前三日至五日之地點。我自山海關進入東北的軍隊，蘇俄也藉口俄軍業已撤退，而拒絕任何協助。

中國政府由海陸空三路派運國軍進入東北，均受蘇俄阻撓。爲於接收東北維持當地治安計，不得不就地設法編組保安團隊。但是中國編組保安團隊，還是受到蘇俄的阻撓。中國在長春編組了一團保安團隊，三十五年一月三日洽商時，俄方並未反對；但在同月十五日夜，俄軍突然包圍該保安團隊的總部隊，並將全部人員繳械。其所持理由，即爲中國當局正在秘密組織地下武力。蘇俄違反條約，阻撓中國任何武力進入東北，其目的就在整編共匪，作爲佔據東北的工具。

丙、蘇俄以武器供給共匪並指使共匪抵拒國軍。蘇俄軍隊在民國三十四年八月九日到九月九日一個月期間，在東北共俘獲戰俘五十九萬四千名，飛機九百二十五架，坦克三百六十九輛，裝甲車三十五輛，野炮一千二百二十六門，機槍四千八百三十六挺，步槍三十萬枝，無線電機一百三十三座，汽車二千三百輛，拖車一百二十五輛，騾車一萬七千四百九十七匹。此外尚有日軍繳出的全部補給站和倉庫存儲，包括野炮一千四百三十六門，機槍八千九百八十九挺，擲彈筒一萬一千零五十二具，卡車三千零七十八輛，馬十萬四千七百七十七匹，補給車二萬一千零八十四輛，特種車八百一十五輛，以及指揮車二百八十七輛。

日本投降後不久，共匪林彪部隊即大批滲入東北，爲數約二十萬之多，該二十萬人全部獲得全副日本裝備和彈藥補給。共匪獲得武器配備的來源，當然是由於俄軍的供給。蘇俄不僅以武器供給共匪，且協助共匪建立六個兵工廠，可以製造美式衝鋒槍、手榴彈、炮彈及步槍。共匪在蘇俄積極扶植之下，武器的供給從此不感缺乏。

蘇俄當局在東北阻止中國政府恢復主權的慣技之一，即爲拒絕以俄軍撤退確實日期，告知中國主管當局。在正式撤退前兩三天才予通知，使中國國軍無法接防。惟共匪總是早經俄軍告知，所以俄軍一撤退，共匪就立即先予佔據，取得對抗中國國軍的優勢。

丁、蘇俄違反中蘇友好條約和聯合國憲章。中蘇友好同盟條約第五條說：「締約國顧及彼此之安全及經濟發展之利益，同意在和平再建以後，依照彼此尊重主權、領土完整、與不干涉對方內政之原則下，共同密切友好合作。」第六條說：「締約國爲便利及加速兩國之復興，及對世界繁榮有所貢獻起見，同意在戰後彼此給與一切可能之經濟援助。」蘇俄在我國東北不是尊重主權，而是阻撓中國恢復主權；不是不干涉內政，而是扶植共匪奪取政權；不是經濟援助，而是經濟掠奪。蘇俄實違反中蘇友好條約第五條第六條的規定。中蘇友好條約附件第一號換文，蘇俄對允諾的三項諾言，完全違反。第一項諾言是「蘇俄政府同意予中國政府以道義上的支持，及軍需品與其他物質上的援助；此項援助當完全供給中國中央政府即國民政府。」但蘇俄是完全供給共匪，以打倒國民政府。第二項諾言是「蘇聯政府以東三省爲中國之一部分，對中國在東三省之充分主權，重申尊重；並對其領土之完整，重申承認。」但蘇俄不是尊重中國主權，而是妨礙中國恢復主權。………

蘇俄不僅違反中蘇友好條約，同時違反聯合國憲章。憲章第二條第四款說：「各會員國在其國際關係中，不能使用威脅武力，或以聯合國宗旨不符之任何其他方法，侵害任何會員國或國家之領土完整或政治獨立。」蘇俄以陰謀威脅及武力，侵犯中國之領土完整，自然違反聯合國憲章。我國政府以蘇俄蠻橫無理，悍然違反中蘇友好條約及聯合國憲章，所以向聯合國提出控蘇案，暴露蘇俄的醜惡面目於世界。

二、控蘇案在聯合國通過的經過

我國在聯合國提出控蘇案，是在民國三十八年九月廿一日開幕的第四屆聯合國大會。我國提出後，大會並未討論，僅決議交小型聯大研究。第五屆聯合國大會係在民國三十九年九月十九日開幕，我國再提出控蘇案，仍議決交回小型聯大研究。第六屆聯合國大會係在四十年十一月六日開幕，我國第三次提出控蘇案，民國四十一年二月，大會以投票三分之二的多數，通過我國控蘇案。從三十八年至四十一年初，聯合國對我國控蘇案，一再擱置；經我代表的繼續奮鬪，又因國際形勢的轉變，卒能通過，由這三年國際的變化中，我國的國際形勢由險惡而好轉。

甲、控蘇案在聯合國第四屆大會。聯合國第四屆大會係在民國三十八年九月廿一日開幕。這個時候，美國國務院的中美關係白皮書，發表尚不到兩個月，美國對國民政府的態度頗爲冷淡，而且美國正在考慮承認共匪政權問題，對我國的控蘇案，不願出力支持。聯合國第四屆會議開幕不到十日，共匪的僞政府即於十月一日在北平成立，蘇俄卽於十月二日卽予承認，英國及印度均準備承認。在這樣險惡的國際形勢中，我國控蘇案自難於在大會通過。

三十八年十一月底十二月初，控蘇案在政治委員會辯論最激烈的時候，各國代表不願開罪蘇俄的態度，我國代表當然知道得很清楚，但我國代表蔣廷黻以不屈不撓的精神，把蘇俄的違約及違約所引起的侵略，平心靜氣的，有條有理的，詳細申述。若干代表尤其是南美的代表，覺得敷衍了事，良心上過不去；大會於是決定把全案交小型聯大研究，總算中國還有再提的機會。

乙、控蘇案在聯合國第五屆大會。第五屆大會於民國三十九年九月十九日開幕。三十九年一月開始，英國、印尼、緬甸、巴基斯坦及北歐的國家，相繼承認北平僞組織。蘇俄爲阻礙我國的控蘇案，在安全理事會提出中國代表權問題，支持北平僞組織代表中國出席聯合國。南斯拉夫雖已與蘇俄決裂，北平雖已追隨蘇俄大罵狄託；但南斯拉夫的代表，却在成功湖大爲共匪游說，稱毛匪可變爲狄託第二。在國際宣傳上，狄託第二的迷夢，遂代替共匪爲農村改革者的迷夢。若果此時韓戰沒有開始，共產國際的野心沒有顯著暴露，聯合國可能採取姑息政策。

韓戰發生，聯合國安全理事會迅速的決定軍事制裁，美國也是認眞的領導制裁；但民主國家仍圖避免韓戰的擴大；歐西的國家及印度阿拉伯集團和加拿大墨西哥都向這方面努力。在這種矛盾影響之下，印度代表居然在大會開幕之日，提議請北平僞組織派代表參加大會。加拿大提議由大會組織特別委員會，研究中國代表權問題；加拿大的提案居然在大會中通過。加拿大提案的用意，在保留中國代表權，作爲韓國問題解決中所能交換的條件之一。

共匪參加韓戰後，外交官妥協的追求，不但未停止，而且加倍的努力。但在輿論方面，共匪的參戰引起很大的憤怒，任何妥協都不是美國民衆所能了解的。在這種情形之下，外交官不得不特別巧用文字，以求達到目的，而不引起美國民衆的反感。

四十年一月十一日，加拿大的外長在政治委員會提出所謂韓國停戰五原則，其中最後一舉，就是開遠東會議，蘇俄及共匪都可參加，來解決遠東問題，包括臺灣問題及中國代表權問題。這個提案當然是出賣中國的提案；尤可惋惜的，美國代表也居然贊成這種提案。當時我國代表雖然竭力反對，委員會仍然予以通過。以後有兩種發展出於這些巧妙外交官意料之外，第一是美國參議員公開的堅決的反對五原則，第二是共匪拒絕接受五原則，外交官的迷夢至此才算打破了。

第五屆大會的空氣，簡單說來，是一個安撫蘇俄和共匪的大會。我國代表雖然重提控蘇案，也還是被決定再交小型聯大研究。

丙、第六屆聯合國大會通過控蘇案。在民國四十年內，國際輿論對自由中國的政府和人民在臺灣的努力，開始認識。三七五減租、農業及工業生產的進步、地方自治的推動、及海陸空軍的實力，這些事業陸續在美國報紙上，得到眞實的紀載與良善的批評。美國人士遂漸覺悟，自由中國是遠東反共的最大力量。到這時候，國內的進步及國際局勢的演變，都是利於在聯合國推動控蘇案的。

第六屆大會在巴黎開會的時候，我國控蘇案的說明書，仍舊注重三點：一、蘇俄確已違反三十四年的中蘇友好同盟條約。二、蘇俄這種違約行爲，實際就是侵略行爲。三、蘇俄這種侵略行爲是牠征服世界計劃的一部分。這個時候，美國的態度由消極而積極，正面支持中國的控蘇案；英國的態度也由支持共匪而變爲中立；共他自由國家多數贊成中國的提案。聯合國大會於民國四十一年二月一日正式表決我國控蘇案，贊成者二十四國，反對者九國，棄權者二十五國，控蘇案終獲通過。茲將贊成反對及棄權國家列舉於次：

投票贊成的國家：玻利維亞、巴西、智利、中國、哥倫比亞、哥斯達黎加、古巴、多明尼亞、厄瓜多爾、薩爾瓦多、希臘、海地、宏都拉斯、伊拉克、利比亞、巴拿馬、巴拉圭、秘魯、菲律賓、泰國、土耳其、美國、烏拉圭、委內瑞拉。

投票反對的國家：緬甸、白俄羅斯、捷克、印度、印尼、以色列、波蘭、烏克蘭、俄國。

棄權的國家：阿富汗、阿根廷、澳洲、比利時、加拿大、丹麥、埃及、阿比西尼亞、法國、瓜地馬拉、冰島、伊朗、黎巴嫩、盧森堡、墨西哥、荷蘭、紐西蘭、挪威、巴基斯坦、沙地阿拉伯、瑞典、敍利亞、英國、也門、南斯拉夫。

缺席國家：尼加拉瓜、南非。

聯合國大會通過我國控蘇案之決議原文如次：

「本大會鑒於聯合國之主要目標之一，「在創造適當環境，俾克維持正義，尊重由條約與國際法其他淵源而起之義務，久而弗懈」。復鑒於中華民國與蘇維埃社會主義共和國聯邦會於一九四五年八月十四日簽訂友好同盟條約，其中規定：甲、締約國雙方同意……「依照彼此尊重主權及領土完整與不干涉對方內政之原則下，共同密切友好合作」。乙、「蘇俄政府同意予中國以道義上與軍需品及其他物質之援助，此項援助，當完全供給中國中央政府卽國民政府」。

並查悉蘇維埃社會主義共和國聯邦，自日本投降以後，對中國國民政府在東北各省（滿洲）重建中國權力之努力，橫加阻撓，並以軍事及經濟上之援助，給予中國共產黨，以反叛中國國民政府。爰判定蘇維埃社會主義共和國聯邦自日本投降以來，在其對中國之關係上，未能履行一九四五年八月十四日之中蘇友好同盟條約。」

臺北中央日報駐美特派員陳裕清，二月十七日有一篇「控俄案是如何通過的」通訊，載在中央日報，分析當時的外交形勢很清楚，茲節錄於次：

「據將廷黻先生表示，這次「控蘇案」的通過，固是我們自己努力的成果，但美國自始至終，仗義執言，也是不可忽視的重要因素。他說：本屆大會集會之初，他卽往訪國務卿艾其遜，請其支持中國的「控蘇案」，以伸張國際的正義，制裁國際的侵略者。艺奇遜毫不遲疑，立卽表示：美國自當竭力相助。促使「控蘇案」的通過。廷黻先生乃以事先擬好的中國提案，出示艾其遜，徵詢其意見。廷黻先生原來的提案，包括下列三個要點：

第一、譴責蘇聯破壞一九四五年的「中蘇友好同盟條約」。

第二、要求聯合國會員國，不得承認蘇聯一手製造的中共僞政權。

第三、要求聯合國會員國，不得予中共以任何物質與精神的援助。

艾其遜看了之後，思維再三，認爲在原則上，這是理所當然；但在目前實際的環境中，却不能不再加斟酌。他說，提案中要求聯合國會員國，不得承認中共政權，實際上現在已有十六國承認中共；此案提出後，彼等必一致反對，恐將妨礙整個「控蘇案」的通過。提案中的第三點，艾其遜以爲係多此一舉，蓋聯合國已有對共禁運案的通過，現在援助中共者，只有蘇聯及其附庸的國家，故此點即使通過，蘇聯必不遵從，倒不如索性不提。廷黻先生接受了艾其遜的意見，美國代表團便不獨在會場中，極力支持中國，責難蘇聯；且在會外爲我國爭取支持，終使我們的「控蘇案」，得以二十四票的贊成，九票的反對，二十五票的棄權，而先後通過於第一委員會及聯合國大會中，蘇聯食言毀約，扶植中共，至此已得世界的確認。三年來我們控蘇的努力，也獲得了相當的成就。………

在「控蘇案」本身的辯論上，並沒有預期的熱烈，我國代表的發言，主要的只有兩次，一次是提案時的說明解釋；另一次則是對各方指責批評的答辯。但是這些說明與答辯，一字一句，都經蔣先生的斟酌推敲。他說：一月廿八日他發表長篇的演說，說明控蘇的理由後，當夜會反覆推想各方的反應，與此案可能的結果，竟至無法成眠。乃隨手翻讀法國前總理雷諾的回憶錄，其中會記述當墨索里尼進軍阿比西尼亞時，雷諾會指責英法在國聯中的代表，畏葸不前，不敢建議理事會，予義大利以應有的制裁，遂使侵略者氣焰萬丈，不可收拾。次日廷黻先生就引用雷諾之言，指責法國模棱兩可的態度，並警告巴黎，記取自己前輩政治家的教訓，不可屈服於强權侵略者之前。他說：他是在法國罵法國，使其有切膚之痛。幷藉法國，以警告所有棄權的西歐國家。……」

三、中國廢止中蘇友好同盟條約

民國四十一年二月一日聯合國大會通過我國控蘇案。投票贊成的，除美國外，多數是中美南美的國家，亞洲國家除中國外，有泰國、菲律賓、土耳其、伊拉克四國，歐洲國家僅有希臘一國。英國集團及法國都是棄權；至印度、印尼、緬甸、以色列四國，則追隨蘇俄之後，爲虎作倀。聯合國雖然通過控蘇案，並沒有進一步的行動，以制裁侵略的蘇俄。然而中華民國國民政府的地位，若以三十八年美國發表中美關係白皮書，在外交上極不利的情況比較，不能不說已由動搖而趨於穩定。

四十一年聯合國第六屆大會以後，自由世界與鐵幕世界的對立，更趨尖銳化。以妥協著稱的英國，也不能不表明態度，以與美國合作，堅強民主世界的陣營了。蘇俄外交的不信無義，不僅自由世界業已洞悉，就是蘇俄也明白的證實。史達林說：「眞誠的外交。正與乾的水或是鐵的木，同樣的不可能。」可見俄共的言行，根本是不一致的。所以杜魯門總統在金山和會中：「與蘇俄簽訂條約，其價值還不如簽字的這一張紙。」美國的外交，從此走入實力外交的途徑。

我國不得已犧牲中國的外蒙古，和犧牲東北一部利益，與蘇俄簽訂中蘇友好同盟條約；但蘇俄已完全違反，聯合國也承認蘇俄未能履行了。自從聯合國大會通過我國控蘇案後，我國輿論一致主張廢止中蘇條約。民國四十二年二月廿五日國民政府明令廢止中蘇條約及其附件。茲照錄原令如次：

立法院咨開：「案准行政院本年二月二十三日臺四十二（外）第一〇〇八號函，請審議宣告中蘇友好同盟條約及其附件爲無效，並保留我國及人民對於因蘇聯違反條約及其附件所受之損害，向蘇聯提出要求之權等由。經於本年二月二十四日本院第十一會期第三次會議提出討論，當經決議：中華民國三十四年八月十四日在莫斯科簽訂之中華民國蘇維埃社會主義共和國聯邦友好同盟條約及其附件，予以廢止，並保留我國及人民對於蘇聯違反該約及其附件所受之損害，向蘇聯提出要求之權」等由到府。查上項條約及其附件，由於蘇聯背信違約，應屬無效，着卽予以廢止，並保留我國及人民對於因蘇聯違反該約及其附件所受之損害，向蘇聯提出要求之權。此令。（註二）

第三節　否決外蒙入聯合國

一、俄共在聯合國排擠我國的失敗

自民國三十八年第四屆聯合國大會，我國提出控蘇案以後，俄國卽向大會提出排擠我國代表，由共匪偽政府代表中國出席的議案。在三十九年初，俄國代表馬立克因與我代表蔣廷黻衝突，憤而退席，並聲稱中華民國代表出席，俄國代表卽不出席，以示堅決排我的決心。三十九年六月廿五日，俄共進攻大韓民國，美國迅卽向安全理事會提案，由聯合國以實力予以制裁；因俄國代表沒有出席，本案得以順利通過，聯合國出兵援助大韓民國。這可以說是聯合國的成功，也可以說是我國與俄共鬬爭的收獲。

俄國在聯合國經此打擊後，也知道它的愚蠢，民國三十九年八月一日，仍返回聯合國開會。以後每屆大會，以至各委員會各附屬機構會議，凡有俄共或其傀儡政權代表參加，都提議不承認我國代表的中國代表權；但均致大多數主持正義國家所制止。

聯合國第十屆大會，在民國四十四年九月二十日在紐約聯合國總部開會。大會一開幕，俄共又提出排擠我國代表的提案。此時俄共以和平共存爲口號，一變其過去的醜惡面目，而爲笑面外交；美國又與共匪代表在日內瓦進行大使級談判；但聯合國中的對立情形，並未有絲毫改變。經表決結果，在六十國中以四十二票對十二票的多數，擊敗了俄共挾帶共匪混入聯合國的企圖。投票國家如次：

甲、投票維護我國代表權者：阿根廷、澳大利、比利時、玻利維亞、巴西、加拿大、智利、哥倫比亞、哥斯大黎加、古巴、多明尼加、厄瓜多爾、薩爾瓦多、埃索匹亞（阿比西尼亞）、法國、希臘、瓜地馬拉、海地、洪都拉斯、冰島、伊朗、伊拉克、黎巴嫩、里比利亞、盧森堡、墨西哥、荷蘭、紐西蘭、尼加拉瓜、巴基斯坦、巴拿馬、巴拉圭、秘魯、菲律賓、南非聯邦、泰國、土耳其、英國、美國、烏拉圭、委內瑞拉（以上四十一國連同本國一票共四十二票）。

乙、棄權者：阿富汗、以色列、埃及、沙地阿拉伯、敍利亞、葉門（以上共計六票）。

丙、反對者：蘇俄、捷克、波蘭、烏克蘭、白俄羅斯、南斯拉夫、印尼、印度、緬甸、瑞典、挪威、丹麥（以上共計十二國）。

二、俄共在安全理事會的專橫

聯合國的主要機構，是大會和安全理事會，但以安全理事會的權力最大。根據憲章第二條：新入會的會員國，須先經安全理事會的推薦，始能提交大會通過。假使安全理事會不先通過，就不能提交大會。根據憲章第十二條：當安全理事會對於任何爭端或情勢，正在執行本憲章所授予該會之職務時，大會非經安理會請求，對於該爭端或情勢，不得提出任何建議。所以聯合國的權力機關，法律上是大會，事實上則是安全理事會。

當時安全理事會以聯合國十一會員國組織之，並規定中、法、美、英、俄五國爲常任理事國，由大會另選十會員國爲非常任理事國，任期定爲二年。安全理事會關於程序事項的決議，應以七理事國之可決票決定之；但對於其他一切事項的決議，七理事國之可決票，應包括全體常任理事國之同意票在內。換言之，關於程序以外事項的決定，必須得五常任理事國之完全同意；若五國中有一國反對，議決案雖然是十票對一票，也算是否決。所以中法美英俄五國，在安全理事會都有否決權。

蘇俄在安全理事會濫用否決權，截至聯合國第九屆大會爲止，蘇俄已使用否決權七十五次。關於蘇俄阻撓自由國家入會的申請，在第十屆大會之前，已使用廿八次。

民國四十四年日內瓦所謂高階層會議後，蘇俄以和平共存欺騙世界。第十屆聯合國大會在十二月開會時，蘇俄因歷次挾帶共匪入聯合國的失敗，遂轉而支持匈牙利、羅馬尼亞、保加利亞、阿爾巴尼亞、外蒙五傀儡組織入聯合國。但蘇俄恐怕在安全理事會中遭遇否決，遂利用自由國家的妥協心理，主張過去被蘇俄否決的意大利、約旦、愛爾蘭、奧地利、葡萄牙、芬蘭、錫蘭、尼泊爾、利比亞、高棉、寮國、日本等十二個國家，加上西班牙，連同蘇俄的五個附庸國家，集體入聯合國。英國集團竟爲所動，在會外與蘇俄協商後，由紐西蘭、巴西等二十七國提議，准許上述十八國集體入會。十二月八日聯合國大會討論這個提案，竟以五十二票對二票之比通過，反對的僅有古巴和中國兩國；美國在大會則是棄權。但十二月八日大會，只是表示一個意見，此案還要經安全理事會討論，要經通過後，由安全理事會向大會推薦，大會的通過才有法律的效力。在大會開會之初，蘇俄是居於壓倒的優勢，自由中國反對的形勢，極爲不利。

三、我國否決外蒙入聯合國

外蒙古是中國領土的一部分，民國十二年的孫中山越飛聯合宣言，和民國十三年的中俄協定，都曾明白說明。外蒙古之與中國分離，是三十年來俄國不斷侵略的結果，決非出於蒙古人民的自願。民國三十四年的中蘇友好條約，中國雖承認外蒙的獨立，同時也規定蘇俄要尊重外蒙之政治獨立和領土完整。但不久蘇俄事實上卽將外蒙吞併。民國三十八年我國向聯合國提出控蘇案，並於民國四十一年經聯合國大會通過譴責蘇俄。四十二年二月國民政府明令廢止中蘇友好同盟條約及其附件。中蘇條約既已廢止，外蒙獨立的法理依據自亦喪失。因此，就中國的觀點而言，外蒙是中國領土的一部分，我國當然決不容蘇俄在我國領土上建立的所謂外蒙古共和國，混入聯合國。

集團入會的建議，將外蒙挾帶入聯合國的「整批交易」，中國自然要予以反對。此次所謂「整批交易」，是若干國家事先與蘇俄接洽，美國並未參加；但美國希望日本、意大利、西班牙等國家能逃脫蘇俄之否決，得以入會，所以美國沒有反對。關於外蒙古入會，美國一向是反對的，民國三十六年（一九四七）外蒙古申請入會，當時美國會投反對票，可爲明證。所以我國代表在聯合國的奮鬥，除古巴、土耳其等少數國家仗義直言外，只得美國的援助。

十二月八日聯合國通過所謂「整批交易」後，我國代表蔣廷黻卽向安全理事會提出一個議案，將十八國中的五個附庸國去掉，而將韓國及越南加進去。那時安理會中並沒有別的提案，在程序上說，開會就應該討論我國的提案。但我國提案提出，英國代表馬上表示不滿，但終於無法打銷。十二月十三日上午開會，蔣代表發表演說，指出「整批交易」之違反憲章，並將中國原提案改為紐巴案的修正案。蔣代表發言完畢，土耳其代表繼起發言，認為中國代表修正案非常重要，涉及韓國越南，請求休會，當經獲得通過。

下午開會後，我國的修正案成立。當我國要求修正案應先投票時；蘇俄起而反對，會場情形很亂；但我國的建議終於獲得大多數的支持，同意先將韓國越南提出表決，其他十三國併到紐巴案中去。投票結果，韓國得到九票，已超過需要的七票。蘇俄立卽使用否決權，接着又否決了越南，我國逼迫蘇俄先使用否決權，是我外交手段的成功。第三表決外蒙，我國毅然使用否決權。此後表決，蘇俄一直使用了十三個否決權，否決了十三個民主國家，所謂整批交易，因為我國的單獨反對，結果終予推翻。

蘇俄在一日之內，使用了十五個否決權，全世界為之震驚；俄國事後也覺得荒唐，為圖補救計，於十四日在安理會提出十六國入會案，卽將原列之日本和外蒙刪去。美國提出一項修正案，將日本包括於蘇俄提出名單之內，中國代表卽表示支持美國提案。但美國修正案遭蘇俄否決，蘇俄三次否決了日本。十六國整批入會案表決時，中國美國比利時三國棄權，以八票對零票通過。新會員入會的僵局，得以打開；我國之反對外蒙入會，終於獲得成功。

四、我國行使否決權以前的形勢

當英國集團與蘇俄妥協，在大會中以五十二票對二票通過整批入會案，聲勢浩大，英俄兩國以爲在此壓倒形勢之下，中國必被迫棄權。美國雖不贊成整批交易，但在大會中，只是消極的棄權，並不積極的反對。美國不僅不積極反對，而且勸請中國棄權。藍欽大使屢次向我外交部長接洽，在聯合國表決前一日，藍欽大使約請外交部長葉公超，偕往日月潭晉謁蔣總統，最後希望中國不行使否決權。友邦方面，日本和西班牙均向我國接洽，希望中國不要行使否決權，以免阻礙兩國之入聯合國。中國在聯合國優勢壓力下，我國友邦美國日本西班牙又均勸我棄權，此時中國眞是面臨嚴重的考驗。蔣總統權衡世界局勢，決定不顧一切，毅然命令我國代表行使否決權。我國政府態度堅定，我國代表才能沉着應戰，以擊破這個包圍的攻勢。

我國代表蔣廷黻在聯合國的應付，頗値嘉許。我國在安理會中有否決權，但我國不能如蘇俄的野蠻無理，於是蔣代表遂提出修正案，要求將韓國越南加入，而將五附庸國刪去，因土耳其、法國、巴西、和美國的支持，修正案成立，先表決韓國，逼使蘇俄先行使否決權。我國否決外蒙後，又逼使蘇俄繼續使用十三個否決權。結果，我國制止外蒙入會的目的，終於完全實現。我國政府及代表在如此惡劣情勢之下，能夠堅決沉着的奮鬥。這種精神，就是國父孫中山所指示的不屈不撓精神。

四十五年春蔣代表廷黻回國，在時事座談會報告否決外蒙經過說：

「去年年底我國在聯合國否決外蒙一案，開始時的環境，對我國非常不利。……………

整批入會交易案從大會移到安理會時，還有驚險的一幕，迄未見諸報端。當時提案國中，有些代表進行一種可怕的陰謀。他們的辦法，是打算在安理會討論該案時，表決一次；如我國使用否決權，則舉手一次，就要使十八個國家都不能入會。所以我們主張應分別投票，表決十八次；由於美國、土耳其、法國、巴西等國代表的主持正義，才使當時值月的主席紐西蘭代表，放棄自己原來的主張，第一道難關得以安全渡過。

我們拿否決外蒙案與控蘇案作一比較，後者比前者重要得多。可是當時的美國輿論，對該案非常冷淡，而今天對外蒙案則非常重視。否決外蒙案發生時，美國所有的報章、雜誌、廣播和電視，幾乎全部動員，紛紛報導和評論。美國人民也紛紛寫信或打電報給我，對中國表示欽佩，有的在信裡說：「令人惋惜的，是我們美國代表沒有這種膽量。」美國輿情之重視外蒙被否決，其原因是美國人民對俄共的認識，比以前有進步。………

聯合國的聲威，已遠不及初創之時。二次大戰結束後，駐紮在伊朗北部的俄軍未撤，聯合國決議要俄國撤退，俄國乃不得不撤退。印尼獨立時，聯合國決議荷蘭應准印尼獨立，於是荷蘭承認印尼獨立。現在的情形，已今非昔了。尤其是歐洲的安全，現在完全依賴大西洋公約組織，而不依賴聯合國。俄共未向土耳其希臘等國發動侵略，並非畏懼聯合國，而是有點害怕北大西洋公約組織的遏制力量。因此，英美法等國的外交重心，未置於聯合國，而完全放在大西洋公約組織之上。現在的聯合國，已變成春秋戰國時代的「周天子」，各强國只是拿聯合國做一個幌子，以達「挾天子以令諸侯」的目的。因此，罵人時也要利用聯合國。聯合國之所以每況愈下，主要的原因在蘇俄的濫用否決權。世界各國都認爲聯合國已經變成一隻死老虎，當年的聲威，業已化爲烏有。………」

五、我國行使否決權以後的影響

中華民國自失陷大陸以後，在一般只知有實力的國家看來，中國的國際地位是顯著的低落。自從英國集團與蘇俄妥協，聯絡許多自由國家，通過整批入會交易案以後，英俄各國以爲在這種壓倒優勢之下，中國必被迫棄權。然中國不僅不表示悲觀，而且堅認聯合國非固守原則，卽不值得維持的信念，勇敢的向前奮鬬。結果，中華民國不屈不撓的精神，更增加國人的擁護，和友邦的敬佩。

甲、對華僑的影響。海外一千二百萬華僑，絕對大多數是擁護國民政府的。我國此次在聯合國的行動，爲華僑全體所注視。我國不顧各國的壓迫與威脅，堅決的否決外蒙入聯合國，海外僑胞爲之振奮，各地華僑報紙都著論讚揚。四十四年十二月十五日香港星島日報社論，認爲我否決外蒙，在中國外交史上是值得大書特書的，因爲這不僅是外交的重振，不僅是爲了自衞，而且是擁護了聯合國的尊嚴。同日香港工商日報社論，指出此乃我國外交史上的新頁，値得國人歌頌與興奮；憑這一次勝利，更可提高我們的勇氣，應付未來的艱鉅。

乙、對美國的影響。歐美民族是戰鬬的民族，他們都是鄙棄怯懦，崇拜勇敢的。他們對自由中國的不顧一切，毅然打擊蘇俄，都是一致的讚揚。四十四年十二月十四日中央社紐約專電說：「從標題的觀點來說，在安理會昨天的行動中，中華民國和蘇俄在報紙上佔着同等的重要地位。蔣廷黻代表和索布列夫投票時的照片，等量齊觀的出現於許多報紙的第一頁。紐約時報在第十頁刊登蔣廷黻對新會員入會問題發表演說的全文，給予中國的立場一個不尋常的重視。……」

丙、對韓國的影響。中韓兩國利害相同，都站在反共的最前線，彼此的信賴與尊重，實兩國友誼的保證。我國對外蒙行使否決權後，更增加韓國對我國的信賴與尊重。四十四年十二月十六日中央社漢城專電說：「韓國報紙今天爲自由中國否決外蒙古進入聯合國的勇敢而公正的作法，均表示慶賀；各報並希望中國政府保持其在聯合國中的奮鬬。英文大韓共和報今天的社論說：正義的過程，有時候是艱苦的；中華民國的否決，會受到很多聲言忠於自由世界的聯合國會員國的不滿，甚而美國還企圖說服中國不用否決權，而讓整批交易得以通過。在面對這强大的壓力時，中國對其所持：聯合國非固守原則，即不值得維持的信念；堅守不移，是值得倍加崇敬的。……自由中國的聲望，將因這次的否決而增高。」

丁、對日本的影響。中國否決外蒙入聯合國，各國中刺激最深，影響最大的，是日本。否決日本入聯合國的，是蘇俄，不是中國；而且中國是投票贊成日本的。但蘇俄否決十三個自由國家的消息傳至日本後，日本國會議員首先叫囂，社會黨議員更倒果爲因，忘却蘇俄爲投票否決日本的兇手，而將責任推在中國身上；甚至有侮辱中國的言論，要求日本改變對中國之友好政策。十二月十四日的東京報紙，幾一致攻擊中華民國。但不久，安理會准許十六國入會之消息傳來，一般日人頓時迷惘，不知所措。因爲日本在俄共一年來笑面逢迎之下，做夢也想不到俄共視日本與外蒙處於同一地位。此種突入其來的消息，仍未使日本認清俄共的面目；但其責備中國之情緒，轉而爲對外務省之攻擊。兩日之後，日本報紙才漸清醒，由指責中國的態度，轉而指責蘇俄；認爲蘇俄最近的行動，是「不公正的」，與「不可思議的」。

我們對日本的社會黨和一部份報紙，不能不表示遺憾。誠然，中日曾有八年血戰；但是先由日本軍閥的侵略，才逼使中國不能不抵抗。日美曾發生戰爭，但是先由於日本的偷襲珍珠港。中國與美國在戰後對於日本，都是以德報怨，至少可以說以直報怨。至於蘇俄，與日本訂有中立協定；在蘇俄最危險之時，日本信守中立協定；但中立協定有效期間尚未滿期，蘇俄卽乘日本之危，向日本宣戰。日本在蘇俄的俘虜，至今還沒有遣還。乃日本在聯合國被蘇俄否決之後，日本社會黨不責備强橫的蘇俄，反指責自衞的中國，我們希望以武士道著稱的大和民族，切實的反省。

戊、中國的前途。中國今天是處於最艱苦的時期，但這最艱苦的時期，正是考驗中華民族的時期。在世界兩大壁壘對立當中，我們有朋友，也有敵人。如何能使朋友尊重，使敵人不敢輕侮呢？這完全要看我們的努力。我們不應誇大，但也不應自卑。我們現在雖然不是强大，但在最近八年之中，對世界已經發生了兩次重大的影響。第一次是民國三十九年，因爲中俄兩國的衝突，蘇俄代表以不出席聯合國爲抵制；韓戰發生，蘇俄代表沒有出席，不能行使否決權，聯合國始得決議出兵援助韓國。第二次是否決外蒙入聯合國。四十四年聯合國開會時，所謂整批入會交易案，在絕對多數支持之下，幾已成爲事實，因中國的單獨反抗，卒予以推翻。由此兩件事實，可知中國雖不能決定世界大局，確可影響世界大局。

孫中山先生說：「國於天地，必有與立，彼不能保其自主之精神，何取乎有此國家乎！須知國家之受損害，有時而可以回復。若國家之行動爲人所迫脅，不謀抵抗，則其立國之精神既失矣，雖有大利，亦何以爲？」我國堅決的破除一切困難，否決外蒙入聯合國，就是不屈不撓的自主精神。繼續保持此種自主精神，我國的前途必日趨光明。（註三）

（註一）本節資料：一、行政院陳院長四十年十月在立法院施政報告。二、葉公超：四十一年十月外交報告。三、雷崧生著：國際關係第四十章。四、杜勒斯：太平洋安全問題（載美國外交季刊，香港工商日報譯載）。五、改造出版社：我們在外交上的奮鬭第五章。六、臺北中央日報、香港工商日報、新聞、社論及專載。

（註二）本節資料：一、我國控蘇案全文二、蔣廷黻著：三年控蘇的奮鬭。三、臺北中央日報、香港工商日報、新聞、社論、特載。

（註三）本節資料：四十四年十二月、四十五年一月，臺北中央日報、香港工商日報、臺北英文中國郵報。

中國外交史索引

一畫

二畫

三畫

四畫

五畫

六畫

七畫

八畫

九畫

十畫

十一畫

十二畫

十三畫

十四畫

十五畫

十六畫

十七畫

十八畫

十九畫

二十畫

二十一畫

二十二畫

二十三畫

大學叢書

中國外交史 二冊

作者◆傅啓學
發行人◆施嘉明
總編輯◆方鵬程

出版發行：臺灣商務印書館股份有限公司
臺北市重慶南路一段三十七號
電話：(02)2371-3712
讀者服務專線：0800056196
郵撥：0000165-1
網路書店：www.cptw.com.tw
E-mail：ecptw@cptw.com.tw
網址：www.cptw.com.tw

局版北市業字第 993 號
改訂一刷：1972 年 04 月
改訂十刷：2011 年 10 月
定價：新台幣 640 元

ISBN 978-957-05-1035-5

中國外交史／傅啓學編著. -- 改訂版. -- 臺北市
：臺灣商務，1972 [民61]
面； 公分. --（大學叢書）
含索引
ISBN 957-05-1035-8（一套：平裝）. -- ISBN
957-05-1036-6（上冊：平裝）. -- ISBN 957-05
-1037-4（下冊：平裝）

1. 中國-- 外交關係-清（1644-1912） 2. 中
國-外交關係-民國（1912- ）

640 83009251

廣　告　回　信
台灣北區郵政管理局登記證
第６５４０號

100臺北市重慶南路一段37號

臺灣商務印書館　收

對摺寄回，謝謝！

傳統現代　並翼而翔

Flying with the wings of tradition and modernity.

讀者回函卡

感謝您對本館的支持，為加強對您的服務，請填妥此卡，免付郵資寄回，可隨時收到本館最新出版訊息，及享受各種優惠。

姓名：＿＿＿＿＿＿＿＿＿＿ 性別：□男 □女

出生日期：＿＿＿年＿＿＿月＿＿＿日

職業：□學生 □公務（含軍警） □家管 □服務 □金融 □製造

□資訊 □大眾傳播 □自由業 □農漁牧 □退休 □其他

學歷：□高中以下（含高中） □大專 □研究所（含以上）

地址：□□□＿＿＿＿＿＿＿＿＿＿

＿＿＿＿＿＿＿＿＿＿

電話：（H）＿＿＿＿＿＿＿＿（O）＿＿＿＿＿＿＿＿

購買書名：＿＿＿＿＿＿＿＿＿＿

您從何處得知本書？

□書店 □報紙廣告 □報紙專欄 □雜誌廣告 □DM廣告

□傳單 □親友介紹 □電視廣播 □其他

您對本書的意見？（A/滿意 B/尚可 C/需改進）

內容＿＿＿＿ 編輯＿＿＿＿ 校對＿＿＿＿ 翻譯＿＿＿＿

封面設計＿＿＿＿ 價格＿＿＿＿ 其他＿＿＿＿＿＿

您的建議：＿＿＿＿＿＿＿＿＿＿

＿＿＿＿＿＿＿＿＿＿

＿＿＿＿＿＿＿＿＿＿

臺灣商務印書館

台北市重慶南路一段三十七號 電話：（02）23713712轉分機50～57

讀者服務專線：0800056196 傳眞：（02）23710274・23701091

郵撥：0000165-1號 E-mail：cptw @cptw.com.tw

網址：www.cptw.com.tw